一代名师周其勋

邝启漳 著

漓江出版社

图书在版编目（CIP）数据

一代名师周其勋 / 邝启漳著. — 桂林　漓江出版社，2020.8
ISBN 978-7-5407-8896-4

Ⅰ. ①一…　Ⅱ. ①邝…　Ⅲ. ①周其勋 – 传记　Ⅳ. ①K825.46

中国版本图书馆CIP数据核字（2020）第136026号

一代名师周其勋　YIDAIMINGSHI ZHOUQIXUN

策　　划：李元君
作　　者：邝启漳
图片提供：周宁怀

出 版 人：刘迪才
特约编辑：王光灿
责任编辑：苏子新
责任校对：黄文魁
装帧设计：石绍康
责任监印：杨　东

出版发行：漓江出版社有限公司
社　　址：广西桂林市南环路22号
邮　　编：541002
发行电话：010-65699511　0773-2583322
传　　真：010-85891290　0773-2582200
邮购热线：0773-2582200
电子信箱：ljcbs@163.com
微信公众号：lijiangpress

印　　制：广西昭泰子隆彩印有限责任公司
开　　本：710 mm × 960 mm　1/16
印　　张：16.75
字　　数：230千字
版　　次：2020年9月第1版
印　　次：2020年9月第1次印刷
书　　号：ISBN 978-7-5407-8896-4
定　　价：60.00元

《一代名师周其勋》
编委会

1930 年代的周其勋先生

回首烟波十四桥（代序）

张建智

一

一章章书稿从微信传来，正是秋收冬藏季节。每当从章节转折的字里行间读到那些人那些事，我都禁不住掩卷沉思，总想去寻觅作者笔下那些遥远的史事足迹。虽“历史已是画上句号的过去”，但它仍会从琐碎的细节上升至哲学层面，透出人世间五彩缤纷、坎坷曲折、百折不挠、世态炎凉的故事。法国的雷蒙·阿隆说过：“历史是由活着的人和为了活着的人重建的死者的生活。”

周其勋于20世纪三四十年代已经成为国内颇有成就的名流学者、教育家、翻译家和英美文学专家，先后辗转多地名校任职教学，一生经历丰富。因此，重现周其勋在世时的鲜活生活是不容易的。作者凭着对恩师的一片真情与崇敬，不辞烦劳，从国内外资料中挖掘和考证出大量素材，用无数个日夜写成了这部传记。这些文字，无论在视觉或心灵上，都深深吸引着我。我的外婆是周其勋的姐姐，在我的记忆里，他们姐弟俩感情很深，往来频繁，因此舅公一直在我的心中难以忘怀。

记得2018年在杭州西子湖畔那个秋夜，我跟着舅舅周宁怀夫妇至湖畔的国宾馆，初识本书作者邝启漳先生和为这部书编辑出版费了不少心血的资深出版人李元君女士。在那“风吹皱的水，没来由地波呀，波呀”的湖畔（汪静之《湖畔》），我们为酝酿这部传记聊了很多往事。

现在读着书稿中的那些人那些事，似象征了那晚我们在碧绿的草地上合影时，迎面由雷峰塔映射的五光十色。我想，这多色彩多维度的投射，正是本书中传主丰富多彩的人生描绘。

二

当我把这部书稿读毕时，迎来的正是一个春天的清晨。我走到阳台上，阵阵朝雾涌来，恍惚间一座青铜铸像拔地而起——是的，这铜像没有辛弃疾词句“壮岁旌旗拥万夫”的雄壮，但他却是一位平易近人、学识广博、敢说真话、孜孜不倦、教书育人的儒雅书生。

这位百年历史中的书生，便是本书的传主——周其勋教授。他是中国教育界、翻译界、英美文学界备受敬重的一位前辈，其学生弟子，在东北、上海、南京、广东、广西等地，如影随形，见证了传主于社会嬗变中的忧患意识，以及献身于学术生涯中的挫折和勇气。

我仿佛还听到作者在深情地述说：在风云变幻的上世纪，艰难困苦与生死存亡的战争中，恩师始终带领着学生，弦歌不断坚守着文学传播与教育阵地，并伴随着到处漂泊直至落地生根的漫漫历程。

舅公周其勋已作古 38 年。他离世时，我没有能去上海送别，这是一件终身遗憾之事。之后，我即在《文汇报》发表了关于舅公和丰子恺于上海最后一次相会的文章，以示纪念。诚如本书有几段话所云：

丰子恺的女儿丰一吟女士回忆道：“爸爸在武汉时，还和一位叫周其勋的先生交往。爸爸去世时，周其勋先生曾发来唁电。后来我得识了称周先生为舅公的张建智先生，才知道‘文革’时期我曾和周先生的女儿同事过，当时却一点也不知道。”

丰子恺凡听到我舅公到沪时，对他来说不啻是快乐，而且往往会沉浸在“酒逢知己千杯少”的友情之中。丰子恺与他舅公的这次见面中，声调悠扬，背诵了周作人的诗：“嘉湖细点旧名驰，不及糕团快朵颐。艾饺印糕排满架，难忘最是炙麻糍。”

画家朱晨光在回忆中也提到，1973 年他带一批工艺美术的学生去江苏、上海一带实习时，曾去拜访过丰子恺，畅叙中丰子恺依然关心着在广西的好友周其勋。不过，丰子恺和周其勋两家的后辈们，无论是丰一吟女士还是张建智先生可能都没有注意到的是，这两位先生年深日久的情谊来源于浙江第一师范。

的确如此，我与丰一吟的初识，是那天在乌镇参加孔另境纪念馆的落成典礼上，如今已经想不起来，不知怎么谈起了舅公的事，如作者所言，她与我都不知丰子恺与周其勋是浙一师的同学，一如培根《人生论》中所说“不容否认一些偶然性，恰给你带来了一种机缘”。

记忆中，舅公周其勋暑假会到上海女儿处度假。我外婆总叫我送些江南水乡土产到上海，有时到淮海中路，也有到泰兴路的，时会见到舅婆倪翰芳。在我的记忆中，第一次在上海吃西餐，就是由舅公带我去的。记得有一次在上海，舅公正在研究如何将儒家与法家的一些著作正确翻译成英文的问题。丰子恺先生的长公子丰华瞻来看望舅公，也谈到古文献翻译英文的问题，舅公拿出他翻译的文稿，说到如何将中国古代文献翻译成精准的外文，舅公颇感繁复，因为把可有多种理解的古文字用外文准确表述实为不易，当时丰华瞻是复旦大学外文系教授。

三

“读史者，考实录，通古今，若亲目。”（《三字经》）《一代名师周其勋》是一部中国20世纪的教育史。本书不仅表达了作者对恩师的个人感念，更多的是作者为读者描绘了周其勋那一代知识分子的整体风貌，他们的追求和遗憾，惆怅与希望。

作者从多角度凸显了传主睿智、厚重、博学的大师风范。如若套一句史家的话，作者“若知古而不知今，务外而遗内”是很难写出此书的。邝先生这样既兼通中外文史，又能用大写意的笔墨，写出传主的人品、学问、才情、思想，把文学性、哲学性以纪实的笔法融于一体，使本书具有与其他一些传记不同之处。此书的问世，不啻使周先生的风貌以及他对社会之贡献，重被学人认识与思考。而更大的意义，是通过周其勋的人生经历，向我们传递了中国近现代的教育事业，是如何于艰难的社会环境中不断地求索的：

年轻的周其勋教授通过自身的努力，在教学和外国文学译介和研究事业上取得了非凡的成就。他在国立中央大学任教授，讲授英国小说与诗歌，同时还在国立编译馆担任人文组主任，负责审核各种人文译品和大中小学的英文教科书。作为资深翻译家，他不单自己翻译、与人合译以及校订、注释了在民国时期具有广泛影响的《英国小说发展史》《英国当代小说四家》《少奶奶的扇子》和其他文学及学术研究作品，同时又在各大报章杂志上发表了不少时评和书评，包括对著名法学家钱端升所译的《英国史》和1938年诺贝尔文学奖得主赛珍珠所译的《水浒传》所做的长篇评介文章。从当时的报章杂志上我们可以看到，许多的学术、文化和社会活动都有他的身影，他的影响已经远远超过原先的学术领域。

通过对围绕周其勋大量史实的叙述，本书在读者面前展示了那个时期的政治、思想、教育、社会等方面许多以前鲜为人知的人物史料以及新颖的教育理念。

本书中提到的教育界、文化界许多著名人物，如梁思成、林徽因、沈尹默、李叔同、马叙伦、王星拱、王力、吴宓、黄建中、曾昭安、刘树杞、竺可桢、朱光潜、辛树帜、高士其、陈可忠等许多专家学者，有的书写较详，有的一笔带过，但其背后都蕴含着丰富的历史故事。他们曾经的不懈奋斗，成功与挫折，都能给我们许多人生的启示。

四

在我的记忆中，舅公一直是把自己当成一位普通人，我与舅公相处最长的时日，应是“文革”后期。那年，他从上海女儿处到南太湖畔的姐姐家，那是宋末元初诗人戴表元所歌吟的“行遍江南清丽地，人生只合住湖州”之地。我们居住之处，恰就在南宋人称“白石道人”的姜夔写下名诗《过垂虹》的地方：“自作新词韵最娇，小红低唱我吹箫。曲终过尽松陵路，回首烟波十四桥。”印象最深的是每天下午四时半左右，我们兄弟几人陪舅公一起在离垂虹桥不远的大运河进入市镇的河上游泳，那是雷打不动的事。

1961 年，周其勋与倪翰芳二位先生在上海，和岳母倪王定基太夫人、女儿及外孙合影（左）
1968 年，周其勋与倪翰芳二位先生在回上海女儿处时留影（右）

每天这段时间里，舅公最高兴。我们赤膊上阵，游一阵子后，又坐在与我家只一墙之隔的木材公司贮存于河面的木筏上休息。此刻，正当夕阳西下，阳光照射在水面的一排排木筏和我们身子上，舅公好似回到年轻时代。他与我们一起戏水，瞧夕阳缓下。清凌凌的水流淌着，水映斜阳，波光粼粼，运河之水悠悠地从我们脚下流去。一阵欢乐过后，我们与舅公便躺在木筏上休息，一边晒日光浴，一边仰望苍穹，只见蓝天在上，白云轻轻飘过，让人感到一种诗的气韵。然而，时处“文革”特殊大背景下，我总感到舅公心中装着的怅惘。如今回想，真有点“回首烟波”“不舍昼夜”那一番道不尽的人生滋味。

我还记得那年舅公是夏天来外婆家的，那时家门前，真是“榆柳荫后檐，桃李罗堂前”，还大约有 50 平方米一个葡萄架下的露天白场，每当有月亮时，我们全家就坐在葡萄架下。一般是在吃了晚饭后，在这夏夜宁静月光下，听舅公给我们讲故事，那是聊不尽的天南地北事，舅公还教我们些英语。我后来回忆，那时舅公是为避“文革”之难，避城市之喧嚣而来，心中虽有沉重处，但与家人在一起一定是很温暖的。

在这离上海 100 多公里之遥的江南名镇，并出了许多名人的城郊，舅公住在姐姐家，除了平常生活，总捧着他特地带来的书读着，爱不释卷，那凝神的一刻我至今难忘。

《一代名师周其勋》终于定稿，这本纪念舅公一生的传记，我想会得到读者和他众多学生的喜爱。此书的出版面世，舅公闻之定会含笑九泉，甚为欣慰的。

掩卷而思，真乃“回首烟波十四桥”！

2020 年 3 月写于湖州听雨斋

目 录

第一章　负笈海外

追寻恩师的足迹

2018 年 10 月的一天，风和日丽，我来到纽约百老汇 116 街的哥伦比亚大学（Columbia University）（以下亦简称“哥大”），寻找我的老师周其勋教授当年在这里的足迹。这里是曼哈顿的晨边高地（Morningside Heights），毗邻哈德逊河（Hudson River），在中央公园的北面。创建于 1756 年的这所学府现在是世界著名的研究型大学，属私立八大常春藤盟校之一，现有教授 3000 多人，校友和教授中，87 人获诺贝尔奖。这所大学对中国学生的慷慨，可以追溯到 100 多年以前。自 20 世纪初开始，无数的中国学子，心怀报国之志，选择远渡重洋来到此地发愤读书，所以哥大的校友录中有一大串璀璨的中国名字：外交家顾维钧、教育家陶行知、哲学家胡适……这所大学，可以说是：星汉灿烂，若出其里；人才济济，若出其中。

哥大主校门位于西侧的百老汇大道。校门虽然不大，却因古典庄严的门柱上装饰着古希腊神话的浮雕而显得庄严肃穆。我穿过短短的绿树掩映的甬道，眼前豁然开朗，原来是一片宽阔的草坪，欣欣向荣。草坪四周环绕着风格迥异、设计独特的教学楼和图书馆，充满了神秘的色彩。我走向左手边坐落在台阶上的穹顶建筑。这座拱形穹顶、壮观恢宏的哥特式建筑叫 Low Library，是哥大的主图书馆，我多年前来过。但是，我这次来才发现，这里已经改为接待中心。我只好出来，见台阶上坐满了学生，在初秋的阳光下或温书或写作。我上前问了一位中国同学，她说图书馆在对面。我于是步下台阶，穿过草坪，来到一座苔藓斑驳，爬满了常春藤的建筑。这栋叫 Butler Hall 的大楼，虽不像对面台阶上那座接待中心那么气度高大恢宏，但它古色古香的柱顶上镶嵌着一排箩筐大的人名，吸引了我的注意。墙上的名字翻译成中文便是荷马、希罗多德、索福克勒斯、亚里士多德、德摩斯梯尼、西塞罗、维吉尔这些古希腊罗马的作家、哲学家、思想家。

我走上六楼，来到善本部（Rare Books & Archives），欲寻找当年老师的毕业论文。一位华人职员热情地接待了我，但当她问我老师的英文名字时，我一时怔住了。周其勋的英文名是什么，我们做学生的从来没有问过。

渐近中午，饥肠辘辘，我想既然这里一无所获，何不到东亚图书馆（Kent Hall）去试试运气呢？这里有各种各样的中文书籍，流行小说、古典文学，甚至县志都可找到。总藏书量达 870 万册，并且收集有微缩胶片 600 万套，2600 万种手稿，以及 60 万册善本书、10 万片 VCD 和 DVD，20 万份官方文件，还有中国族谱、家谱、谱牒等 950 种，是中国的图书馆以外收集最丰富的图书馆，亚洲类藏书全美第二，仅次于哈佛大学的燕京图书馆。管理员也是华人，一位博士，他很热心，帮了我很多忙，但是，由于全馆藏书都数码化了，我又是个电脑盲，因此收获甚微，只有铩羽而归。

我再次到善本部。职员听说我要找的人来自 Teachers' College，就建议我到该学院的报名处（Registrar），那里有学生的“历年成绩表”（transcripts），或许可以解决我的困惑。我于是来到百老汇 120 街。这里是哥伦比亚大学教育学院，或译作教师学院、师范学院，是世界顶尖的教育研究生院。自创办以来，一大批蜚声海外的大师级学术领袖与知名人士曾在这里任教和求学，不仅造就了多个教育学术流派，还荣获了多个全美教育第一，为这所学院的发展积累了深厚的学术与文化底蕴。其中，最为著名的包括实用主义哲学家杜威（John Dewey，1859—1952），他也是中国的胡适、蒋梦麟、陶行知等许多名教育家、哲学家的老师，因此被蔡元培称为“洋孔子”（Yankee Confucius），曾应邀来中国讲学两年又两个月，创外国学者在中国讲学最长的纪录，与中国可谓渊源颇深。

事隔一年，2019 年的 10 月 9 日，我又来到哥伦比亚大学，继续追寻恩师的足迹。我们的周其勋教授，同当年无数中国的精英一样，为中华之崛起而不远万里到这里读书。但是，他的英文名是什么呢？我曾在这一年间回到杭州，向在杭州师范大学任教的他的次子周宁怀教授请教，结果宁怀兄也不知道。幸好在告别前的半个钟头，他在家里找到一本英文书，那是他父亲的表弟在澳洲出的一本自传，上面果然载有他父亲的英文名。我喜出望外，所以又夹着这个名字再度来到这里碰运气。顺便多说一句，中文名在二次翻译的时候往往容易闹出笑话。我就看到过国内有部译作把“蒋介石”译成了“常凯申”的。汉字拼音是 20 世纪 50 年代的产物，20 世纪初流行的是威妥玛式拼音法（Wade-Giles Romanization），加之地缘政治，所以汉语姓氏的英文翻译变得有些复杂。同一个“张”字，从国内来的姓 Zhang，从台湾来的姓 Chang，从香港来的姓 Cheung，从越南或者马来西亚来的又是别样，五花八门，外国人也搞不清是何道理。

当时派遣留学生的宗旨是，“以十分之八习农、工、商、矿等科，以十分之二习法政、理财、师范诸科”。周其勋于 1910—1916 年就读浙江第一师范，1917—1921 年就读武昌高等师范学校（武汉大学前身）。从武昌高师毕业后，他还在杭州安定中学教了一年书。由于他一直读师范并以教书为职志，所以他在考取浙江公费留学后就选择了这所哥伦比亚大学师范学院。周其勋的杭州老乡，也是他在武昌高师的学长和好友杜佐周（1895—1974）也读教育，不过在爱荷华州立大学；好友郝更生（1899—1976）也在哥伦比亚大学读土木工程（后到春田学院改学体育）；杭州同乡兼同学赵乃抟则在哥伦比亚大学学经济。

我来到哥大师范学院的赞克尔厅（Zankel Building），入门就看到杜威的语录：I believe that education is the fundamental method of social progress and reform.（我相信，教育是社会进步和改造的根本办法。）原来，众多杜威的中国弟子奉为圭臬的信条就在这里。我走上三楼报名处（Office of Registrar），找到有关职员，虽然周其勋表弟书中的名字不是周教授在哥大的名字，但两位职员查阅了档案，还是为我找到了周其勋教授和当时同在哥大读书、他的终身伴侣倪翰芳教授在这里的历年成绩表和其他记录。

像周先生这样的浙江省官费留学生，应该说是中国大规模留学运动的第三波。第一波是由“中国留学生之父”容闳（Yung Wing，1828—1912）率领的 120 名留美幼童。容闳是第一个从美国著名的耶鲁大学（Yale University）毕业的中国留学生。1854 年回国时，他怀抱的夙愿是：“予之一身，既受此文明之教育，则当使后予之人，亦享此同等之利益。以西方之学术，灌输于中国，使中国日趋于文明富强之境。”他为此苦心孤诣、殚精竭虑地奋斗了 18 年，终于获准由清廷设立驻美和驻沪的“幼童出洋肄业局”，选派 10 ～ 16 岁的聪颖幼童出国，从 1872 年起每年派 30 名，至 1875 年共 120 名，留学年限为 15 年，经费一律由朝廷支付。说来好笑，当时绝大多数人将留洋视为危途。科举未废的时代，京畿地区世家子弟以科举为正途，所以容闳怎么也招不到这 30 名幼童，他只好回老家广东香山县（后改中山县，现为中山市）动员说服乡亲们报名，但是即使故乡的贫寒人家，也觉得路途遥远，而且一别就是 15 年，一般家长都难以接受，尽管容闳使出浑身解数，好说歹说也凑不够数，最后到香港再招到数人，才达到 30 个名额。

第二波就是所谓“赔款学生”或“庚款学生”（Indemnity Students）。1902 年，清廷驻美公使，也就是当年第四批留美学童的梁诚（1864—1917）亲自找海·约翰国务卿（John Milton Hay，1838—1905）据理力争，要求退还庚款多余部分用于教育事业。在明恩溥（Arthur Henderson Smith）等支持中国留美教育计划的公理会传教士的帮助下，美国退还多余的庚子赔款，1909 年成立游美学务处和肄业馆（后改称清华学堂，即清华大学前身），开启了近代留学史的另一页。这些学生大多在美国的名校就读。历届庚款留美生中，179 名进入哥伦比亚大学，113 名进入哈佛大学，112 名进入麻省理工学院，95 名进入威斯康星大学，92 名进入芝加哥大学，71 名进入康奈尔大学。

庚款学生之后，留学美国开始蔚然成风，各省纷纷举办官费留学考试，选拔本省优秀人才外出留学，以便日后振兴本省各项事业之用。周先生就是第三波，即浙江省官费生。官费，是留学生能否安心学习的根本保证。第一波 120 名留美幼童，有上海海关拨出的 120 万两白银，可保 15 年内衣食无忧。而且，这项幼童留美计划（Chinese Educational Mission）的监督陈兰彬、副监督容闳都在美国陪伴，学童们每月都可按时领取用度。第二波庚款学生的费用也很有保障。庚款就存在纽约的银行，由中美两国著名的学者组成的委员会管理，委员会主席由哥伦比亚大学师范学院的教授、著名教育家孟禄博士（Paul Monroe，1869—1947）担任，专款专用，也避免了贪污挪用的弊端，相对比较充裕，学生都可安心读书。后来英国、法国也仿效美国归还部分庚款用于派遣留学生，但是条件都不如美国优厚。

但是，各省的官费生和自费生就没有这样的优越条件了。一省的财力毕竟有限，所以微薄的官费往往让学生捉襟见肘。这还不算什么，学生省吃俭用也可以应付。怕就怕在因省政动荡而延误，迟迟不来，粮草断了，三餐不继，坐困愁城之时，最是难堪。许多留学生都遭遇过这样的困境。例如著名作家林语堂，1919年秋赴美，在哈佛大学文学系只读了一年，助学金却被停了。他只好前往法国打工，后来到了德国。1922年通过转学分的方式获哈佛大学的硕士学位。民国才女林徽因也曾遭遇过这种情形。当她和梁思成一起自费在美国留学的时候突然痛失父亲（北洋政府财政部部长林长民），也断了继续求学的经济来源。她想回国谋生，又考虑在美国打工自己挣学费，以至于她的未来公公梁启超动用了股票利息，并直接给她写信："渡过苦境，鼓起勇气，替中国艺术界有点贡献。"周其勋等几位浙江省官费生，就选择了打工自己挣学费这唯一的纾困途径。

不要以为半工半读是很浪漫的事情。周其勋他们凌晨5点就起床赶往洗衣店工作。那时没有洗衣机，一切全靠手搓。纽约的冬天很冷，双手长时间泡在水里，常常冻得通红，那情景，就像诗人闻一多那首表现美国华人洗衣工生活的《洗衣歌》里写的那样："我洗得净悲哀的湿手帕，我洗得白罪恶的黑汗衣，贪心的油腻和欲火的灰……你们家里一切的脏东西，交给我洗，交给我洗。"

早上工作到9点，就要匆匆赶回去上课。美国的课堂并不像我们上大学时那样，只要静心听老师讲解就行。在这里，硕士以上的课都是讨论课（seminar），教授稍作讲解或答疑之后就展开激烈的讨论，你不能缄默不语。如果你在课堂上太安静，分数就会低甚至不及格。但是，如果你要参与讨论，那就得花时间好好看书。一门"莎士比亚"课，你就要看完他的所有十四行诗和37个剧本以及有关评论，需要多少时间才够用啊！你哪能有时间去打工？

除了温书以便参加课堂活动，你还要连续不断地写论文。每门功课都有每周论文（weekly paper）、每月论文（monthly paper）、期中考试（mid-term）和期末考试（end-term），样样都要写作，如果你修3门课9学分，那么你就要日写夜写方能完成。更惨的是，那时没有电脑，只有打字机，一旦打错字母，改正起来费工费时，很是烦恼。所以，半工半读对留学生而言是个艰苦的历程。很多人就因此放弃了学业。在我的印象中，留学英美的一般都坚持到底，修完学分获得学位，而留学东瀛日本的，很多人半途而废，就像我们的文豪鲁迅、郭沫若，两人都学医但两人都没有去当医生。

当时在哥伦比亚大学就读的浙江省官费生，除了周其勋还有他的至交赵乃抟。他们是同年（1897 年）、同乡（浙江省杭县，即杭州市）、同时赴美（1923 年），现在则处于同样的境遇：官费延误。周其勋、赵乃抟凌晨 5 点起床，周去洗衣店搓洗衣服，赵则去中餐馆洗刷碗碟，9 点一同回校上课。到了夏季，他们又一同到纽约郊区一处叫“春田”（Springfield）的地方做农工（主要是收割蔬菜）以挣上一点钱用来维持学业和买书。美国的大学，一学年分四个学期：秋季、冬季、春季和夏季。秋、冬、春三个学期为正式学期，每期都要修够足够的学分以保持留学生的身份，夏学期机动，学生可以修或不修学分，总之可以做自己喜欢做的事情。庚款学生，费用充裕，不必为稻粱谋，所以夏学期里依然继续修学分以缩短毕业年限，早日学成归国。周其勋赵乃抟这些捉襟见肘的省官费生以及像林徽因那样的自费生，就要利用夏日的时光四处打工赚钱以贴补用度。由于半工半读的生活异常艰苦（用现在的语言叫“洋插队”），周其勋生了一场大病。据他的次子周宁怀兄说，医生诊断是鼻窦炎，动了手术，可能是碰到了庸医，也可能是当时美国的医疗水平还没有那么先进，手术导致鼻腔大出血，周其勋在学校附近的医院住了好一段日子。

但是，正如俗话所说，能吃苦方为志士。那时，无数像周其勋、赵乃抟那样的中国学子，心怀对民族国家的强烈责任感，远渡重洋，为中华之崛起而负笈海外，每当我们想起这些师长和前辈都不由得心生感佩。半个世纪之后到我们这一代出洋时，情况已经改观。等到 20 世纪 80 年代我们赴美时，不单持V1（访问者）和F1签证（学生）的可以打工，持V2（访问者家属）和F2（学生家属）签证者也可以打工，这就为外国留学生创造了较为宽松的生活环境。如果夫妇一起出来，一人公派或有赞助，两个轮流做工和读学位，那么两人比翼齐飞也是可能的。

工读的生活虽然艰苦，但那时的周其勋对应修的功课并没有丝毫懈怠，每个学期都修够全职学生所需的学分（本科12个学分，硕士9个，博士6个）。我从哥大师范学院得到的历年成绩表中知道，周其勋所修的课程，早就超过了硕士学位所需的学分。也就是说，他不仅修了硕士程度的课程即8字头的课程，还按自己的兴趣选修了不少博士的课程，而且不少课程是转到了只有一墙之隔的文学院去读的。我想，这一方面是为了陪伴新婚的娇妻，另一方面也为了保持留学生的身份，所以他无心去修博士。

修不修学位对某些学人来说很重要，对另一些学人而言则无关紧要。比如陈寅恪，中国最负盛名的学者之一，就主张“游学”而不修学位，用他的话来说就是，不要把自己束缚在一个很狭窄的学术领域里。他老人家在日本巢鸭弘文书院、德国柏林大学、瑞士苏黎世大学、法国巴黎高等政治学校都游过学。1918年又官费出国游学，在美国哈佛大学随兰曼教授学梵文和巴利文，1921年转往德国柏林大学，随路德施教授攻读东方古文字学，同时向缪勤学习中亚古文字，向黑尼士学习蒙古语。在所有这些地方，他一个学位也不修，一篇论文也不写，后来却成为大师，这能不令人啧啧称奇吗？

此外，在那个年代，美国人也很少有读博士的。台湾史家唐德刚先生在《胡适口述自传》里说：

此邦（指美国）文法科的研究生大多自食其力。有的积点钱或借点钱作三年之计，一鼓作气，全时读书，把“专题口试”考掉。及格之后，按学术界的惯例，就可到小大学去做讲师或助教授了。做助教授一级的工作是忙乱不堪的。再加上远离大城市和大图书馆，研究工作不方便，写起论文来，就开始拖了。这种保全职业、养家活口、进修博士、归还债务……诸事并举，是十分辛苦的。事忙人倦，论文就拖得没止境了。所以美国人一般都不愿念博士；念博士的只是一些才不过中人的傻瓜。

唐德刚先生还说："常春藤盟校级的一流大学里正统学科的博士是十分难读的。能在三数年内一气呵成，实在是凤毛麟角。"的确，修博士的过程十分烦琐。我这个"才不过中人"的傻瓜就经历过这样的过程。博士课程修过 80% 时，你要参加一个"博士资格试"（comprehensive exam），事先告知你的 6 个领域的 6 条大题目，你一个人去系办公室考 6 个小时，4 题中答好 3 题就算 pass，你就算取得博士生的资格（candidate）；之后，你要联系 5 位教授（你的导师，两位同系教授，一位同学院但不同系的，再加上一位不同学院的教授）组成你的"委员会"（doctoral committee）；再后，写一个提议（proposal），导师同意，你再呈上第一章或"参考文献"（bibliography），一切都经认可了，你就可以写你的论文了；夙兴夜寐，搜索枯肠，好不容易将论文写好之后，还要在那 5 位面前答辩（defense）通过才算松了一口气。过程十分烦琐，旷日持久，不是傻瓜才不去做这样的事。难怪唐德刚先生说："按《时代杂志》在 1957 年的统计，1957 年以前的博士学位 9 年读毕，算是快的；12 年是中等；16 年不算慢！"

在哥大师范学院的档案中，并没有周其勋取得"博士生"（doctoral candidate）的记录。很可能的一种情况是：他在倪翰芳获得了硕士学位之后，张学良将军的代表来哥大征才之前，选择了考试的方式，拿到了硕士学位，然后束装归国，开启了他另一段的人生旅程。

大运河边的青年才俊

如前所述，我的恩师周其勋教授，以浙江省官费生的资格，忍受着各种艰难困苦，半工半读地在纽约哥伦比亚大学攻读英美文学，最终学成归国，从20世纪30年代起，一直致力于这一学术领域的教学和研究，成为国内颇有成就的名流学者，教育家、翻译家和英美文学专家。但是，他是如何成为出类拔萃的官费生的呢？他真的是口含银匙，出生在官宦或士绅之家从而有家学渊源吗？不是的。

周其勋，字淦卿，1897年出生在杭州一个极为普通的贫寒之家。提到杭州，人们一般只会想到被誉为“人间天堂”的西湖，很少想到这里也是大运河的起点。京杭大运河南起杭州，北到涿郡（今北京），途经今浙江、江苏、山东、河北四省及天津、北京两市，贯通海河、黄河、淮河、长江、钱塘江五大水系，全长约1800千米。运河两岸，利用有利地形建筑了蓄水的“水柜”，解决了水源问题，又修建了30多座水闸，节节控制水量，分段平缓水势，以利航行。但是，漕运的船只每经过一道水闸，都是要交税的，而周其勋的父亲，就是在这种税所里做一名下级的职员，收入微薄，两子一女，就只有长子周其勋读到师范。

旧时代的贫寒人家子女，十之八九选择读师范，因为师范学杂费全免而且供食宿，他们上得起读得下，是他们在社会上进取的极好阶梯。周其勋上的，是“浙江第一师范”。这所师范，用时下流行的话来说就是“常春藤名校”。周其勋的学养，最早很可能是得益于这所学府。“浙江第一师范”的前身是浙江两级师范学堂。在一部关于近现代教育生活史的专著（《多样的世界：教育生活史研究引论》第五章《沉思录——教育学人经亨颐的早期人生》）中，我们可以看到对这所学堂的记述：

大清帝国经历了两次鸦片战争，统治阶级中的部分有识人士开始认识到学习西方知识的重要性。从 1861 年京师同文馆开始，中国有目的、有计划学习西方教育的方略开始展开。但是庞大而又破旧的国家机器，又使这种行为变得迟缓而又呆滞。历史的大转局又常来自外部。1894 年甲午战争戛然中止了“同治中兴”时期的美好远景，残酷而又血淋淋的事实摆在了中国人的面前。如何摆脱“时局为艰”的局面，当时的中国人，尤其是具有一定社会地位与知识话语权的官绅，成为急于摆脱困境，实行区域自救的先驱。而他们所进行的变革，往往从教育开始……因此，浙江两级师范学堂在这样一个背景下成立，是踩在了历史的节点上。

1905 年，清政府下诏废止科举，浙江两级师范学堂于翌年在贡院旧址兴建，这是教育史上的一大转折。因此，当时掌管该校的人员，大多数能够接受新鲜事物，再加上该校教员，也都是一时俊彦，有很多人是日本留学生，思想一般比较解放，所以在短短的几年中，就培养出大量人才。不但为浙江省的中、小学输送了大批师资和教育干部，而且许多毕业生经过继续深造和实际锻炼之后，成为社会上知名的有影响的人物。

这里所说的“当时掌管该校的人员”，即历任的监督或校长，我们知道的就只有沈钧儒，他是著名的“救国会七君子”之首，1949 年后首任最高法院院长；当时的教师中也不乏我们熟知的名人，如夏丏尊、许寿裳、钱家治、经亨颐、马叙伦、沈尹默、李叔同、陈望道、朱自清、周树人（鲁迅）等，大多数是文学家如夏丏尊、许寿裳、朱自清和周树人（鲁迅）；钱家治之所以知名是因为他的独子钱学森是后来的“中国航天之父”；经亨颐之所以知名，除了他是知名教育家，还因其女经普椿嫁予廖承志为妻；马叙伦在 1949 年后成为国家领导人——教育部首任部长；沈尹默是文学家、书法家，他的崛起是因 1919 年五四运动时期到北大任教并与陈独秀、胡适等同办《新青年》，成为新文化运动的得力战士；李叔同（弘一法师）是著名艺术家，那首脍炙人口的“长亭外，古道边，芳草碧连天……”即《送别》正是他填词的作品；陈望道是《共产党宣言》的首译者，我们会在后面的章节里看到，他和周其勋一道被抗战后新任的广州中山大学校长王星拱网罗到这所学校任教。由于这里是文学家的天下，所以此校培养出来的，自然也更多的是像新文学史上左翼文坛的重要人物冯雪峰和同为湖畔诗人的汪静之，以及柔石（左联五烈士之一）、曹聚仁、魏金枝等这样的人物；此外还有音乐家吴梦非和刘质平以及画家潘天寿、丰子恺等。

这篇文章当然也不忘列举这所师范的优秀毕业生周其勋，说他“先升学武昌高师，毕业后服务数年又赴美学习 7 年，得哲学博士学位”。此处以及郑晓沧在《浙江两级师范和第一师范校史志要》中的记载都有误，周其勋只是获哥伦比亚大学硕士学位而非博士。

浙江一师的这些师友，在 20 世纪 30 年代的南京曾有一次“欢乐今宵”般的重聚。那时，周其勋在国立编译馆任人文组主任，许寿裳、夏丏尊、郑晓沧、吴梦非、刘质平都是编译馆邀请来审查中小学课程和教科书的专家，而当时为开明书局编撰中小学教科书的丰子恺，也当然是编译馆的常客。我看到编译馆发表的历年修订中小学课程和教材的参加者名单，这些浙江一师的校友常常是共聚一堂，相互切磋。民国时期的中小学教科书，常为国人称道，至今仍不失其价值，我想，这一切都与浙江一师的这群校友的努力密不可分吧。

周其勋的浙江一师同学中，杜佐周是学长，丰子恺为学弟。丰子恺自幼酷爱绘画，所以师从李叔同学习绘画和音乐；但是丰子恺和周其勋又都喜欢文学，所以也师从夏丏尊。夏丏尊是他们的舍监，又教国文。在夏师的熏陶下，两人都喜欢为文，向杂志社投稿。1917 年第二期的《学生杂志》就登有署名“浙江省立第一师范学校本科四年级生周其勋”的文章《余之个人卫生谈》。周其勋后来当然是转向了英美文学的研究和翻译，而丰子恺则在几十年的沧桑风雨中坚持写散文并保持雍容恬静的风格。两人的情谊更是源远流长，至老不衰。

周作人的兄长周树人，后来的鲁迅，在这所师范学校的教学也曾给他们留下难忘的印象。1909 年 8 月，因为他的好友浙江两级师范学堂教务长许寿裳向监督沈钧儒的推荐，周树人回到国内，开始他的教师生涯。周其勋 1910 年考入这所学堂，恰好成为鲁夫子的学生。周其勋这班学生，岁数参差不齐，年长的学生比年轻教员岁数甚至还大，鲁夫子就碰到这样的情况。他刚从日本回来到学校做化学和生理学教师，座下弟子中有些是秀才出身，留着长辫子，一副老气横秋的样子，一些年长的学生在他背后议论，有学生说："这么小的老师，我的儿子比他还大呢！"另一学生就说："我的孙子比他还大呢。"但不管怎么说，学生年纪再大，老师还是老师。有一次化学课上，讲到硫酸，鲁夫子就告诫学生，硫酸有很大的腐蚀性，注意不要伤了皮肤。材料都是从日本进口的，昂贵得很。老师尽管说，学生却充耳不闻。在做实验的过程中，突然有学生尖叫起来，原来是一个大龄学生调皮，用竹签蘸了点硫酸偷偷滴在另一个同学的后颈上。这还了得！这位倒霉的同学后颈上冒出一缕青烟，痛不可当，吓得那调皮的加害者脸都青了。鲁夫子很镇定，赶紧过来拿些药剂涂上去中和一下，慢慢止痛。这下，学生们都服了。事后，这两个学生还买了点东西，专门跑到鲁夫子宿舍去看望他，说了一通好话。

像周其勋这样的贫寒学子，在这所得风气之先的师范学堂里，不但遇到学问渊博且思想解放的良师，而且也过着丰富多彩的生活。据一位一师的校友回忆说：

一师每年在春假期间举行"远足会"，近则在西湖地区，远则至天目山、绍兴、严州（建德）等处。这个远足活动，非但锻炼体格，增长乡土知识，而且练习速写，并采集博物标本，故又称为"修学旅行"。

有一次，清晨吃饭后，师生数百人皆着破布草鞋步行，出钱塘门（那时还有城门，即今六公园旁），经白堤、岳坟、灵隐、天竺（以上都是老石板路，既狭且芜），上山，走狮子峰下，翻郎当岭，过五云山而达云栖。休息，吃实心馒头，由寺院供茶水。而后走平路回来，过六和塔、江干，进凤山门，穿城返校……又有一次，坐十几只乌篷大船至绍兴，游禹陵、兰亭、柯岩等处。在柯桥看了绍兴戏。在船宿二夜，三日而回。还有一次，亦坐十几只乌篷大船，溯钱塘江而上，经富阳、桐庐、七里泷、钓台至严州城（今建德梅城镇），三日而回。又一次坐船至余杭，起岸步行，过临安，先至东天目，再至西天目，而后走平路回到余杭，坐船返校。

此情此景，不能不令人想起迅翁在一些描写乡土风情的小说，如《社戏》《故乡》中的风物描写，或者，又会让人想起中国古代那些著名的长卷，如《清明上河图》和《富春山居图》。作为寒门子弟的周其勋们，就是在这么一个生动活泼的环境中茁壮成长起来的。

开拓视野，奔赴武昌高师

周其勋 1917 年自浙江一师毕业后，立即考上了武昌高等师范学校。这很可能是受到好友杜佐周的影响，因为杜佐周已于先前的 1915 年进入该校。追求知识、拓宽视野，是周其勋从浙江一师时代起就开始培养的志向。不过，浙江一师虽是浙江当时首屈一指的名校，但囿于一省的地域，清一色的本省教员，而且偏于任用留日人士执教，都使得学生的知识面过于狭隘与偏颇。要拓展知识范畴和眼界，就要跳出本省，到更广阔的地方去读书和历练。

武汉三镇扼大江中流，乃九省通衢，水陆交通枢纽，军事要冲，为历来兵家必争之处。武昌高师是国立武汉大学的前身，自 1912 年至 1923

年有10年的历史。之后曾数度改名，先后叫武昌师范大学、武昌大学、国立武昌中山大学。1928年，国民政府大学院明令筹设国立武汉大学，聘任刘树杞、王星拱、李四光、周鲠生、麦焕章、黄建中、曾昭安、任凯南诸先生为筹备委员，刘树杞先生代理校长。暂以武昌中山大学原址（武昌城内东厂口）为校舍，分设三院五系，即文学院，有中国文学、外国文学两系，社会科学院有政治经济学系，理工学院有数学、化学两系……文学院院长由闻一多担任；社会科学院院长由皮宗石担任；理工学院院长由王星拱担任。

国立武汉大学甫一成立，便开始寻觅新校址，“勘定珞珈山一带三千余亩之土地为新校舍地址。珞珈山位于东湖之滨，与狮子山南北相对，为武昌郊外未经修整之风景区。武大校舍之兴建，即利用此两山山地及其夹谷地带，制成一完整的圜形建筑图案”。胡适参观了武大的新校舍之后在日记里说：“……雪艇（王世杰的字）诸人在几年之中造成这样一个大学，校址之佳、计划之大、风景之胜，均可谓全国学校之所无。人说他们是‘平地起楼台’；其实是辟荆榛，拓荒野，化荒郊为学府，其毅力最可佩服。”1936年《是非公论》第七期里，有一篇署名萼荪的文章《武汉的风景线》，提到了珞珈山和东湖：

顺着平阅路一直往东，出大东门，经过洪山，便是远近闻名的珞珈山。珞珈山固然是后起之秀，本质并不见得奇秀，可是碉堡式的洋楼，盖上一片灿烂夺目的琉璃瓦，高耸入云，却也雄伟壮丽，不愧为武汉文化中心。何况山脚下还睡着初解人怜的东湖，一碧万顷，平添景色不少。有些爱好东湖的人说，她比西湖来得自然，如同一个羞人答答的乡下美女，虽然不见得十分俏皮，讨厌的地方却也少；西湖不过像个摩登少妇，多少靠着脂粉时装，卖弄风情，哪有东湖那般柔媚天真，处女娇羞的劲儿？打前年起游泳风气传到武汉，东湖在夏季里更成为时代的宠儿。

用乡下美女和摩登少妇来比喻当时武汉东湖与杭州西湖的差别，固然是巧思，但是在我看来，武昌高师与浙江一师确有区别：浙江一师的学生大多来自本省，而武昌高师的生源来自全国 20 个省份；浙江一师的教员是清一色的日本留学生，而武昌高师的教员大多留学欧美。教员中有周其勋的恩师竺可桢，还有周其勋时常叨念的“贵人”王星拱。

竺可桢（1890—1974），浙江绍兴人，1910 年获庚款公费留美，1918 年获哈佛大学博士学位。同年返回阔别 8 年的祖国后，不受高官厚禄，毅然受聘到武昌高师讲授地理和天文气象课。他自编讲义，内容新颖丰富，体现了当时最先进的地理和气象学说。在课外，他还带领学生到田野参观学习，深得同学爱戴。他的教学成绩与负责精神也深为校方重视。

王星拱（1888—1949），著名的教育家、化学家、哲学家，早年毕业于英国伦敦大学帝国科学技术学院。1910 年加入中国同盟会欧洲支部。1916 年回国后任北京大学教授，在《新青年》等刊物上发表文章，宣传科学知识、反对宗教迷信。1929 年任安徽大学校长。后又与王世杰、李四光等一起负责筹建国立武汉大学，任化学系首任系主任。1933 年出任国立武汉大学校长，1945 年 7 月调任广州中山大学校长。他对周其勋非常欣赏，1946 年曾亲自登门诚邀周其勋到广州就任中山大学外文系主任。可惜周其勋到广州后还未振翮展翅即遭遇学潮，王星拱护犊无力，愤而辞职，最终病死沪上，此是后话了。

由于武昌高师也和浙江一师一样全部免费，所以周其勋的武高同学也多是各省的寒门学子。他们中很多人经过武高的陶冶，加之后来又出洋深造，成就斐然，这样的寒门贵子不胜枚举，我这里只拣与传主有关的数例，以飨读者。

辛树帜（1894—1977），湖南临澧县烽火乡一个贫穷农民家庭的儿子，放过牛，1915 年考入武昌高等师范学校生物系，成为周其勋的学长，

1919 年武昌高师毕业后，赴日本考察。1927 年，他在德国柏林大学生物系留学，突然接到当时在广州中山大学担任正、副校长的戴季陶、朱家骅发来的电报，约他回国担任黄埔军校政治部主任（此前周恩来曾担任这一重要职务），并寄给他 2000 元做路费。回国后，他婉言谢绝了黄埔军校政治部主任之委任，并再三向戴、朱两人说明自己的想法：“我国地大物博，素为世界所重视，今日为求我国学术之发达，查明各地物产实际情况，以供祖国开发之参考，自行着手调查，实属刻不容缓。桂省……交通不便，外人尚未调查，尤为亟待考察之区……”经他一再争取，终于被中山大学聘为生物系教授兼主任，率考察队进入广西的大瑶山。1932 年他被调到南京担任国立编译馆馆长，成为周其勋的顶头上司。

张云（1897—1958），来自广东开平，1916 年考上武昌高师数理部，1920 年到法国里昂大学留学，获天文学博士学位。1927 年回国后，历任广州中山大学数学天文系主任、理学院院长、学校教务长、校长，在任期间建立了中国第一个高校天文台。1946 年冬应美国哈佛大学邀请，赴该校讲学，1947 年 12 月发现一颗位于鹿豹座南端的新变星，一时名噪世界天文学界。1947 年周其勋在广州中山大学外文系主任任上遭遇不明人士煽动的“驱周”学潮，校长王星拱弹压不住，辞职养病，1948 年 6 月，教育部任命张云接任。其时张云仍在美国讲学，因此由陈可忠代理。当年 10 月张云回国，却力辞职务，陈可忠接任校长。陈可忠到任后又遭激烈反对，于是出走台湾。张云则滞美不归。

石声汉（1907—1971），湖南长沙人，早年因家贫几乎辍学，幸得辛树帜等老师的帮助，成为学校仅有的工读生，负责管理校图书馆，得以完成中学学业；1924 年考入武昌高师生物系；1928 年任广州中山大学生物系助教时参加辛树帜组织、率领的广西大瑶山采集队；可能也由辛树帜推荐，1932 年在国立编译馆任编译，负责译订科学名词；后公费赴英留学，获伦敦帝国大学博士学位，历任武汉大学、广西大学以及西北农学院教授。

周其勋的武高同学中还有两位读者很熟悉的人物：政坛名人章伯钧（1895—1969）和著名美学家朱光潜（1897—1986）。两位都是安徽桐城人，而且在同一年（1916年）考入武昌高师，不过朱光潜在中国文学系，而章伯钧在外国文学系英文部。

出国考试一举夺魁

1921年，周其勋从武昌高师毕业后就回到家乡杭州市，在一所很普通的中学（杭州市安定中学）教了一年的英语。这时，命运忽然开始眷顾这位默默无闻的青年才俊。1923年，浙江省举行第一届出国留学考试，周其勋凭着四年来在武昌高师学到的英语知识，一举夺得这次考试的第一名。

我曾经和周先生次子宁怀兄探讨，他父亲在出国前究竟在哪里学的英语，因为我发现周先生在浙江第一师范的老师是清一色的日本留学生，但他为何不是出国留日而是留美呢？后来才知道，他是在武昌高师英文部学的英语，而当时的武昌高师有相当强的英语师资力量。据《社会变革与语言教育》一书载：“武昌高等师范学校英语教员在来源上，堪称小‘联合国’。”在那里教英语的有四位：教务主任张锡周，北洋大学毕业工学

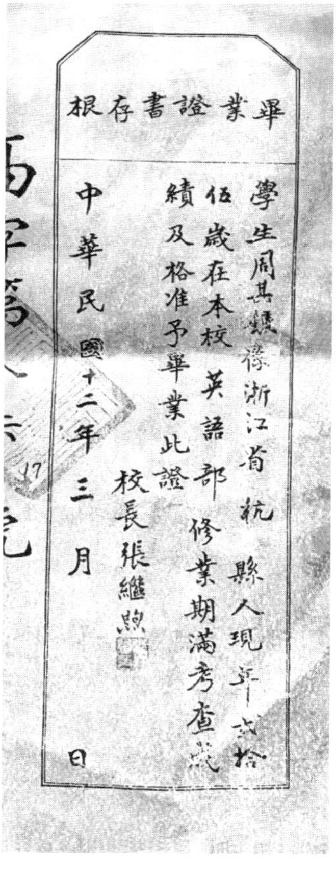
畢業證書存根

學生周其勳係浙江省杭縣人現年貳拾伍歲在本校英語部修業期滿考查成績及格准予畢業此證

校長張繼煦

中華民國十二年三月 日

周其勋先生于武昌高等师范学校的毕业证书存根

士，每周时数 14；英语系主任陈辛恒，英国万特别大学毕业硕士，每周时数 9；英语教员张瑛，北洋大学毕业法学士，每周时数 3；专任教员，美国人华尔伟，每周时数 20。如此看来，周先生是在武昌高师跟美国人学的英语，难怪他能在出国考试中鳌头独占！

夺魁的消息随着报纸的发行远近传扬，不料想一下子打动了一位宁波少女的芳心，这就是他后来的终身伴侣倪翰芳教授。倪翰芳（1902—1997）出身宁波望族，温文尔雅、举止端庄，1917—1923 年就读于上海圣马利亚书院小学部；1923 年 7 月回到宁波就读甬江女中；1924 年 7 月考入南京金陵女子大学读大一；1925 年 6 月入上海沪江大学读大二。据说倪先生的祖父是著名甬商，在上海做颜料生意发了大财，在宁波除了买田还有一条街的房产。不过到了她父亲这一辈，家道已渐渐中落，纯是到沪做寓公，吃着祖上的老本，看看书、逛逛古董店聊以度日。

宁怀兄曾给我来电话说："外公对我父亲留学无任何经济帮助，倒是我母亲从小爱学习，又到过上海的教会学校读书，思想比较开放，知道父亲考上公费，主动与父亲联系上，所以才会提出不要嫁妆，把节省的钱用来留学的举动。（母亲三个姊妹，也就是大姐我母亲迈出这一步，有了出息。）"

富家女爱慕才华出众的穷书生，这种才子佳人的恋爱故事自古就络绎不绝，周其勋倪翰芳鹣鲽双飞的情缘无非是这类故事的民国版，不过是更纯情更美好罢了。原来他们在 1922 年暑期的中国基督教青年会上就曾相知相识，彼此都留下颇为深刻的印象。事隔半年，怀春的少女在宁波的报纸上看到心上人一举成名，怎不令她春心荡漾？于是鱼雁往来，成就了彼此一生一世的情牵。

周其勋考上官费后很快就出国了。也许他把漂洋过海的事看得很淡，所以没有留下回忆的文字。我知道，1872 年 30 个留美幼童乘坐的是马克·吐温小说中描写的明轮船（Paddle Wheeler）。当轮船乘风破浪横渡太平洋时，掀起的浪花曾给这些初出国门的广东小朋友带来莫名的惊恐和欢快。1910 年，47 个庚款学生乘坐的是一艘名叫“中国号”（S.S. China）的邮轮。1915 年赴美的陈翰笙（1897—2004）则用一段更为生动的描述来表达他当时的心情：

船在旧金山靠岸了，我到了美国。不到一个月的时间，我觉得我不仅跨过了一个太平洋，而且跨过了整整一个历史时代——从一个等级森严、思想禁锢、毫无民主自由可言的半封建半殖民地社会，进入了一个注重科学、讲究自由民主、平等博爱的资本主义国家。生活，在我面前揭开了新的一页。

陈翰笙是中国早期马克思主义农村经济学家，中国社会科学院世界历史研究所名誉所长，入党介绍人是李大钊。他的话无疑代表了当时中国大多数先进知识分子的观感。不过，对于这段横跨太平洋的航程，最有趣也最详尽的描写来自著名的科普作家高士其。高士其（按闽南语拼音 Gaul Soi Gi，1905—1988），我们自小就熟悉的名字，1925 年毕业于清华大学，1927 年获芝加哥大学化学学士学位，又转读细菌学，因实验操作事故造成后遗症，但仍坚持完成芝加哥大学医学研究院博士学业。抗战时，高士其在艾思奇的影响下投奔延安，是第一个投奔延安的留美科学家，受到毛泽东、周恩来、朱德、陈云的格外关注和欢迎，之后一直坚持在科普战线上，长期担任全国科协的领导工作。他的回忆有点长，但我还是不厌其烦地录下数段以飨读者，一方面是惊异于他超常的记忆力，另一方面是让大家体验一下当时的留学生和海外侨胞的一片爱国热情。在《高士其全集》里，他是这样写的：

1925 年 9 月的一天下午，苏宗固、李德明两人送我到上海码头，在挥手告别中，我和其他乙丑级同学登上美国杰斐逊总统号轮船。

我们留美学生都住在一等舱，有的两人一个房间，有的三人一个房间，除了活动床铺之外，每个房间都有浴室可以淋浴也可以盆浴，还有盥洗室和床头柜，还备有救生圈。

楼上是甲板，东西两旁都排着许多帆布靠背椅以供旅行者休息、日光浴、聊天。楼下是一个大餐厅，可以容纳1000多人，排满了方桌，罩上白布十分洁净，有四张椅子，每桌可坐四人。我们吃的都是西餐，用雪亮的银叉以及大小汤匙，有小酒杯是装白兰地或茅台酒的，有高脚酒杯是装啤酒用的，还有汽水杯。上菜了，一共有二十一道菜，以晚餐最为丰富。第一道菜是西红柿牛尾汤，第二道菜是奶油牛奶汤，第三道菜是白菜汤，第四道菜是红烧鸡腿，第五道菜是炸牛排，第六道菜是炒对虾，第七道菜是热狗（hot dog），第八道菜是洋火腿，第九道菜是黄焖肉，第十道菜是意大利通心面，第十一道菜是生牡蛎，第十二道菜是……第十三道菜是布丁，第十四道菜是沙拉（Salad），第十五道菜是法国面包圈，第十八道菜是菜阳梨，第十九道是美国橙、美国红香蕉苹果，第二十道是咖啡，第二十一道是牛奶红茶。这一道道菜都是由服务员端来分配给我们的。每桌上还插着一瓶塑料玫瑰花或牡丹。每餐都有新的菜单、菜名，逐日更换，可以全吃，也可以点菜。餐桌上还排着四瓶调味品，醋、酱油、胡椒粉、芥末等一应俱全。更换的菜名中还有鱼类，如黄花鱼、鳜鱼、武昌鱼、带鱼、鲍鱼，更有美国味的沙丁鱼、螃蟹、田鸡、蛙、火鸡等，品种繁多，蒲菜泥、酸黄瓜，最后还有美国的冰淇淋、可口可乐等。

早餐有麦片、牛奶、火腿、鸡蛋、炸肉。面包也有两种，一种是法国的，一种是美国的。进餐时还有乐队奏乐及流行歌曲助兴，使旅客们听了悦耳的声音后，吃得愉快，增进食欲……（这）是船上大餐厅的情景。

我们初到时大餐厅里还张灯结彩，布置一新，就像办喜事一样。

那天晚上我到大餐厅用餐，这是我在船上的第一餐。我的位置是在东面的最里面的一个角落里，避开人们的眼睛，我可以开怀畅饮，胃口大开，放松裤带，无拘无束大吃特吃了。我从第一道菜起吃到第二十一道菜止，吃完了全部二十一道菜。那天晚上我是吃得真饱，但日本海是风浪最大的海面，最不宁静的是，过台湾海峡时，船左右荡漾起来，愈来愈猛，真有翻天覆地之势。在房间里还没有事，因为床铺都牢牢地拴在壁上。在大餐厅里桌椅都摇晃起来，随着船的倾斜都一边倒了，桌椅也会走路了，移动起来了，从西面移到了东面。于是有许多旅客都晕船了，不能起床，有的呕吐起来，于是我奔走于各个舱之间，照料那些晕船的人。大餐厅里吃饭的人逐渐稀少了。第三天快到日本时，我到大餐厅里一看已寥寥无几，我是属于少数有幸仍照常能饮食与玩乐的人。

这是我看到过的最详尽的航海旅途生活记录。从高士其的这篇记录中，我们看到一幅当年中国的莘莘学子意气风发、豪情满怀地奔赴远方的情景。事实上，他和其他去美的清华同学（像他书中提到的天文学家张钰哲、化学家萨本铁、物理学家周培源、经济学家冀朝鼎、大学校长罗家伦等）都对中国的现代化进程做出了巨大的贡献。高士其继续描写途中抵达日本的情形。其实，在20世纪20年代，中日两国还算是一衣带水的友好邻邦。书中写道：

第三天到了日本大阪，我们全体旅客都登陆了……大阪的华侨开了一个欢迎会，邀请我们本届清华赴美留学生乙丑级同学以及北大、南开、交通、复旦、沪江等全国各高等院校的研究生、毕业生中赴美留学者参加。席间有华侨代表主席致欢迎词，代表大阪市几十万侨胞向远道来客——本届清华大学以及其他大学去美留学生路过本埠表示热烈欢迎。他又说："海内存知己，天涯若比邻，大阪华侨和祖国亲人心连心，思亲思乡情意深，振兴中华待后人。"这个亲人和后人指的就是我们。

从大阪到东京，我们坐的是高速列车，顷刻之间就到了。东京是日本国的首都，也是世界人口最多、最密集的都市，超过1000万人。东京也是最热闹的地方，街道繁荣，工厂商店林立。我们曾到过最大的三菱商店去买东西，那里的购货程序都是流水作业，花色品种繁多，使人眼花缭乱。我们又参观了特殊建筑群——靖国神社。观赏了樱花，那是日本的国花。我们又参观孙中山先生和李大钊先生的遗址以及鲁迅先生和郭沫若留学日本时的遗址。最后，我们还出席了中国驻日本大使馆的招待会。我们还在茶座上吃冰淇淋、喝汽水、饱览富士山上的风光。

我们又坐高速列车到神户。神户是日本第三大都市。在那儿我们和日本的工人、学生联欢，这是真正的中日友谊之花、中日友谊的桥梁。我们在街上见到的到处都是熙熙攘攘的穿和服、穿木屐的人群，这种情景我们在银幕上已屡见不鲜，不多描写了。

离开神户以后，我们全体本届去美留学生坐舢板又登上停泊在海洋中的杰斐逊总统号。第二天清晨，船又开始航行。出了日本海就是太平洋，从此风平浪静，清风徐来，太平洋是十分太平的。

第十天我们越过了浩瀚的太平洋，到达美国西北口岸的重镇——西雅图。

一纸绒花牵友情

其实，高士其的这次出国之旅，是和倪翰芳一路同行的。

就像著名的传记作家叶永烈在《历史的绝笔：名人书信背后的历史侧影》（四川人民出版社，2016年版）一书中所说的：“1978年，我采写高士其长篇传记……我收到很多封高士其友人的来信。其中，最为珍贵、印象最深的，要算是来自广西南宁的倪翰芳教授写于1978年7月1日的长达六页的来信。”“倪翰芳是广西大学外文系教授。她是浙江宁波人，早年就读于宁波甬江女中，而高士其是福州人，当时在北京清华留美预备学校上学。两人可谓天南地北，她跟高士其是怎么认识的呢？”

倪翰芳先生在信中告诉叶永烈，那是1922年冬天的事情。当时，世界基督教学生同盟大会在北京召开，30多个国家的5000名代表参加了这次会议。倪翰芳是作为宁波甬江女子中学的代表来开会的，而高士其则受清华留美预备学校的委托参加大会接待工作。高士其的英语很好，不仅接待中国代表，而且还接待外国代表。

在会议结束后的一天，高士其带领着浙江的代表们参观长城，然后又陪他们游览市容。在王府井的东安市场里，倪翰芳看到北京的特产——绒花，非常喜爱。她拿了一朵，仔细端详了一番，赞叹不已，却又把它放回了原处。这时，高士其看到了，就向她走了过来。

叶永烈先生用文艺的笔触细腻描绘了这纸花传情的一幕：

“怎么？你喜欢，又不买？”倪翰芳这一细微的动作，被高士其看到了，他就走过来问她。

“我喜欢，可是带不了——轻轻一压它就坏了。”倪翰芳惋惜地说道。

“不要紧，这事情我来给你办！”高士其自告奋勇地把这件事应承下来。

倪翰芳回到宁波后不久，便接到从北京寄来的一只木箱。她打开木箱一看，见箱里放着一张硬纸，硬纸上插着一朵朵五颜六色的北京绒花，全都完好无损。

倪翰芳一边看着，一边惊叹高士其的聪明和热情。

高士其先生在后来的自传《清华回忆录》中，也谈到了帮倪翰芳买绒花的细节：

Miss Rosy Nie，倪姐翰芳是浙江宁波女子中学的高才生，都是参加世界青年学生代表大会的浙江代表。她们要买北京特产“纸花”请我帮忙，于是我约她们星期日到北京基督教青年会接待室里会齐，我与她们同往工艺品商店去购买。但一时不能取货，她们又托我取来后给她们装盒，寄往宁波。我们在北京分手后，果然有一天得到这两位宁波女子之中的一人倪翰芳女士的回信，说纸花已经收到了，谢谢我对她们的帮助，并且说很希望知道我在清华学习与生活的情况，以后愿继续和我通信。

于是，从一朵绒花开始，高士其和倪翰芳保持着通信往来。倪翰芳生于 1902 年，比高士其大 3 岁，所以高士其称她是“倪姐”。这种通信往来，净洁温馨，高士其晚年的回忆录中继续写道：

在我们出国前，她陆续给我写了不少的信，将近 20 封，并寄给我许多生活照片，其中有一张是她书房的照片。我还看见她的书桌上方，挂着一张长长的世界基督教青年学生代表大会的全体代表在清华园合影的照片，是绝妙的纪念品。在一封信中，她告诉我她的男友周其勋先生已于去年到美国纽约哥伦比亚大学研究教育学去了。她又介绍一位她的姓萧的女同学做我的女友，并寄给我一张她的 2 寸相片。她知道我的经济困难，曾把 50 元一张的钞票附在信中给我。

这是我一生中第二位在经济上向我伸出援助之手的朋友。

巧合的是，1925 年当高士其从清华毕业，前往美国留学的时候，倪翰芳也以高中毕业优等生资格考取了留美预备生，而且将要乘坐同一艘邮轮前往美国。由于他的“倪姐”曾约他毕业后到上海时，到她的家中做客，请他吃丰盛的一餐，由她的弟弟倪家剑、倪家玺二人作陪，所以 1925 年 9 月初，当高士其一路南行到上海时，就特地去倪翰芳家拜访。

高士其晚年回忆说：

我到她家时，她和她的弟弟倪家剑、倪家玺殷勤地接待了我，饱餐一顿，吃完了以后还有西瓜佐餐。我又拜见了他们的母亲。倪姐当时赠给我许多她在宁波时的照片，也包括一张她的同学萧一的照片。萧一是作为我的女友而介绍给我的，这是值得纪念的一件事。

高士其和倪翰芳就这样一起乘杰斐逊总统号（S. S. President Jefferson）邮轮赴美。叶永烈说："在船上，他们谈论着美国，谈论着学业，谈论着抱负。"高士其自己则回忆道：

倪姐翰芳介绍我和她的沪江大学女同学王世宝相识。于是白天我们三人都在甲板上休息，三张帆布靠背椅连在一起，我在中间，左倪姐而右世宝，时而晒太阳，时而聊天，上午如是，下午也如是，午饭后睡午觉，晚饭后睡觉做甜蜜美妙的梦，十天之内天天如是。看见这种情景的人都很羡慕我，认为阿米巴高在去美国的途中，在船上交了桃花运了。其实我对世宝没有什么企图，对倪姐也只是谈谈柏拉图式的恋爱而已，这也可说是我们的幸福时刻。人是有感情的动物，情字一义，孰能无动于衷而形之于外。

据说，高士其在美国留学时，写给倪翰芳的信有30多封之多（叶永烈《历史的绝笔：名人书信背后的历史侧影》）。高士其承认，他跟倪翰芳的密切交往是一种"柏拉图式的恋爱"。

我们知道，民国时期有好些轰动一时的三角甚至多角的恋爱故事。其中，周其勋在东北大学的同事梁思成林徽因，与他在光华大学的同事、诗人徐志摩，以及张幼仪、陆小曼是一例；周其勋在中央大学的同事、画家徐悲鸿，与周在“中（国）意（大利）文化协会”的同人张道藩蒋碧微，以及徐的学生孙多慈是另一例；周其勋的前辈和朋友吴宓，与陈心一毛彦文又是一例。不过，所有这些都不如周其勋、倪翰芳、高士其的故事那么纯情，结局那么美好。

1929年，当选为全美中国基督教留美学生委员会中部主席兼总会计的高士其到纽约开会时，拜访了周其勋夫妇。高士其回忆说：

（到纽约的）第三天，我到倪姐家去探望他们夫妇。他们的家离国际留学生大厦不远，他们住在二层楼上。这座屋子共有6层。他们的房间很宽敞，家具一应俱全，没有双人床，代替它的是两张单人床。有沙发椅，还有书柜，柜子上挂着一个银质大镜框，是他们夫妇在纽约的新婚合影，穿着大礼服戴着大红花。但最引人注目的是两个大书架，排着古今中外的图书，教育学和儿童心理学方面，还有外国文学，特别是英国文学。英国文豪莎士比亚剧本的各种版本以及全套英国杰出诗人的诗集，如拜伦、雪莱等。周其勋先生是教育学家，也是文学家。他擅长英语，回国后曾在辽宁的东北大学、广州的中山大学和南宁的广西大学担任英语教授。他译有拜伦、雪莱等的诗集，并且介绍他们的生平，这些作品是他对祖国文化事业的贡献。

这一晚是和倪姐于1925年秋初到美国芝加哥分手后第一次相聚，也是我和周其勋先生的第一次会面，我感到很亲切。我对他们说：“我能在纽约和你们在一起，我感到很愉快！”他们也很高兴看到我这个小弟弟。我又告诉他们我在威斯康星大学和芝加哥大学学习与生活的情况，并说：“后来，我每天一地游览、参观、访问都写信向你们报告，这些信件当积累不少，有30多封，你们都保存好吗？”倪姐笑指床下的箱子说：“都在这里面。”我又告诉他们我在芝加哥大学细菌学实验室解剖小动物的故事……

谈到这里时他们对我说："你下次来时可以搬到我们这里，住在我们三层楼上，还有一个小小的房间容纳得下你。"我和他们握手而别，夫妇俩送我到楼下门口。

回忆录这东西有时并不可靠。倪翰芳写给叶永烈的信中说他们夫妇与高士其在1927和1929年有两次重逢，但《高士其全集》只写到那么一次，也许他是把两次会面混而为一了。倪翰芳致叶永烈的信是这样说的：

他（指高士其）告诉我，学校里功课很忙，但他对学习很有兴趣，教授们对他也很好。由于他的专业是生物学，他说他两年多以来不知解剖了多少只豚鼠，有些是健康的，有些是有病的。他风趣地说："我已经成为豚鼠的解剖专家了。"他对他的专业相当热爱。

一年多以后，他又来到纽约，我见到他时大吃一惊。他说话变得迟缓了，行走时两脚似乎不易弯曲，步履很慢，两手拿碗筷时有点发抖。我看在眼里，急在心里，又不敢直接问他是怎么一回事。不久由芝加哥来的同学处得知，是高士其在解剖一只有病的豚鼠时手割破了……

1926年左右，周其勋与倪翰芳在哥伦比亚大学

总之，不管彼此的生活是多么曲折，周其勋、倪翰芳和高士其一直保持着良好的情谊。20世纪60年代，高士其作为科协领导因公来到南宁，特地驱车去广西大学看望了阔别数年的周其勋、倪翰芳夫妇。

喜结连理

倪翰芳到了纽约之后就进入巴纳德学院（Barnard College，又译巴那大学）读英国语言文学（English Language & Literature）。这是一所私立女子文理学院，创建于1889年，是世界上最古老的女子学院之一，以哥伦比亚大学第10任校长Frederick Barnard的名字命名，1900年起并入哥伦比亚大学。

"知乎网"上有一篇一名巴纳德学院的学生所写的帖子十分有趣，引用如下，我们可以借此了解这所大学的一些基本情况。作者署名Georgiana，一开头就说："我为我是一名Barnard girl感到非常骄傲，我也会坦诚地说Barnard和Columbia的关系是我选Barnard的一个原因。"

作者继续说，哥大是一个非常非常好的学校，她非常爱哥大，哥大是研究生院，Barnard则是本科学院。她选Barnard的理由是：首先，从距离上看，从宿舍门口走到Columbia大门比大多数的家到小区门口还近，30秒吧；从学习上看，哥大每个学院都有自己的core（核心课程）来实现通识教育（liberal education），Barnard的coursework（课程）和Columbia系统是同一个，完全没有区别；哥大一共有4个食堂，Hewitt是Barnard的食堂，离宿舍超级近，很方便。作者喜欢哥大和Barnard的最重要的原因还是它们在曼哈顿的最边缘，哥大附近通常也比较安静。哥大离中央公园不远，但是在Barnard后面就有一个河滨公园（Riverside Park），"在我看来已经特别大了！！！而且这个公园濒临哈德逊河，无论是白天还是晚上河景都特别美"。

但是，作者也有苦恼：Barnard 和哥大的 GPA（各科平均成绩）没有区别，所以在 Barnard 上学特别苦！她说："我一直承认我的学术水平不到被哥大正常录取的水平，所以每天跟这么多常春藤牛人 nerd（书虫、书呆子）以及天才们一起上课还要算 GPA 一起 nerve（神经、精神）压力真的很大！！！"

这位网友很可能是初出国门，所以对"通识教育"（liberal arts or liberal education）相当畏惧，这也难怪。有人说对于（非英语背景的）留学生而言，研究生比本科生容易，理工科比文科容易，这话很有道理。通识教育是本科一二年级的基础课，包括哲学、法律、政府、艺术、动物行为等，五花八门。这些课程对于以英语为母语的美国学生来说轻而易举，因为他们在中小学里就学过了。例如艺术史，什么立体派、印象派、现实主义和超现实主义、野兽派、抽象派和波普艺术这些名词，对他们的中小学生来说是常识，但对留学生而言也许就闻所未闻了。

大家闺秀、宁波甬江女中高才生倪翰芳没有这位网友所说的苦恼。她在上海的教会学校曾经接触过这些课程，所以在巴纳德学院只读了一年多便顺利升入哥大师范学院攻读儿童心理学（child psychology），与她的心上人周其勋先生以及周先生的挚友赵乃抟、骆雯夫妇一起同窗共读。纽约哥伦比亚大学师范学院的校友录上载有倪先生的条目为"Chou，Mrs G. S.（formerly Nie Han Fan）AB 1927 B，AM 1928 TC，1125 Broadway Shanghai，China"，对这条目的解读就是：周淦卿太太，原名倪翰芳，1927 年巴那大学学士，1928 年师范学院硕士，地址百老汇 1125 号，原籍中国上海。

此后，花前月下，在河滨公园里，或者晨边高地（哥伦比亚大学校区）一带都会出现周其勋倪翰芳的双双人影。他们在这里度过了最安静宁谧的留学岁月。我到哥伦比亚大学寻觅两位恩师的足迹时就发现哥大的校门与巴纳德学院位于百老汇大道的两边，门对着门。从巴纳德学院走下

1940 年代，讲台上的倪翰芳先生

斜坡大约一百米是风光秀丽的河滨公园，而公园边上那座哥特式的小教堂很可能就是他俩结婚之处。1927 年，倪翰芳考过了儿童心理学的硕士资格试（qualifying exam）之后，他们在哥大附近的这座河滨教堂（The Riverside Church）举行婚礼，接受一大群哥大中国同学的衷心祝福。我进入两位恩师曾经结缡的教堂，只觉得拱形穹顶令人豁然开朗，庄严肃穆的气氛迎面扑来；高耸的石柱仿佛接通了天界，你自然会仰视，慢慢地心思随着视觉腾空、升华。黄昏渐近，洒进的余晖使教堂里面显得朦胧又柔和，我顿时感觉到了一个世纪以前这对新人的幸福。

20 世纪 60 年代，我当周先生倪先生的学生时，常听到周先生在家里称倪先生为 honey 或 my honey，那时阶级斗争的声浪甚嚣尘上，这种充满柔情蜜意的称谓虽与时代格格不入，不也证明他们的夫妻感情超越时代，历久弥笃吗？

这本小书写的是周其勋教授，未免对倪先生的成就有所忽略。我觉得，倪先生的学术高峰是在南京时代。那些年她在吴贻芳当校长的金陵女子文理学院任英文教授。该校是私立，由几个教会组织创办人委员会于美国筹集经费，同时美国 Smith 女子大学认其为姐妹学校，每年由该校校友会担任其部分经费。纽约州立大学（New York State University）亦与其联系，认可其程度与该校相当，毕业生可由该校授予学位，并可直升美国各大学之研究院。（中国诺贝尔物理学奖得主杨振宁就在纽约

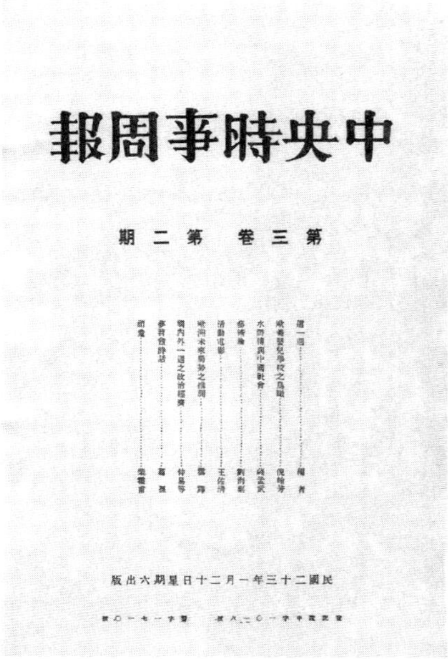

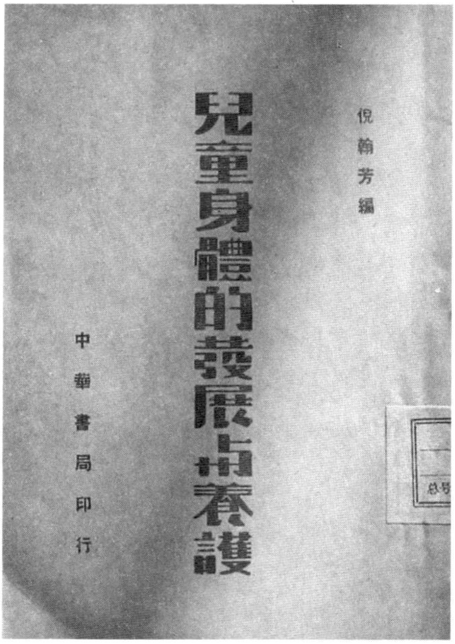

1934 年，倪翰芳先生的长篇论文《欧美婴儿学校之鸟瞰》发表于《中央时事周报》（左）
1937 年 6 月，倪翰芳先生专著《儿童身体的发展与养护》在上海中华书局出版（右）

州立大学教书，李政道则在芝加哥大学教书。）在这样一所大学教英文，没有流利畅达、口音纯正的英语口语简直无法想象，而倪翰芳的英语口语不仅流利畅达，而且音韵悠扬，就像所有她教过的学生所说的那样：“一开口就是一派灵格风！”（“灵格风”是一种经典的英语教材唱片。）除了纯正无瑕的英语口语，倪先生的学术研究成就也有目共睹。我在 1934 年 1 月 20 日星期六出版的《中央时事周报》第三卷第二期上就发现倪翰芳的长篇论文《欧美婴儿学校之鸟瞰》。这篇论文长达十几页，被安排为首篇，而所有名家的作品，如萨孟武的《水浒传与中国社会》和刘海粟的《艺术论》等还都在后面，这说明了编者对倪文的高度重视。1937 年 6 月，倪先生八万字的专著《儿童身体的发展与养护》在上海中华书局出版。

就在周其勋倪翰芳喜结连理的时候，国内的形势发生了急剧变化。

1926年从广东起兵北伐的国民革命军连克长沙、武汉、南京、上海，并在西北的冯玉祥和山西的阎锡山军队加入后，攻克北京。接着，新疆易帜、热河易帜。退出北京的奉军首领张作霖在皇姑屯被日本人炸死，其子张学良东北易帜。于是，全国统一，国民政府定都南京。春江水暖鸭先知，纽约的留学生是最早知道这些变化的。这时，恰逢张学良少帅的代表走进哥伦比亚大学征才，于是他们毅然应征，束装归国。

第二章　拓荒东北

张氏父子办东大

在沈阳的东北大学始建于1923年4月26日，1925年落成。这不能不说是张作霖、张学良父子的业绩。

一代枭雄、“东北王”张作霖（1875—1928）虽然出身草莽，但对教育却是异常热心。司徒雷登办燕京大学到处筹款，张作霖一次就给了5000块大洋。此后，司徒雷登每次开口为学校要经费，张作霖、张学良父子从不拒绝。1915年，时任民国陆军二十七师师长的张作霖就专门上书当时的民国第一任大总统袁世凯，历陈奉天（辽宁省旧称）教育弊端，要求整顿，并提出具体措施，引起教育部、国务院乃至大总统的高度重视。教育部马上颁布训令，对教育进行整顿。

1921年初春，东北大地仍是千里冰封，万里雪飘，几位知识分子出身的官员，包括奉天省代省长王永江和奉天省教育厅长谢荫昌，向时任东三省巡阅使、奉天督军张作霖建议：欲使东北富强，不受外人侵略，必须兴办大学教育，培养各方面人才。这个极具远见卓识的建议最早来自谢荫昌。他的想法与急于发展东北的张大帅不谋而合之后，谢荫昌赶紧找到代省长王永江，极力说服王永江当东北大学校长。王永江被吓了一跳：“公莫戏言！”谢荫昌的回答颇为耐人寻味，“公莫小视此职，大学校长乃无冕皇帝，各国大总统、国务总理常有兼职的，或退职为之。今选项三省之英俊，躬自陶铸，不数年而人才辈出，可助公施展雄才大略。即使百年之后，公骨虽寒而精神犹在。”王永江和谢荫昌二人最初被张作霖视为左膀右臂，后来因为张作霖不自量力，有问鼎中原的贪欲，导致这两位文士对张作霖彻底失望，一气之下先后辞职而去。

对于王永江与谢荫昌的建议，张作霖听后大喜，并誓言：“宁少养五万精兵，也要创办东北大学！”

据竺可桢1936年3月6日的日记，陈布雷和陈训慈（1901—1991，历任上海商务印书馆编译所编译、中央大学史学系讲师、浙江大学史地系教授，为竺可桢在南京高等师范学校时的学生）兄弟俩在“怂恿”他“受浙大校长事不加期限”时的理由就是：“浙省文化近年来退化殊甚，需一大学为中流砥柱。”由此看来，仅念了三个月私塾、胸无点墨但视兵如命的张大帅，与号称“国民党第一支笔”的陈布雷不谋而合，所见略同，那就是：办大学至关重要。

东北大学甫一成立，便不惜重金在国内外广揽名师。在这所大学，教授的待遇是非常高的，普通教授月薪都在300块现洋以上，多的近千块，在国内学界实属罕见，远高于当时的北大和清华。而且，东北大学开课后，在聘请师资上存在一些问题，外省学者对奉省财政不托底，张作霖知道后，当即做出决定：“凡大学教授等薪金，一律用银元发给，并不许拖欠。”所以，东大教授的月薪都是现洋而不是奉票。教授们还能享受到无微不至的照顾，甚至连回家的路费都可以报销。据《奉天通志》记载，奉天省拨给东北大学的经费逐年增加，特别是张学良任校长以后，增加的幅度更大。“1928年，121万银元，1929年，133万银元”。而同期的北京大学，常年经费是90万银元，清华大学是120万银元。到1929年，东大已有教师300余名，其中教授99名。绿林出身的张大帅深知，要创办一流的大学非要有学贯中西、理念先进的留学生不可，所以他以优厚的条件吸引留学人员。受厚利重金的诱惑，留学生蜂拥而来，因此东北大学教员队伍非常豪华，超半数拥有硕士以上学位，并且大部分都有留学背景，多为哈佛大学、耶鲁大学、麻省理工学院以及哥伦比亚大学等大牌国际名校毕业。就是没去海外镀过金的，也都是清华、北大等国内名校毕业的。

任教东北，拓荒奠基

1988年，台湾有一位叫丁武始（Wu Si Ding）的富商出版了一本英文自传 *Eighty-three Springs*（《八十三个春天》）。虽是作者的自传，却描述了他的表哥表嫂，即周其勋倪翰芳伉俪从哥伦比亚大学学成回国，在上海稍事休息后赴东北大学任教的情形，为周其勋当年的踪迹增添了一条珍贵的史料佐证。书中写道：

My cousin, Chow Chi Shung, returned to Shanghai from New York with his wife Han Fang after obtaining their degrees in English literature from Columbia University in the summer of 1930. He was chosen by the young Marshal Chang Hsueh Liang to head the Department of English in his newly established North Eastern University in Mukden, Manchuria.（1930年夏天，我的表哥周其勋和翰芳表嫂双双在纽约哥伦比亚大学获得英国文学学位后回到了上海；表哥被少帅张学良任命为他在沈阳新建立的东北大学英文学系主任。）

周先生还没有启程赴任，他如何能在上海面见少帅，接受任命呢？事实上，周倪夫妇见到少帅校长是在到达沈阳以后。如前所述，由于张氏父子十分重视留学生的作用，陆续派员赴欧美各大学延揽英才，周倪夫妇在哥大校园见的是少帅的代表，他们的职务当然是以少帅的名义发表的，而面谒少帅本人则是以后的事了。

在哥大校园会见少帅代表的还有周其勋的同乡和朋友赵乃抟。但是，由于赵乃抟的夫人骆雯，哥伦比亚大学师范学院营养学硕士，原毕业于北京女子师范大学并留校任助教，根基在北京，所以他没有应东北大学的聘请，这对挚友于是在纽约作别。1930 年，赵乃抟和骆雯回到北京，周其勋和倪翰芳则到上海后转往东北。此后，两人通家相好，往来不绝。赵乃抟在北京大学担任经济学教授达 55 年，系主任 18 年。赵乃抟赴北京发展有其原因，而周其勋往东北又是何意呢？按说，上海是夫人的娘家，杭州是自己的祖籍，他为什么不回十里洋场的上海或江南秀丽地的苏杭，而奔赴苦寒的东北？

在《八十三个春天》中，附有周其勋倪翰芳当年的照片，从照片上看，年轻的周其勋英姿勃勃，器宇轩昂，眉目间透露出对未来的憧憬，一望便知是个开拓型的人，而倪翰芳则一副江南丽人的模样。纵观周其勋的一生可以看出，他一贯喜欢开拓。当时的关外，不单工农业落后于中原，文化教育更不能与京畿要地的北京、商贸发达的上海和富庶之区的东南大地相比。这片待开垦的处女地，正是周其勋施展腾挪的舞台。就英语和英美文学专业而言，东北大地更是薄弱，这样一种机遇，还不令身负大才的周其勋所向往吗？

在抗战胜利后的 1947 年，周其勋面临又一次的人生抉择时也是这样。1941 年，周其勋为躲避日军搜捕而逃出上海，与流亡到福建建阳的暨南大学邂逅，然后在该校任教至抗战胜利复员回上海。这时，上海《申报》已经发表公告任周其勋和方光焘、钱锺书等为复员后的暨南大学教授，浙江的国立英士大学也通告他为文学院院长（好几位当事人的回忆都讲到此事，但周其勋的档案并没有写入）；另外，重庆中央大学也有他的位置（这倒在他的档案中载有），浙江大学也有教育部即将任命他为该校师范学院院长的传闻（《竺可桢日记》中提到）。在抗战中颠沛流离的周先生一家既已在上海团聚，倪先生娘家也全在申城，如果要图安逸，贪舒适，周先生随便拣一个位子便可以平平安安地继续翻译做学问，可他为什么要舍弃这一切，跟着王星拱南下，到人生地不熟的广州中山大学去呢？

再后来的1958年，当他和倪翰芳双双在广州中山大学做教授，学术成果累累的他（都发表在中山大学的学报上），又为什么连倪先生都不知会，便毅然报名到新复校的南宁广西大学支边支教呢？这一切都表明，周先生的身上，充满了进取的精神、开拓的情怀。

当时，负笈海外7年，刚刚回国的周其勋夫妇，身无分文，住不上旅馆也无处可去，所以他们只好暂时借住在丁武始的家里：

They visited me one day. Both of them admired the university campus. Chi Shung asked me whether they could spend a few days with us. I told them they were more than welcome. So they moved in at the weekend. My wife and I moved to the attic and gave them our master bedroom.（有一天他们来看我。他们都很羡慕我的大学校园。其勋问我他们能不能来住几天，我说太欢迎了，于是他们周末搬过来，我和妻子搬到阁楼，把主卧室让给他们。）

这里所说的大学指上海沪江大学（Shanghai Baptist College），校长刘湛恩（1896—1938），哥伦比亚大学博士，1922年回国后曾在南京东南大学、上海大夏大学和光华大学任教，1938年因从事秘密抗日活动不幸被日伪暗杀于上海。本书作者丁武始刚刚从沪江大学毕业，正在刘湛恩（信中称Dr. Liu）手下当助教。关于表兄弟在上海短暂相聚的情形，作者继续写道：

That night after dinner, we all sat in the garden in front of the house, chatting and sipping cold drinks. All of a sudden Chi Shung said:

“Wu—Si，I think you’re too young to enjoy such a good life，you have been confined within these beautiful surroundings for six years already. You have not seen the world. You should go out.”

“Where can I go？”I asked.

“If you really want to go I can make you an offer”，he added. “What and where？”I asked without hesitation.

“Come with me to Mukden”，he said. “I can make you an assistant professor，and you can get much more per month than your present pay of $75.”

“Good，I will go”，I agreed without consulting my wife.

某夜晚饭后在花园里喝着冷饮的当儿，周其勋觉得他表弟 6 年来生活太舒适、环境太优越了，年轻人应该到外面看看世界，所以他邀请这位表弟跟他到沈阳做助教，东大助教的月薪比在沪江挣的多得多（他表弟在沪江每月只有 75 美元）。表弟慨然应允后便去找刘校长辞职：

After my cousin left us I went to see Dr. Liu，the President of the University. I told him that I had made up my mind to leave for Mukden，and I wanted to resign. He was shocked when he heard my decision.（表哥离开以后我去找校长刘博士，告诉他我决心离开上海到沈阳，想要辞职，他听后感到很震惊。）

刘湛恩校长为什么“感到震惊”呢？原来他计划让丁武始再做一年助教之后就送去美国留学，现在这助教既然那么坚决要走，他只好放弃这个计划，放飞年轻人。丁武始和表哥表嫂搬出校园，准备坐海船到东北的大连。至于从上海到大连的航程，丁武始在书里描述道：

On board the ship I was introduced to many Ph. D's and M.A.'s, a team of professors and famous athlete coaches for the Northeastern University. We had a good time together on board, though sometimes I felt I did not fit in very well but I made friends. After we arrived at Darien we went to Mukden by train. I was told that Marshal Chang was building another railway parallel to the existing Japanese Darien Mukden Railway. With this kind of competition going on, sooner or later, trouble would occur, I thought.（在船上，我被介绍给很多博士和硕士，东北大学的一大堆教授和著名教练。我们在船上相处愉快，我也交了些朋友，尽管有时候也觉得跟他们合不来。听说少帅正在修建一条铁路，和现在的这条大连到沈阳的铁路相平行。如此的竞争，我觉得迟早会出事。）

从他的这段描述中我们知道，当时从大连到东北大学的一船人，是“一大堆教授和著名教练”“很多博士和硕士”。这就说明，在优厚待遇的吸引之下，东北大学的师资队伍已有相当规模；反过来说，如果不是重视教育的张氏父子对教育和科研的巨大投入，东北大学也不可能云集一大批硕学贤俊，济济满堂。

“迟早会出事”的说法颇为符合当时东北的政治形势。张作霖虽然在治理东北方面很有雄心和手腕，但要对付垂涎这片富饶土地的日本帝国主义还是力不从心，“九一八”事变的导火索就是铁路。1931 年 9 月 18 日夜，野心勃勃的日本关东军借口“南满铁路”的柳条沟路段被炸毁，炮轰东北军驻地北大营，继而侵占沈阳乃至全东北，建立了“伪满洲国”傀儡政权，开始了对东北人民长达 14 年的奴役和统治。创办东北大学的事同样也遭到日本人的屡屡阻挠。据《国立东北大学》一文载，1922 年春，“奉天省长王永江鉴于东北外患日亟，需才孔殷，倡议联合吉林黑龙江两省创办东北大学，为百年树人之计。日人闻之不快，思欲尼之，其驻沈总领事坚请我毋办大学，愿以彼之南满医大及旅顺工大为我育才，其心不问可知”。由此可知，东北大学的诞生还颇为艰难曲折。但是，东北大学甫一诞生便占地广大。又据《国立东北大学》载，当局“拨昭陵前白桩外陵地三百亩，并收买毗连民地二百余亩，兴筑新校舍”。该文还说到，1929 春，“张校长又捐私产三百万银元，先拨一半，增建北陵校舍，于是文学院大楼、法学院大楼、大礼堂、图书馆、体育馆、化学馆、纺织实验室、教授住宅与教授俱乐部等皆同时兴工”。实际上，所有的史料都载明，东北大学规模宏大，功能齐全，设施一流，是当时国内最先进的大学。整座大学除了主教学区用地，还有 200 亩教师住房占地和 100 亩实验场地，是当时国内占地面积最大的大学。

周其勋的表弟在书里也这样感叹：

Northeastern University was really a big university. The train passed through the campus carrying flour and rice for the whole school. You could well imagine its size.（东北大学真大。火车要穿过校园给全校送面粉和大米。你可以想象校园有多大！）

他还详细记录了在东大的工作情况和观感：

I was assigned to a bachelor faculty house. It was not too cold，but rather windy. Most of the students were adults，a lot of them already married. They seldom shaved and therefore look untidy and ugly. But they are a group of honest people，very polite and courteous. They always asked me to sit down while asking questions. They had so much respect for teachers. Their knowledge of English was limited，but I had no problem teaching them. I was happy，receiving the monthly pay of two hundred dollars in silver.（我被分配到一栋单

身教师宿舍。这地方不太冷，但风很大。大多数学生已成年，他们中很多人已婚。他们很少刮胡子，所以看起来胡子拉碴、邋里邋遢。但是他们都是老实人，很有礼貌也很客气，问问题时总是先叫你坐下，对老师很尊敬。他们的英文水平很差，但我教起他们来也不费什么力气。我很高兴，每个月可以领到200块银元。）

初出大学校门的小助教就能每月领到200块银元，可以算是待遇优厚了。据史料记载，直到20世纪40年代，县长的薪俸才区区20元。

群英荟萃，极一时之盛

东北大学建立后不久，就有三对新婚的留学生夫妇差不多同时到来，开始他们的人生事业。这三双伉俪就是梁思成和林徽因，周其勋和倪翰芳以及陈雪屏夫妇。这三对夫妇年纪相当，留学经历也相仿，梁思成和陈雪屏同年，都生于1901年，周其勋则比他俩大几岁，生于1897年。这次来到东北大学，也是他们学成归国后为国建功立业的第一个机会。

梁思成在1923年清华学校高等科毕业以后，1924年和林徽因一起赴美国费城宾州大学建筑系学习，先后获学士和硕士学位，又去哈佛大学攻读建筑史博士学位学习建筑史，研究中国古代宫室建筑（肄业）。1928年，梁思成、林徽因在加拿大渥太华中国领事馆举行婚礼。同年8月，梁思成博士肄业，二人回国即赴沈阳。梁思成任建筑学系主任，林徽因任副教授。

周其勋则在1924年以浙江省官费留学考试第一名成绩赴美，入纽约哥伦比亚大学师范学院攻读教育及英美文学；倪翰芳1925年赴美，先后在纽约巴那大学、哥伦比亚大学师范学院攻读儿童心理学，1927年同周其勋先生在纽约结婚，双双获硕士学位后，于1930年回国，受聘到东北大学，周其勋任英文学系主任，倪翰芳任教授。

陈雪屏于1922至1926年间在北京大学哲学系修读，主修心理学，师承陈大齐。1926至1929年间又赴哥伦比亚心理研究所进修，获硕士学位。他于1930年返国，到东北大学任教育心理学系主任。但是，陈雪屏的婚姻状态比较难以稽考。因此，这三对新人中，只有陈夫人默默无闻。我们仅仅知道，陈雪屏的女婿是大名鼎鼎的旅美学人余英时先生。

这时期同这三伉俪在一起的，还有一位体育名家、周其勋的好友郝更生。郝更生在纽约哥伦比亚大学学习土木工程时，与周其勋是至交，有时官费接济不上，两人还一起去校外打工。后来，他感于中国人体格孱弱，转而就读春田大学专攻体育。学成归国后，他到清华任体育系副教授。

东北大学为了网罗这些受过西方文明熏陶的学人，可谓不遗余力，不仅派人到欧美罗致，而且有时还由张学良本人出面诚邀。梁思成夫妇回国前，梁思成的父亲梁启超就已经向清华推荐，但张学良给梁启超写信，后来又直接给梁思成写信，力邀他俩到东北大学任教。梁思成、林徽因到了东北大学以后，又邀请他们同在美国宾州大学留学时的同学陈植、童寯、蒋方荫等一起到沈阳，为东北大学的建筑系效力。周其勋、倪翰芳以及陈雪屏等，则是由张学良派到纽约哥伦比亚大学的招聘人员聘请到的。

1919年五四运动后，旧学已经式微，中国的学术思想领域处于一片真空状态。这时，各种新思潮就经由留学归国的年轻教授传入。他们是一群盗火者，一群新兴学科的传播人，也是培养中国科学与学术队伍的教育家。这一群先行者来到了东北大学这所重视知识、重视教授和学术自由的大学，真正是如鱼得水。正因为东北地区的学术思想领域处于一片真空状态，所以这些归国学人并没有受到多少意识形态的约束，尽可以全心全意地努力发挥，真可谓海阔凭鱼跃，天高任鸟飞。尤其是东北大学的建筑学系，由梁思成任系主任，用西方的建筑结构理论诠释中国的古建筑。这也是中国的第一个建筑学系，对于传播西方先进的建筑思想以建立中国的建筑学方面具有开创性的意义。

周其勋任英文学系主任，除了安排各教授的工作，自己也讲授英国文学史和英国诗歌。倪翰芳教授则教英语词汇学和语法学。如果说梁思成在东大建立了全国第一个建筑学系，那么周其勋则在这里创建了全东北地区的第一个英国文学系。东三省可以说是英语和英美文学的处女地。当关内平津一带和东南各省的英语教学，无论是大学和中学都已普遍开展蔚然成风的时候，东三省还是非常薄弱的。周其勋和梁思成、陈雪屏等留美学人都知道，按照美国大学体制，系主任不光自己要以学术研究为主要任务，而且还要抓好预算（budgeting），不是像以前的学术领袖那样只做清流。特别是这个系处于草创时期，一切从无到有，周先生就要对全系做整体布局：开什么课，聘几个教授、副教授、讲师和助教，总共需多少费用，然后向学院甚至校一级申报，这就是做预算，要花大量的心血，并不比做学问轻松。

在做预算的过程中，周先生安排夫人倪翰芳教英语语法和词汇。这样的安排颇具心思。倪先生的英语流利畅达，口音纯正，语调悠扬，一开口就是“灵格风”的标准英语，最适合教二年级的课程。正如丁助教在他自传体书中所说的，当时东北大学学生的英语水平很差，倪先生的课对提高学生的英语口语水平有极大的作用。

周先生本人在东大施教的具体情况，已因年代久远而不可考，但我从他的档案中得知，他入东大后教过的课程有：英国文学史和英国文学作品选讲；英诗，包括19世纪初期浪漫主义的拜伦（George Gordon Byron，1788—1824）、雪莱（Percy Bysshe Shelley，1792—1822）和济慈（John Keats，1795—1821），因为他们是他终生至为钟爱也是研究最为透彻的诗人；戏剧，包括莎士比亚、希腊悲剧、萧伯纳（Bernard Shaw，

1856—1950）和王尔德（Oscar Wilde，1854—1900）；英国小说，包括狄更斯（Charles Dickens，1812—1870）、萨克雷（William Makepeace Thackeray，1811—1863）和艾米莉·勃朗特（Emily Brontë，1818—1848）等。

不过，周先生夫妇在东北大学的时间很短，从1930年夏天到1931年的“九一八”事变只有一年有余，周先生恐怕半部英国文学史也教不完。陈雪屏任教育心理学系主任，当然也用当时刚流行的、以弗洛伊德（Sigmund Freud，1856—1939）和荣格（C. G. Jung，1875—1961）为代表的心理分析方法作为自己的理论基础。心理学在当时的中国绝对是新兴的学科。陈雪屏在北大读书，师从陈大齐教授的时候，心理学还不是独立的一门学科，仅仅是附属于哲学系的心理课程。在东大，陈雪屏将它发展为一门独立的专业，也是一个重要的创举。

到东北大学任教的归国留学生，还有被称为“哈佛三杰”之一的中国现代著名西洋文学家、国学大师、诗人吴宓（1894—1978）。他1924年赴沈阳，任东北大学外国文学系教授。次年清华大学成立，吴宓任清华大学国学研究院主任，聘请当时学术界最负盛名的梁启超、王国维、陈寅恪、赵元任等四位为研究院导师。同是留学生，吴宓与上述来东大任教的几位算是失之交臂。不过，吴宓与周其勋在其后的岁月里倒是时有往还。我在国内的拍卖市场上就曾看到吴宓和周其勋互赠著作的来往信函。

就在学期进行当中，周其勋的表弟忽然接到由上海沪江大学转来的信，说他原先申请的一个海外教职已被接受，于是他将信递给了表哥。《八十三个春天》中是这样记述的：

One day I found a letter in my letterbox, addressed to me, but forwarded by the Shanghai Baptist University Post Office. It was from Semarang. I held the letter so tight that I hesitated to open it, not knowing whether my application had been rejected or accepted. I rushed to my living quarters, sat and prayed. It was a letter of acceptance. I did not know what to do. I went to see my cousin, told him the Java story, and showed him the letter. (有一天我在信箱里发现一封上海沪江大学转来的信。信是从三宝垄来的。我紧紧捏住信，犹豫着要不要打开，不知道我的求职信是被拒绝呢还是被接受。我匆匆跑回宿舍，坐下祈祷，果然是被接受，我不知道怎么办，就跑去找表哥，递上信并告诉他是怎么回事。) "Good luck to you, Wu Si, congratulations," he said rather enviously.(表哥说是好事，值得祝贺。) I told him I had been in Mukden for three months and it was not nice to resign in the middle of the term.(但是我担心，刚到沈阳三个月就要走，恐怕不好。) "Don't worry, I can fix it, there are others who want this job", he said. So I tendered my resignation to my cousin...(表哥表示，不用担心，他会搞定，很多人想要这个位置。于是我递上了辞呈。)

这一群新锐的归国学人，无疑给初创的东北大学带来一股新风，一股前进的动力。在这些人的努力下，东北大学陡然崛起，呈现一片欣欣向荣的景象。这时的东大，正如1937至1947年间的东北大学校长臧启芳所说的，"经费裕如，设备充实，对教授待遇优厚，且学生生活朴素，好学精神可爱，学风之优良实为当时全国各地所不及"，长此以往，不出几年，就可以和关内的名校并驾齐驱。学者王春林在《"九一八"事变前的东北大学与地方社会》一文中也说道："至'九一八'事变前，该校已日臻完善，充足的经费、雄伟的校园都是国内其他大学望尘莫及的。校中弥漫着勤奋、踏实的学风，赶上清华北大，似乎指日可待。'九一八'事变前夕，第十四届华北运动会在东大体育场举行，比赛成绩东大第一。7月1日举行第一届毕业生典礼，除俄文系外，其余英文、法律、政治、数学、物理、电工、机械、土木各学系毕业生第一名，皆由校资送英美德各国继续深造，并规定尔后每届毕业亦皆择优由校资送出国留学。”

东大的崛起，当然与这群留学欧美归国的知识分子密不可分，就像周其勋的至交好友、同是教育家的杜佐周说的那样，办好大学最重要的有两条：一是教授；二是校风。教授好，学校就好，西洋有一句话“有教授，才有学校”，换句话说就是无教授就无学校。东大好教授与好学风兼有，学校注重新兴学科研究，重视英语训练，提倡体育运动，学术风气浓厚，一时崛起于国内大学之林。然而，“事每难料，好景不长，”臧启芳说，“正值东大气象蓬勃、光辉灿烂之际，二十年九月十八夜倭变突作，东大以密迩北大营，备受惊险，弦诵顿辍。”

战火突燃，流亡南下

1931 年 9 月 18 日夜，在日本关东军安排下，铁路“守备队”炸毁沈阳柳条沟附近的“南满”铁路铁轨（沙俄修建，后被日本所占），并栽赃嫁祸于中国军队。日军以此为借口，炮轰沈阳北大营，史称“九一八”事变。次日，日军侵占沈阳。“九一八”事变后，3000 多名东大师生被迫踏上流亡之路，图书、仪器、工厂、校园建筑被严重破坏。我们现在很难想象，当时东北大学的实验仪器全部是从国外进口的，各种动植物标本、图书工程设备也无一不备，这在国内名校中绝无仅有。更为惨重的是，东大以九牛二虎之力汇集起来的名流俊才队伍顷刻星散，这一次的灾难直接伤及命脉，造成的损失再难挽回。

时任东北大学秘书长宁恩承先生（1901—2000），在他的回忆录《百年回首》中惊心动魄地描绘了“九一八”事变当晚的情景。他说东北大学邻近北大营，一旦打起来，后果不堪设想。“到半夜 12 点，我已给大帅府、省政府、教育厅不停地打了许多电话，但已经没人接电话了，我发现学校孤立无援了。”他立刻指令将校内200多名女生转移到用钢筋水泥建筑的体育更衣室。

此外，他的回忆文章《“九一八”之夜》也有生动的描写：

我不禁大吃一惊，知道大事不好了，日本人开始攻击我方驻军北大营……东北大学临近北大营。我必须采取一切紧急行动应付局面。我令会计主任解御风把学生们的伙食费发还给大家……发完以后，铁柜空无所有，我令会计主任把铁柜永久开着以示存款已完，让强徒放弃抢劫的意图。我放心不下最困扰的200多女生，我传谕女生部金主任，凡家在沈阳市或沈阳市内有亲友可投奔者任其自由回家或投靠亲友，没有投奔的人送入小河沿医学院躲避一时。到20日，经过一天两夜的惊慌，学生、教授走了许多人，校园中渐渐沉寂了。25日以后，大学中的教授学生都已星散，人去楼空，9平方公里的校园之中，只有二个事务处职员、两三个工友和我一人了；25日下午我一个人，离开了我的家。其实，日本人为达政治目的，最初是想要让东北大学恢复上课。

据《国立东北大学》一文载：

沈阳为日军占据后，有自称日本南满公学堂堂长者来校伪致慰问，即劝照常上课，毋庸他迁，经费则彼方愿为供给。此语与筹设本校之初，日本驻沈阳总领事坚请我毋办大学，愿以彼之南满医大与旅顺工大为我育才之举先后出于一辙。全校员工悲愤不堪言状，严词拒之……未几，大部员工见寇无退意，乃决议退入关内，避地平津，徐图将来。九月二十六日西上，校中档卷、图书、仪器以及所有公私器物，皆未能迁运，损失殆难计数。语其大者，建筑值八百余万元，图书仪器值六百余万元，工厂资产及流动金亦六百万余元，总计逾两千万元。

宁恩承先生在断然拒绝了日寇的威逼利诱之后，抱着杀身成仁的决心，想尽一切办法，尽快将3000余名学生与教职工送离战火，却在学校守到最后，孤身一人离开。宁恩承25岁受张学良资助赴英国伦敦大学和牛津大学专攻财政金融学，29岁回国，30岁任东北大学秘书长。他在沈阳一夜之间沦入敌手后的9月19日晨6时召开全校师生员工大会，在会上对悲愤交加的师生们说：

我在英国上过学。英国人有一传统，一艘船将沉没的时候，船上的妇女小孩先下船，先上救生艇，其次是男的乘客，再次是船上的水手，最后是船长。如果船沉得太快，船长来不及逃生，这船长就随船沉入海底。

今天我是东北大学的船长，我们这条船处在风浪之中，不知要有什么危险。我向诸位保证，我一定遵守英国传统，策划安全出险办法。如果遇上危险，逃生的次序一定按我所说次序实行：妇孺先离船，其次是教授、学生，最后是职工，我是永守舵位，尽力让大家先逃生。

我们中国向有国家养士的传统。古人说“士报国恩”，今天国难当头，我们全是一国的善士，应有“士报国恩”的准备。如果发生任何危险，应该恪守“士报国恩”的信条，就一切都无恐无忧了。

在日军的刺刀下，紧急疏散这3000多名师生员工并非易事。最让秘书长担心的首推那200多名女生。经他联系，英国人开的小河沿医科大学可暂避。但从东北大学到小河沿必须穿过沈阳城区，而当时市区已被日军封锁。如何是好？宁恩承急中生智，想到了体育系的德国教练布希。这位德国教练高鼻子黄头发，身躯魁伟，肌肉发达，正好是一张通行证。于是他让布希找到一条安全的路线，终于将女生护送离校。另外，他找到南开大学校友、北宁铁路局车务处长胡顺忱特批了几节车厢，在9月24日将所有愿意离开的师生全部送上火车，撤离沈阳。

国难当头，摆在手无寸铁的周其勋一家面前的只有逃亡，夫人倪翰芳教授恰是这时生下了一个小女孩，于是一家三口，连同千千万万不愿做亡国奴的中国人一起，走上流亡的道路。他们一家，沿着来时走过的路，反方向从沈阳到大连，再从大连坐海轮到上海。据宁怀兄告诉我，当时他们因为逃得仓促，什么都没有带，惊慌失措又食不甘味地挤上火车，一路到大连坐上海轮后，才吃到一顿像样的伙食。这是他们因国难的第一次流亡，或者说，因国难的第一次铩羽、折戟。但是，往后的岁月可能更残酷，他们还要经历不止一次的逃亡。

岁月，如白驹过隙，稍纵即逝。斗换星移的80年后，当周宁怀教授造访沈阳，欲寻找他父母和姐姐在东北大学的踪迹时，却什么都没有找到。当年那所舍寓壮丽、设备充足、经费充裕、良师荟萃、学风淳穆，极一时之盛的学府已经荡然无存，只有那位于沈阳市皇姑区北陵大街45号的东北大学旧址，虽经90载风雨洗礼，依然处处散发着古朴宁静的整体之美。

第三章　南京岁月

讲台内外

在东北大学的归国学人队伍无奈星散之后，周其勋、倪翰芳夫妇先行回到上海，再赴南京。周先生在南京受聘教育部国立编译馆，任人文组主任兼任国立中央大学外文系教授，倪先生也在南京的金陵女子文理学院任英文教授。

曾是“六朝金粉地”、中国四大古都之一的南京，因成了国民政府所在地而再次繁华。随着大批受过西方文化熏陶的中国留学生归来，南京各方面精英人才辈出，思想文化活动活跃，成为周其勋教授施展才华的舞台。那时他 34 岁，风华正茂，血气方刚，这是他最精壮的时期，也是他学术生命最丰盛的时期。

坐落在南京的国立中央大学，是民国时期中国最高学府，国立大学中系科设置最齐全、规模最大的大学，其源自 1902 年张之洞、刘坤这两位两江总督和洋务派首领所创办的两江师范学堂，历经两江师范学堂、南京高等师范学校、国立东南大学、国立第四中山大学、国立江苏大学等多个阶段，1928 年改为国立中央大学时，有 7 个学院、37 个系、6 个专修科、26 个研究所。

才俊云集的中央大学声名鹊起。1948 年，在普林斯顿大学公布的世界大学排名中，中央大学已超过日本东京帝国大学（现东京大学）居亚洲第一。

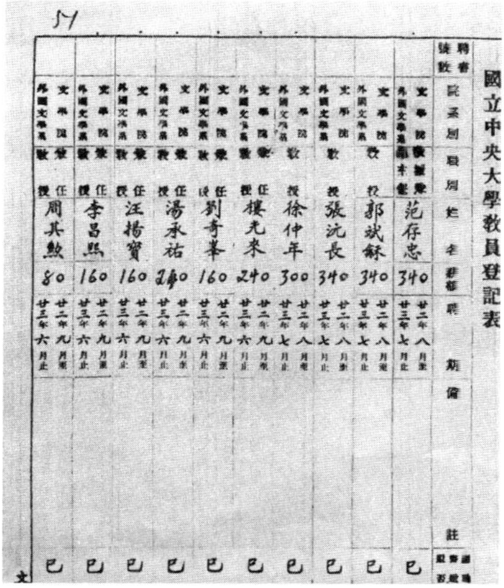

国立中央大学教员登记表，周其勋先生为兼任外文系教授

1933 年，中央大学（第 36 期）的校刊《校风》上发表了一篇周其勋和张月超的《莎士比亚漫谈：Shakespeareana》。

张月超，这是个陌生的名字。正当不知从何查起的时候，恰巧我在网上看到了一则故事，讲的是“文革”之后的 1978 年，南京大学校长匡亚明以最快的速度从武汉大学调来了两位老先生，一位是程千帆，另一位是张月超，这两个人都是右派。“文革”结束后，两位先生摘掉了右派帽子，但有关部门却让他们“自愿退休”，并没有给他们恢复工资，只是每月给 49 元的生活补贴。而南京大学则决定每月暂发给两位老先生各 100 元。虽然财务部门感到为难，不知道此项开支应放在哪些名目下，匡亚明校长正色说：“从哪里开支我不管，但每月必须把这笔钱发下来。”这在当时的高等学校是一件大事，引起了很大的反响。

程千帆先生是著名的中国古典文学研究家，也是中央大学名教授、国学大师汪辟疆的弟子，当年曾先后任金陵大学和武汉大学中文系教授。到南京大学后的 20 年学术生涯中，他一边勤奋著述一边教书育人，成果斐然。然而，对于另外一位来到南京大学的张月超，大多数人是闻所未闻。其实，这位张月超可谓奇人，他 1911 年生于江苏灌云县，独生子，父母早亡。1929 年他高中还没毕业，就借用别人的文凭考入国立中央大学外文系，成为周其勋教授的学生。

在中央大学讲授英国文学的周先生，与张月超这位中央大学三年级学生合写论文，明显是有提携之意。周先生的为人处事一向如此，遇到聪敏好学、力求上进的学生，不但奖励有加而且会努力提携。在周先生的关爱中深受鼓舞的张月超，不久便把德国大诗人歌德同爱克曼那些著名谈话部分译成中文，运用刚刚兴起的比较文学方法，把歌德同美国作家爱默生（Ralph Waldo Emerson，1803—1882）进行比较，居然写出了一部学术专著《歌德评传》，由神舟国光社出版。

张月超大学毕业后，经周先生力荐，进入国立编译馆当编译。此后几年，他一直跟随周其勋工作。据 1935 年 5 月 1 日《国立编译馆馆刊》第一期载，该馆"从事译书者有周其勋、李未农、周骏章、潘尊行、张月超、陈泰来、詹行煦、何健民诸君。二周及李君（周其勋、周骏章和李未农）合译 Cross 氏英国小说发展史，业已蒇事……张陈二君（张月超和陈泰来）则与中央大学教授范存忠、张沅长二君合译法人 Legouis 与 Cazamian 二氏合著之英国文学史，初稿约六月间可完成"。但我们从国立编译馆 1937 年 7 月向教育部递交的呈文中知道，此后张月超既不在随周其勋同时离开编译馆的名单内，也不在"留馆人员"的名单内，而是蹊跷地失踪了。一段时间以后，张月超于 1949 年 4 月至 5 月间竟然出现在国共和谈之中，任国共和谈秘书。和谈破裂后，他随即到香港谋生。行前，周恩来让他带一封信，那是给在香港的国民政府资源委员会委员长钱昌照的信。1952 年，张月超从香港回来到武汉大学任教。

而从此，张月超的命运就像云中飞车，时而高飞，时而低沉，非常具有戏剧性。

1958 年厄运降临，他被打成右派兼"反革命"，此后受尽苦难。直到"文革"结束后，张月超应南京大学匡亚明校长之邀来到南大，从此柳暗花明，否极泰来。因为张月超曾为周恩来传递书信，为中国共产党做过地下工作，是老革命了，因此有关部门落实政策，专门为他授大红证书，使他得以享受离休老干部的种种待遇。此是后话。

1979年，张月超和赵瑞蕻共同开创了南京大学世界文学硕士点，1997年又升格为博士点。

故事回到南京中央大学。周其勋在中央大学期间，因为具有中央大学教授兼国立编译馆人文组主任的双重身份，所以他除了上课，做学问，写文章，还要兼任教育部交付的各项工作，例如中央大学的甄别考试。我查到上海《申报》1932年9月8日报道：

甄别中大生积极筹备

南京七日电，教部续聘中大教授汪东、李学清、童冠贤、卢恩绪、钱天鹤、常道直为中大学生甄别考试委员会委员，教部令派高等教育司长沈鹏飞召集甄别委员会会议，沈即于明日下午四时召集各委员，在教部开会讨论进行办法，教部因中大甄别考试委员陈石珍因病暂缺席，已函请编译馆编审周其勋代理。

这则电讯没有说明为什么要“甄别”中央大学的学生，现在的读者已无从知道当年的情形。其实，这件事与在国立中央大学成立初期的“易长风波”息息相关。1930年10月，中央大学校长张乃燕由于经费等原因而辞职，是年底广州中山大学校长朱家骅调任中央大学校长。1931年“九一八”事变后，因中央大学学生怒打外交部部长王正廷，冲击首都卫戍司令部，围攻国民党中央党部，要求国民政府出兵抗日，朱家骅引咎辞职。随即，同月他被任命为教育部长。

中央大学的学生是够厉害的。1932年1月初，国民政府任命桂崇基为校长，遭学生反对，月底桂崇基辞职。于是政府改任原中国科学社社长任鸿隽为中大校长，任鸿隽因害怕坚辞不就，校务便由法学院院长刘光华代理。6月间刘光华又辞代理职务，以致校政无人，陷于混乱。此时中央大学全体教师因索欠薪，宣布“总请假”。6月底，行政院委派教育部政务次长段锡朋为中央大学代理校长，学生因“反对政客式人物来当校长”而对段锡朋群起殴辱。当时的最高当局甚为震怒，为此下令解散中央大学。教育部派员接收中大，教员予以解聘，学生听候甄别。7 月上旬，行政院议决蔡元培、李四光等 10 人为中央大学整理委员会委员，整理期间由李四光代行校长职务。李四光似乎束手无策，于是朱家骅请罗家伦上任。

1932 年 9 月 5 日，罗家伦一到校视事，便确定文学院院长汪东等人为甄别考试委员。这批学贯中西、资望超群的队伍包括日本早稻田大学毕业的著名文学家和书法家、中央大学文学院院长汪东，美国密执安大学地质学硕士、中央大学地质系主任李国清，美国哥伦比亚大学经济学硕士、德国柏林大学研究院和英国伦敦大学研究院研究员、中央大学法学院院长童冠贤，中央大学工学院院长卢恩绪，美国康奈尔大学农学院农学硕士、中央大学农学院蚕桑系主任钱天鹤，先后就读美国哥伦比亚大学师范学院、英国伦敦大学和德国柏林大学哲学系的中央大学教育系主任常道直，以及本书的传主美国哥伦比亚大学师范学院英美文学硕士、中央大学教授兼国立编译馆编审与人文组主任周其勋。除了这批甄别考试委员，那位教育部高等教育司司长沈鹏飞也是著名的林学家和林业教育家，曾于 1926 至 1932 年任中山大学森林系主任、农学院院长等职。这些人物都非等闲之辈，个个硕学鸿才，其阵容足以压阵。

甄别考试委员会确立之后，便公布了教育部批准的学生甄别实施办法 8 条。通过甄别考试，开除学生 19 名，合格的学生于 10 月 11 日全部返校，中大重新开始授课，“易长风潮”遂告结束。

这些名闻遐迩的学者、教授，是教育部的得力臂膀，一些全国性的工作常由他们承担，一来是因为他们的名望足以服众，二来是因为他们近在咫尺，可以招之即到，所以，当教育部要推进课程整理工作时，周其勋就位列全国大学各院系课程编写人员之中。这批课程编写人员同属中央大学文学院。同小组的其他成员有顾毓琇、朱自清、宗白华、冯友兰、黎锦熙、钱基博、蒋廷黻等人。现在，我们简略介绍一下这个群体中的代表人物，借此可见周先生的名望和学术地位，也能看出当时对大学课程编写这一工作的重视。

顾毓琇（1902—2002）乃江苏无锡人。他是中国电机、无线电和航空教育的奠基人之一，既是科学家，又是教育家，还是诗人、戏剧家、音乐家和佛学家。他学贯中西、博古通今，是中国近代史上杰出的文理大师。顾毓琇 1923 年清华学校（清华留美预备学校，后来的清华大学）毕业，1928 年美国麻省理工学院（MIT）科学博士，国立音乐院（中央音乐学院）、上海市立实验戏剧学校（上海戏剧学院）的创始人，历任国立中央大学校长、国立政治大学校长，美国麻省理工学院（MIT）、宾州大学终身教授和荣誉退休教授。他也是钱伟长、吴健雄、曹禺、江泽民等人的老师；其他如朱自清、宗白华、冯友兰三位，是我们耳熟能详的著名作家、美学家和哲学家；而钱基博则是古文字学家、钱锺书之父。唯一不属中央大学的是历史学家、外交家蒋廷黻。

民国期间，大学里史学人才济济。据史学家陶希圣回忆，1931 年他在中央大学法学院任教时，校长朱家骅曾对他说："一个大学的学风，以中国文学和史学两系为枢纽。"而且，史学分支流派繁杂，非有足够重磅的学术权威人物不能服众，因此他们选择了蒋廷黻。

蒋廷黻（1895—1965），湖南邵阳人，1911 年赴美，获美国哥伦比亚大学博士学位，1923 年回国任南开大学第一任历史系主任，与梁启超一起共同成为南开大学史学奠基者，1929 年调入清华大学任历史系主任，在任期间改革清华历史系，建立起了全国一流的史学阵营；1935 年他转而从政，任国民政府行政院政务处长，1945 年被任命为中国驻联合国常任代表，1961 年任台湾"驻美大使"兼"驻联合国代表"，1965 年病逝于纽约。

作为当时国内英语翻译的权威人士，周其勋在这个小组里专司审阅译自英文的大学用书。当时颇有名气的清华、北大双栖法学教授钱端升，翻译出版了英国著名史家屈勒味林（Trevelyan George）的《英国史》（*A History of Britain*），经大学丛书委员会审定作为大学丛书之一。周先生要做的，就是将译文与原文进行对照，看翻译的质量如何。

这是本大部头，950 页，60 万言。鉴于此书影响甚大，周其勋一丝不苟地将原著和译文做了仔细的对照与校勘，不因译者是名家而有所松懈，也不因篇幅太大而有所忽略。那时他的女儿四岁，大儿子刚刚出生。他就是在南京的酷暑里、孩子们的吵闹声中，奋笔写成了九页的书评。

这九页纸的书评，是逐字逐句地将两种文字加以对照比较，找出错译漏译的地方，然后才整体评价译文的质量。将 950 页的两大部头放在一起逐字逐句地对照着看，这需要多少时间、精力和耐心！而能从名家的译品中挑出错译漏译之处，又需要多深厚的学问底子和功力！可以想象，在大热天里捧着两本大部头逐字逐句地比较，是一件多么需要耐心的事情！更何况屈勒味林的这本大部头一向以“范围广大，材料宏博，文笔卓绝，涵义深长”著称，这就更增加了校勘的难度。然而，认真负责的周先生经过仔细研读，指出钱译中错译与不妥之处 23 例，粗心或脱漏 24 处。“所列的 47 条，当然是所谓‘姑举数例，以概其余’，断难说已包括此译本中所有的错误、不妥、晦涩及脱漏之例”。这是一篇发表在 1934 年《图书评论》（第二卷第五期）的评论文章，不仅提出了真知灼见以供译者在再版修订时有所参考，还质疑大学丛书委员会没有尽到审理书稿的责任。据说，此文一出，当时无论译界还是大学都有相当震撼的反响。实际上，你只要浏览一下此文，便会发现周先生深厚的学问功力。例如原文“……A Saxon–Celtic barbarism beginning to emerge confusedly into the renewed twilight of history.”钱译作：“……纷乱鄙野的萨克森·塞尔特世界之渐渐复入眼帘。”周先生指出：“其中‘渐渐复入眼帘'等字不妥。""兹谨建议改为:'萨克森·塞尔特之草昧状况,开始纷然出现于历史之曙光中。"又如原文"……helped to fan the flame."钱译作:"……更从而大摇其芭蕉扇以鼓动时人的反动心理。"周先生认为:"'芭蕉扇'云云,剧意太过浓厚,何如直译为'……更从而煽动……'?"

由这里,我想起了当年他给我们批改作文的情景。每改一处,他一定附上理由,而且有两三个选择。正因为有周先生这样严于治学、一丝不苟的良师批改我们的作文,所以我至今还能写出像样的英文文章。有一次,周先生还对我讲了一件有关批改作文的逸事。1947 年当他被中山大学排挤出去,到隔壁美国人办的教会大学——岭南大学接受考核,"美国人的考核方法很奇怪,他拿来十几本学生作文让我改,我改完送回去以后三天,聘书就来让我去当英文教授兼系主任了"。

除了课程整理,全国性的教育现状调查也是他们当仁不让的工作之一,周先生在南京期间,曾在中华教育基金会委托的中央大学教育学院教育研究所领衔的调查团之列,进行改进英语教育调查。这次调查涉及各省著名大学的一年级及高中各年级,所测学生近万人。调查结果显示:中国大学一年级英语程度仅及美国初中二年级。由此可见,中国英语教育当时是比较落后的,以至于出现了一股废除英语学科的声音。1939 年,周其勋于调查后在《教育通讯》杂志上发表了《改进中学英语刍议》一文,认为"要提高大中学英文程度,须先提高英语师资",要加强师资的训练,特别是注重将来要成为教师的师范类学生的英语。这篇文章影响深远,直到 21 世纪,还有学者提到其对当今英语教育改革具有一定的借鉴意义。

此外,出国考试命题也成为他们这批权威学者责无旁贷的工作。据《文汇报》2015 年 7 月 3 日《钱锺书在牛津大学》一文,钱锺书参加 1935 年留英考试时,周先生为英国文学专门科目的命题者。

教育部和中英庚款(中英文教基金)董事会(董事长朱家骅)对选

择留英考试的命题者，可以说是慎之又慎，非名家泰斗不可。那时的学生，尤其是名校的学生，多是聪明绝顶，素质好、水平高，但也很调皮，学问不够的老师常会被学生整蛊。这次参加留英考试的钱锺书据说也相当恃才自傲，曾扬言清华没有人教得了他的英语，所以，教育部经过深思熟虑，选择了中央大学外文系的两位老师给他出题，一位是专攻英语诗歌小说的周其勋，另一位是专攻莎士比亚的楼光来。

楼光来（1895—1960）在清宣统三年考入作为清华前身的留美预备学校，1918 年赴美留学，1922 年毕业于哈佛大学，获硕士学位，先后执教于南开大学、国立东南大学和国立中央大学，1937 年任中央大学文学院院长，长期从事翻译和研究莎士比亚作品，被誉为东方莎士比亚权威。

1934 年 10 月，中英庚款董事会决定将第二年的留学生人数增加至 25 名。考试科目总数 14 门，由董事会郑重提出的国内 50 名著名学者就这 14 门科目进行命题和阅卷。50 人中就包括周其勋、楼光来（负责英文、欧洲文学、英国诗歌、英国戏剧和英国小说）；段锡朋（负责国民党党义）；梅思平（负责国民党理论）；傅斯年（负责国文与中国历史）和伍叔傥（同时负责国文）。本次考试由“一般科目试卷”（General Paper）和“专门科目试卷”（Special Paper）两部分组成：一般科目包括国民党党义、国文和英文，专门科目包括欧洲文学史、英国诗歌、英国戏剧和英国小说。第一部分占百分之三十五，第二部分占百分之六十，其中一般科目又分国文和英文两部分，分值为百分之十五和百分之二十，剩下百分之五的分值给了“相关出版物”。考试于 4 月初在南京中央大学和国立北京大学同时举行，共有 262 名学生参加了考试，其中 11 名中途退考。参加英国文学科目考试的考生共 17 名，包括钱锺书。据《杨绛文集·文论戏剧卷》，钱锺书清华毕业时便已决定考庚款留英，故而去其父钱基博所在的光华大学教书，以取得应考资格。

周其勋与楼光来负责的英国文学命题题目如下：

专门科目（英国文学）

1. 欧洲文学史共七题，任选五题进行论述，其中的①、③、⑥题分别为：

①古希腊悲剧与莎士比亚悲剧这两种戏剧艺术的主要区别是什么？试举例以说明之。

③就以下题目做出简要评论：a.《新生》（*The New Life*）和《神曲》（*The Divine Comedy*）中的贝雅特丽齐（Beatrice）；b. 但丁《地狱篇》（*Dante's Inferno*）中的维吉尔（Virgil）诗风；c. 但丁（Dante）的冥府三界之旅。

⑥圣伯夫（Sainte-Beuve）的文学批评原理与方法。

2. 英国诗歌共七题，任选五题进行论述，其中的①、③、④题分别为：

①《仙后》（*The Faerie Queene*）的故事和论点是什么？斯宾塞（Edmund Spenser，1552—1599）诗歌有何文学艺术特点？直接或间接引用任意段落以说明之。

③简要叙述清教时期的玄学派诗歌。

④布朗宁（Robert Browning，1812—1889）与丁尼生（Alfred Tennyson，1809—1892）之比较。

3. 英国戏剧共五题，任选四题进行论述，其中的①、③题为：

①指出莎士比亚时代的舞台特点及其对莎士比亚戏剧的影响。

③概述麦克白（Macbeth）的行为，追踪其道德品行逐渐堕落的轨迹。麦克白夫人（Lady Macbeth）身上是否存在类似的变化？

4. 英国小说共五题，任选四题进行论述，其中的①、④题为：

①概述 18 世纪英国小说家。

④简·奥斯丁（Jane Austen，1775—1817）的艺术，本质上更接近托马斯·哈代（Thomas Hardy，1840—1928），而不是菲尔丁（Henry Fielding，1707—1754）或萨克雷（William Makespeace Thackeray，1811—1863）。试以《傲慢与偏见》（*Pride and Prejudice*）、《还乡》（*The Return of the*

Native）、《名利场》（*Vanity Fair*）和《汤姆·琼斯》（*Tom Jones*）为例，论述这一观点。

筹办国立编译馆

20 世纪 80 年代，我在密执安州立大学图书馆浏览一些纸页发黄的中文旧书的时候，无意中发现《民国教育史》上载有一条消息：民国二十年（1931）× 月 × 日，“教育部任命朱家骅周其勋等九人为国家编译委员”。那时候我初出国门，孤陋寡闻，还不知这位朱家骅何许人也，也不知道周其勋教授曾有过这样的经历。

朱家骅（1893—1963）为浙江省湖州市吴兴县人，中国近代教育家、科学家、政治家，中国近代地质学的奠基人。他早年参加辛亥革命，留学经历丰富。这位中国现代化的先驱，1914 年同济大学毕业赴德自费留学，1917 年回国任教北大，1918 年又以进修教授名义留美，1919 年又赴瑞士留学研究地质学，1920 年转入柏林工业大学，1922 年获该校地质学博士学位。如是此公还意犹未尽，1923 年又去瑞士苏黎世大学研究英文和经济学，1924 年重返北大，复任地质系教授兼德文系主任。总之，在民国的高级官员中，“骝公”（朱家骅字骝先）的阅历首屈一指。

朱家骅曾以其才智与魄力，在奠定广州中山大学的文化学术地位、浙江省的省政建设，以及延聘德国军事顾问和采购德国先进的武器装备等方面起到了突出作用。此时他即将转向教育，自然雄心勃勃，希望在教育方面有一番作为。1930 年 11 月在南京国民党三届四中全会时，朱家骅提议“设立编译专处总领译事（国立编译馆）”一案，经大会通过，组织专门人才编译外国名著，让国人能够了解外国科学文化。随后，行政院国务第一次会议议决朱家骅继张乃燕为第二任国立中央大学校长。

周其勋教授自 1931 年“九一八”事变后从沈阳东北大学归来，应聘到南京国立中央大学外文系任教，讲授英国小说和诗歌，成为朱家骅的属下，也深为朱家骅所器重。朱家骅是留德的，自然希望有周其勋这样的留美英语专才作为他的左膀右臂。英文方面的尺牍、呈文之类，当然也要有赖周其勋的文笔，所以周先生一时成了朱家骅的秘书和文胆。据说朱家骅曾努力延揽周其勋做他的正式秘书，也就是朱在教育部的副手，周先生犹豫再三，最终婉言谢绝，因为他不愿进入官场，也无意参加党派。

朱家骅是大忙人，担负着教育、学术、政府、政党等多项重要职务。有一次，曾当过他副手的顾颉刚就某件具体的事情对人说："朱氏对此事固极热心，但他太忙了，平均一天见 80 个客，夜中看 100 多件公事，又有开会交际等事务。"所以，那份关于任命朱家骅周其勋等九人为国家编译委员的教育部命令表明，关于成立国立编译馆一事，朱家骅总摄其事，具体筹办工作由周其勋一力承担。

这个成立于 1932 年 6 月的国家图书编译机构，隶属于民国教育部，负责学术文化书籍、教科书以及学术名词的编辑翻译事务。馆址原在南京山西路即原教育部已撤销的编审处，靠近中央旅社（原励志社），地处南京市中心地域。开馆后不久即另觅地建新馆，地址即是今天的天山路 39 号。有一篇发自微信公众号"文汇笔会"，著名翻译家杨苡的女儿赵蘅的文章《我常想起三棵树》，抒发了她来到这里的感慨：

这第三棵树是我在南京天山路 39 号找到的，那是原国立编译馆的旧址。无法知晓南京的那棵大雪松是何人栽下的，它的寿命有多少年了。如今人去楼空，当年风华正茂的一代翻译家编辑们大都离世，只有雪松能见证国立编译馆的兴衰。

……顿生灵感，暂且先不拍编译馆，先要我陪马老走一走这条小街，听他讲述那些民国往事。于是，一批有头有脸的民国人物的名字好似出土文物被点到，包括国立编译馆的历任馆长。

已故北大东方语言文学系主任季羡林教授在回忆梁实秋先生的时候，也曾用大段文字，描述自己于抗战后的1946年刚刚回国之际，在国立编译馆的办公室内寄宿的生活和在台城游荡观柳的情景：

> 北京大学还没有开学，拿不到工资，住不起旅馆，只好借住在我小学同学李长之在国立编译馆的办公室内。他们白天办公，我就出去游荡，晚上回来，睡在办公桌上。早晨一起来，赶快离开。国立编译馆地处台城下面，我多半在台城上云游。

编译馆是挂牌成立了，但哪里来的经费？继1931年“九一八”事变后，1932年又发生“一·二八”淞沪抗战，国家已进入临战状态。为厉行节约，各政府部门经费都要削减到原来的三分之一。1931年12月朱家骅继李书华任教育部部长。上任伊始，他就径直去找当时的财政部部长宋子文，强调抗日更需重视文化教育，别的部门要节约支前，但教育与教师不能缺钱，否则文脉削弱，会铸下大错。宋子文认可这个意见，教育部拿到了比其他所有部都多的款项，国立编译馆则顺利开办。馆中人员待遇优厚：馆长月薪600块大洋，像周其勋这样的专任编审月薪480块大洋，张月超这样的编译月薪

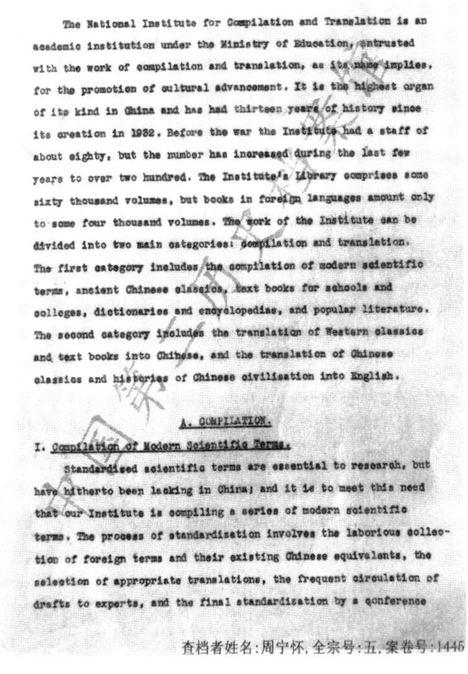
The National Institute for Compilation and Translation is an academic institution under the Ministry of Education, entrusted with the work of compilation and translation, as its name implies, for the promotion of cultural advancement. It is the highest organ of its kind in China and has had thirteen years of history since its creation in 1932. Before the war the Institute had a staff of about eighty, but the number has increased during the last few years to over two hundred. The Institute's Library comprises some sixty thousand volumes, but books in foreign languages amount only to some four thousand volumes. The work of the Institute can be divided into two main categories: compilation and translation. The first category includes the compilation of modern scientific terms, ancient Chinese classics, text books for schools and colleges, dictionaries and encyclopedias, and popular literature. The second category includes the translation of Western classics and text books into Chinese, and the translation of Chinese classics and histories of Chinese civilisation into English.

A. COMPILATION.

I. Compilation of Modern Scientific Terms.

Standardised scientific terms are essential to research, but have hitherto been lacking in China; and it is to meet this need that our Institute is compiling a series of modern scientific terms. The process of standardization involves the laborious collection of foreign terms and their existing Chinese equivalents, the selection of appropriate translations, the frequent circulation of drafts to experts, and the final standardization by a conference

查档者姓名：周宁怀，全宗号：五，案卷号：1446

“二战”期间的国立编译馆概况一页（英文版），应教育部要求，为盟国教育会议书籍委员会了解编译馆概况而提供

300 块大洋。据《胡适口述自传》，当时在北平，300 ～ 400 块大洋便可以买到一栋很好的房子了，而南京的房价，应该比北平更加便宜。

1932 年 6 月 24 日，国立编译馆正式成立。辛树帜为馆长，下分三个组：一、人文组，主任周其勋；二、自然科学组，主任陈可忠；三、总务组，主任李贻燕。

编译馆的主要任务是：1. 编译关于阐明文化及学术的著作；2. 编译世界各国公认的权威学术著作；3. 编译内容广博、卷帙浩繁、非私人短时间所能完成的著作；4. 审定教学用的教科书和必要的图书、仪器标本等；5. 制定学术上的名词；6. 制定各级院校的课程设置与课程标准。另据 1936 年 6 月 5 日上海《申报》载“国立编译馆最近工作状况摘要”“编译方面，看情形，自然组编译重在科学名词之统一，人文组重在外国书籍之翻译。自本年度起人文组在社会科学方面，亦渐致力于名词之统一；书方面，何维凝编明代盐务政策，已加整理。刘英士编应用中文译本，供外国人研究中国语文之用；译书方面，由周其勋、李未农、周骏章、潘尊行、张月超、陈泰来、何健民等译着英法意日有关文学政治等书”。

至于编译馆人员阵容，可谓济济一堂。除了以上介绍过的编译馆馆长辛树帜，还有陈可忠、李贻燕等才俊。编译馆自然科学组主任陈可忠（1898—1992）是福建闽侯人，1920 年清华（留美预备）学校毕业，获庚款赴美留学，1924 年获耶鲁大学学士，次年获芝加哥大学硕士，1926 年获芝加哥大学化学博士。同年回国任广州中山大学教授，在理学院化学系讲授有机化学。而李贻燕毕业于日本东京高等师范学校，很早就在教育部工作。

就这样，辛树帜、周其勋、陈可忠和李贻燕等人，或在广州中山大学时代，或在南京国立中央大学和教育部都与朱家骅有所交集，成为朱家骅创办国立编译馆的骨干力量，挑起了馆中主要业务的大梁。周其勋先生是人文组主任，他的首要职责是审核国内专家所译的“世界各国公认的权威学术著作”，例如徐宗士译的《战时经济学》。国立编译馆馆刊第一期（1935 年 5 月 1 日）的《馆务汇录》一栏称：“本馆出版之书，自出版目录印行之后，最近续出者有四种；一为徐宗士译《战时经济学》……”而我们之所以知道这书是周先生所审定，是因为译者徐宗士先生在 1933 年 10 月所作的序中说道：“复承前中央大学法学院院长童冠贤先生，国立编译馆人文组主任周其勋先生，编译馆编译许炳权何维凝先生为之校阅，多所指正，合并志谢。”

《战时经济学》的翻译出版，则是出于形势的需要。那时候，日本侵略中国的野心日益暴露，民众的抗战热情也日益高涨，中日必有一战已成朝野的共识，很有必要知道这方面的知识。果然，抗战一爆发，国民政府便依照战时经济学理论，实行“战时体制”。为集中人力、物力、财力，全国的军队、政府各部门，以及大专院校的教职员均在“军委会”领饷，所以我们看到，陈诚、周恩来、朱德等领中将工资；贺衷寒、林彪、聂荣臻、郭沫若等领少将工资；周其勋先生那时在中央政治学校当教授，也领少将工资。

促成《全宋词》问世

除了关注与英语有关的所有译品，所有与人文学科有关的书籍编、译、纂周其勋先生也都要兼顾。其中，他一力促成《全宋词》的编纂一事，成为一段佳话。这是此书编者所念兹不忘，多次在不同的文章中追记的。

这部鸿篇巨制的出版有点曲折。1935 年，国立编译馆新入职的编纂、潜心研究词学并决心要编《全宋词》的青年才俊唐圭璋把此书初稿呈汪辟疆审阅。汪辟疆（1887—1966）为一代国学大师，1912 年毕业于北京京师大学堂，1927 年起先后在南京第四中山大学、国立中央大学、南京大学任教授共 38 年。汪辟疆看到，唐圭璋收集到的宋词比前朝各古本都多，大为高兴，坚持请国立编译馆接受全稿，交商务印书馆出版。但当时的馆长辛树帜认为这不是当务之急，不同意付印。这也不能苛求辛馆长，他当时正主持数百万字的巨著《黄河志》和我国第一部《教育年鉴》的编纂工作。在此情势之下，周其勋觉得很为难，他知道《全宋词》和《黄河志》两者在中华民族文化史上的地位和价值，但孰先孰后，一时无法定夺。于是他以人文组主任的身份，回到中央大学向汪先生讨教。汪先生向周其勋详说缘由，主张坚决要印。据唐圭璋先生的学生、南京师范大学教授钟振振在“当代江苏学人丛书”之《词学的辉煌——文学文献学家唐圭璋》一书中的记述，“因此周先生最后尊重汪先生的意见，决定接收付印。先后三次印出《全宋词目录》，分发全国各地，广泛征求意见，并先后写成60家词跋尾，发表在《制言》上，作为准备工作。1937年全书初稿完成，由编译馆交上海商务印书馆排印……”周其勋先生和唐圭璋先生都是杭州市人。这两位同乡兼同事，携手在南京国立编译馆留下了这一段佳话，这是一桩足以青史留名的文化大事。

倾力翻译经典

在国立编译馆，周先生不仅是坐办公室，还要尽心审阅别家的作品和译品，就像国立编译馆馆刊第一期旦说的，“本馆自成立以来，限于经费，未能聘足专任编译二十人之数，而各书局呈请审查之教科图书，每月往往多至六七十部，以致全馆所有之工作人员，不得不尽全力于审查教科书籍，只能忙里偷闲，略从事于各种书籍及科学名词之编译”。也就是说，他要在审查教科书及教科书以外的外国学术著作的空隙，投入巨大的精力和大部分的时间自译或合译、注释了一些对中国文化事业影响至巨的外国学术著作，其中，就包括奥斯卡·王尔德的《少奶奶的扇子》（*Lady Windermere's Fan*）和威尔伯·L. 克劳司（Wilbur L. Cross，1862—

LADY WINDERMERE'S FAN

BY OSCAR WILDE

華文詳註

少奶奶的扇子

周其勳註釋

THE WORLD BOOK CO., LTD.

1933 年，周其勋先生任职国立编译馆期间，注释的王尔德剧本《少奶奶的扇子》在世界书局出版

1948）的《英国小说发展史》（*The Development of the English Novel*）。

1933 年，世界书局出版了周教授注释的王尔德剧本《少奶奶的扇子》。为什么是“注释”而不是“翻译”这部作品呢？原来，这正是朱家骅主持的大学丛书的一种。王尔德是英国唯美主义运动的倡导者，其戏剧作品堪称一时之绝唱，剧中那些机智的毒舌式的妙语令人捧腹也令人津津乐道，最适合大学英语系科师生作为课堂阅读和课余演戏之用。所以他不译，只是注释以帮助阅读理解。如果译了，那么这书的读者群就不应只是限于大学英语专业的师生而是一般热爱戏剧的观众了。正因为注释本的读者都是内行，注释者的学术功底如果不够深厚扎实就会贻笑大方。周教授为全书写了 100 多条注释，并且附了王尔德的《小传》。在《小传》中，周先生指出了颓废派其实就是唯美主义。他说，颓废派是“1890 年英国伦敦产生的一班文人，当时的人因为他们行为怪癖，作品炫奇，称他们为 decadents，而且那个时代就得了‘世纪末’fin de siècle 一个轻蔑的名词”。其实，这就是唯美主义（an ever–subtilising refinement upon refinement），“他们的恋爱必须模仿法国的拉丁区，喝酒必须喝最浓烈的 absinthe，谈话喜用一种警语（epigram），服式必求新奇，文体力追华美，用字酷尚奇特”。在《小传》的末尾，周先生还说，“《少奶奶的扇子》一剧尤为 Wilde 的剧本中最好的一种，现在将它注释出来或许对于赏鉴 Wilde 的作品稍有帮助吧”。我在“孔夫子旧书网”找到的是世界书局 1936 年的第三版。从 1933 到 1936 的短短四年中就出了三版，可见这注释本流传之广。

英语专业的师生，或者是热爱英语的大学生，如当时的张爱玲都对王尔德和王尔德式的警句十分推崇。在我的大学时期，周教授教过我们一些，不过他不是教我们全本《少奶奶的扇子》，而是在讲解 paradox（似是而非的论调）时带出王尔德语录。虽然有违于当时的政治氛围，但是这些通俗易懂而又妙趣横生的英文句子是我们初学英语的大学生的

1936 年，周其勋先生任职国立编译馆期间，与馆内同人合译的《英国小说发展史》首版封面（左）、版权页（右）

最爱。俏皮话一下子就像长了翅膀似的，很快就成了同学之间打趣的口头禅，例如，“我们都在阴沟里，但仍有人仰望星空”（We are all in the gutter，but some of us are looking at the stars）；“人生有两个悲剧：第一是想得到的得不到；第二是想得到的得到了”（There are only two tragedies in life：one is not getting what one wants，and the other is getting it）；“男人结婚是因为他们累了，女人结婚是因为她们好奇”（Men marry because they are tired；women，because they are curious）；“世上只有一件事比被人议论更糟糕了，那就是没有人议论你”（There is only one thing in life worse than being talked about，and that is not being talked about），如此等等。时至今日，这些似是而非的警句仍然萦绕耳际，每逢同学聚会、插科打诨时，有的人还能信手拈来，朗朗上口。

我没有考证，似乎在周其勋的注释本之前，*Lady Windermere's Fan* 是否有中译本，但所有的译本，包括 1928 年潘家洵的译本，都翻成了“小奶奶的扇子”之类。真正按王尔德的心思打出《少奶奶的扇子》剧名的极可能始于周其勋注释的版本。像《少奶奶的扇子》这种“扣人心弦，富有浪漫情调”的名字，极大地帮助了作品的传播，正如好莱坞的大片《魂断蓝桥》家喻户晓，而它的原名 *Waterloo Bridge* 反而不为人知一样。在 20 世纪二三十年代的中国，除了王尔德的剧作，英国诸家小说也在中国的大中学校乃至全国知识界风行一时，所以，翻译《英国小说发展史》成了编译馆同人的首选。1936 年《是非公论》第七期上，有一篇罗正晫的书评指出了翻译这部学术著作的重大意义。他说：“国立编译馆最近出版的《英国小说发展史》是值得注意的一本书。原著者 Cross 先生对英国小说有很深的研究，是权威的学者，这部著作更是研究英国小说史的人必读的一本书，国内的大学如清华等已采用它做课本。编译馆选定了这部书来翻译，是极有眼光的。”书评还继续发挥道：“这类书多少带点专门性质，尤其是当现在‘工科得势，文学倒霉’的年头，销行不见得会广。私人翻译总带点冒险性，译了也不见得有书局会出版。唯有像国立编译馆这样的机关，才能担负得起这肩责任。一国的文化如果不是专靠飞机大炮来建筑的话，我希望国立编译馆当局继续这种有远大眼光的工作，它的影响，不是目前一点看得见的小小成就或失败，它的功效是写在我们文化史上未来的每一页上。”

译文的质量是我们每个读者最为关注的事情。译不好，读者往往觉得佶屈聱牙，味同嚼蜡，但是这篇书评赞扬说：“译笔是非常忠实而简洁的，虽因译者不同，前后文气间有不一律的毛病，但无害于全书整个的‘信’和‘达’。”最为书评作者所称道的，也是我们作为周先生的学生最佩服的是书后的注释和索引。对于注释，书评作者说：“译者于每章后另注释至八九十条之多，都是很吃力的工作，便利初学，良非浅鲜。这是我们应向译者致敬意的地方。”对于索引，书评作者也说：“卷末的附录三，英美小说之中文译本书目，也是译者很辛勤的工作之一。原书索引，另按译本的页数注出，尤便翻阅检查。”“原书征引偶有错误的地方，都由译者很细心地在附注中更正了……这都证明译者细心的地方。”书评作者罗正晫即罗暟岚（1906—1983），湖南湘潭人，1922 年入北京清华（留美预备）学校，后入美国哥伦比亚大学研究院，曾任南开大学、长沙临时大学、湖南大学教授，既是一位有名的外国文学教授，也是曾享誉国内的小说作家。

这部体现了周先生学术功力的译著，自初版后一版再版。就我所知，除了南京国立编译馆 1936 年的初版，还有 1945 年 2 月成都商务印书馆版，1945 年 12 月重庆国立编译馆版，1949 年后海峡两岸也都有重印，直到 20 世纪 90 年代，北京的出版社还有再版，直至 2007 年左右此书还被北京大学出版社全书影印出版，因为它一直被北大列入中外文学比较史的参考文献，由此可见，这部译著影响深远。

《英国当代四小说家》是英国文学史家克劳司在继《英国小说发展史》后的又一力作，是后者的姐妹篇。到这 20 世纪 30 年代初期，中国译界对自文艺复兴以来至 19 世纪英国小说作家和流派的介绍已经汗牛充栋、不可胜数，但从 20 世纪开始以来的英国小说译介则付之阙如，所以，迻译这部刚刚在英国出版（1930 年初版）的著作，使之与《英国小说发展史》成为译坛双星，是当时国立编译馆同人刻不容缓的任务。更何况，当时急剧发展起来的全国各地的大学，正需要这样的书作为案头必备呢。

可是，专任编审周其勋手头的工作已经满满，所以，周先生把翻译《英国当代四小说家》的工作分给他属下的李未农、章绍烈和蒋石洲（周其勋是专任编审，其他三位是编译，所以周是他们的上司），自己只担任校订，做统一文笔和保证译文质量的工作。

其实，他这样做，常常是出于奖掖后进的初心。20 世纪 80 年代我和周弦波先生编译的一本小书《英语语法实例词典》，也是经周其勋老师校订的。他虽没有署名，但我们深知页里行间都浸透着老师的心血。

由商务印书馆1934年2月初版印行的这部书，全称为《英国当代四小说家》，因为出书时只是20世纪30年代，书里叙述的也只是当时刚刚离世或仍然在世的4位小说家，即Joseph Conrad（1857—1924），Arnold Bennett（1867—1931），John Galsworthy（1867—1933），以及Herbert George Wells（1866—1946）。那时离20世纪末尚有六七十年，可能还有二册、三册将要出版，由此可见出版者的前瞻性。版权页上则写着如下信息：

译述者　国立编译馆编译　李未农　章绍烈　蒋石洲

校阅者　中央大学英文系主任　范存忠

国立编译馆人文组主任　周其勋

出版者　国立编译馆

发行人　王云五

印刷所　商务印书馆

发行所　商务印书馆

把译者和校阅者的身份名衔统统印出，这种做法我还是第一次看到。是为了表示负责呢，还是为了增加译文的权威性？可能是两者兼而有之吧。不过这也证明，国立编译馆和中央大学在工作中常常是密不可分的。如该书的校阅者范存忠（1903—1987），1926年毕业于国立东南大学，1928年获美国伊利诺斯大学文学硕士，1928年秋入哈佛大学英国语言文学系，1931年获哲学博士，回国后一直执教于中央大学及后来的南京大学共56载。当年他在国立编译馆，除了和周其勋一起校阅《英国当代四小说家》，还和另一中大教授张沅长，以及两位编译张月超、陈泰来一起合译两位法国人Legouis和Cazamian合著的《英国文学史》。

周其勋等在国立编译馆期间，还曾经译过一本备受争议的作品，即德国纳粹元首希特勒的自传《我之奋斗》（*My Strife*）。他之所以领衔翻译此书，是因为他的英文和德文都有很高造诣。不过，本书从德文的初译是编译馆同人们的集体成果，只是最后才由周其勋统一译笔并将全书与英文版两相对照，检查文本之间有没有错漏之处。正如周其勋在译本的《序言》中所说的，“本书之译资于群力，校对英译本，勋承其役”。其次，在我看来，当时周其勋他们翻译出版此书，其实更多的属于一种“职务作品”。

20 世纪 30 年代初，德国由“一战”以来国际地位一落千丈、负债累累的窘况，骤然崛起，重新跻身欧洲列强，于是中国政府中有部分人就主张“以德为师”，尤其在军备武器方面。其中，以朱家骅为代表的留德学人鼓吹尤力。朱家骅介绍德国陆军上校马克斯·鲍尔到上海会晤蒋介石，提出了对中国工业和军队的现代化计划，为以后的国民党政府与德合作奠定了基础。1926 至 1944 年间，几乎所有中德合约都经过朱家骅之手，小到钢盔，大到飞机，大量的德制装备开始运到中国，一些研究所在德国的支援下设立，部分飞机在中国组装，政府在不到十年内，于长江流域初步整建起国防工业与新式陆军，为日后爆发的抗日战争奠下了持久抗战的基础。据说，《我之奋斗》一书就是朱家骅直接传达蒋介石的旨意，让周其勋等翻译的。

编撰审定教科书

自国立编译馆成立以来，教科书编撰和审定是最繁重的任务。1932 年 8 月，教育部召开幼稚园中小学课程标准会议，11 月正式公布各类课程标准。参与修正课程标准的中小学教育专家俱为一时之选。仅在中学组里，就有 6 位留学美国哥伦比亚大学师范学院的名家——程其保、周其勋、陈石珍、吴蕴瑞、张士一、汪典存（汪懋祖）。

除了学贯中西的人士，一些在大学和中学教育各个学科领域独占鳌头的名家也位列其中，如语文教学权威、国立中央大学中文系教授伍叔傥，语文教学权威、作家夏丏尊，珠算教学权威、国立中央大学数学系教授余介石，生理学权威、国立中央大学化学系教授杨浪明，历史学权威、中央政治学校兼中央大学教授郑鹤声，等等。

在国立编译馆有关编撰和审定中小学教材的资料中，我们似乎看到多处都有周其勋先生的身影，他几乎是废寝忘餐、不知疲倦地投入他钟爱的工作，包括参加长达 12 日，由普通教育司司长及主管科与各科专家会商修订一科的会议。

正是由于这样一大批灿若繁星的文化大家的努力，特别是他们抱持的对于启迪民智的文化责任感，使他们极其重视教材编写这种基础教育工作。参与其事时高度敬业，不假手于人，亲自整理。因此，民国时期的教材建设乃至整个教育事业，在艰难的时世中呈现了一片难得的亮色。近年来，部分优秀的民国老课本得以再版和引发的热烈反响，可以说是对这些优秀的教育界先行者的辛勤工作一种跨时空的回应。

敏锐深刻的书评家

国立编译馆成立没几年，来自全国各地的顶尖名流学者却一次次在此集结，为了一个共同的主题和任务，交流切磋，集思广益。这里变得门庭若市，热闹非凡。天山路 39 号成了名副其实的学术中心和交流平台。

周其勋先生在这些工作之外，还在南京的报刊上发表了数量不少的书评。写这些书评，并非馆中的任务，他在编译馆里的工作负荷已经重得不能再加斤两；也并非为稻粱谋，他的薪饷与稿酬已使他全家温饱有余。所以，他写书评，无非是兴之所至，率性而为。我们都知道，周先生数十年如一日，手不释卷，酷爱英诗和英国小说。我们今日读他的书评，如闻其声，如见其容，倍感亲切。

他并非买书来读。他在国立中央大学和编译馆的工作负担是如此之重，可能连逛书店的时间也没有。他读的书全部来自国立编译馆的图书室。据 1935 年 5 月 1 日出版的国立编译馆馆刊第一期，该馆图书室“近因陆续购置及各方赠送之书，册数渐多，乃将各书重行登记，以类编目，以便检查。总计全馆所藏图书，不下二万余册”。而且，此后每期馆刊都登载新到的图书。这些因工作之需而购置的国内外图书就成为周先生书评的源泉。

周先生最喜读诗，所以才有发表于南京《是非公论》旬刊 1936 年第七期的译诗《悼战死者》和第十二期的《读诗之乐》。特别是英国当代诗人劳伦斯·宾扬（L. Binyon）的这首《悼战死者》（*For the Fallen*），哀吟的是为国捐躯的将士。诗句铿锵悲壮，令人热血沸腾，引起了周先生内心的共鸣。

此时的中国，战争的阴霾越来越重。“九一八”事变后，日本关东军为掩护炮制伪满洲国傀儡政府的阴谋，由关东军高级参谋板垣征四郎串通日本上海公使助理武官田中隆吉，蓄谋在上海制造事端。1932 年 1 月 28 日深夜，日军向上海发起全面进攻。驻守上海地区的十九路军在总指挥蒋光鼐、军长蔡廷锴的指挥下奋起抗战，“一·二八”淞沪抗战由此爆发。当夜，日军以铁甲车掩护，向十九路军阵地冲锋，十九路军则以构筑的工事和房屋顽强抵抗，打退了日军的多次进攻，于 29 日夺回了被日军占领的阵地。最后，在国际调停下，中日双方 5 月 5 日在上海签署停战协定，但直至 7 月 17 日方才全面恢复“一·二八”事变前的原状。交战区划为非武装地区。据中国方面战报，统共毙伤日军 10254 人，十九路军和第五军总伤亡 14104 名。民众的抗战热情日益高涨，正如南京出版的《是非公论》旬刊 1936 年第七期上的一位作者、国立中央大学化工系主任杜长明说："自从'九一八'事变发生以后，我国政府和人民，似乎才晓得国难的严重。后来又有淞沪的战争，热河的沦亡，以及华北政局的变动等事件，继续不断地来刺激我们，于是大家喊出许多救国的口号。"也就是在这本刊物的同期，周其勋发表了这首译诗，以表达自己的爱国热情以及对为国捐躯将士的悼念：

悼战死者

一

像慈母为孩儿哀矜的祷祝，
英格兰凭吊海外阵亡的将士。
他们是她的骨肉，她的精魂，
为自由奋斗而死。

二

听鼓声激壮：忠烈的死难，
呜咽悲歌，气贯长虹。
凄恻的当中自有音乐，
我们的眼泪显出光荣。

三

他们长歌从戎，年当少壮，
目炯身手好，沉毅而激昂。
个个誓死杀贼贼如麻，
面向着敌方血溅疆场。

四

只有我们会老，他们永不老，
年年岁岁如新，长葆着青春。
每当夕阳西下和初上，

我们能不怀念他们？

五

他们不复来和侣伴玩笑，
不复欢宴在故乡的老家，
不复参与我们整天的辛劳，
竟长眠在英格兰的海角天涯。

六

但我们有情怀与渴望，
幽泉似的涌起在心头；
他们的令名彪炳于祖国，
像夜里的星斗。

七

等到我们已化为尘埃，他们像群星照耀苍冥；
像黑暗中灿烂的星斗，
永远的，永远的，他们长存。

根据周其勋诗后的译者注释，“当代英国诗人 L. Binyon 生于 1869 年。早岁卒业于牛津大学。所作诗集有 *The Death of Adam and other Poems*（1904），*The Four Years*（1910），*Sophro the Wise*（1927）等，颇蜚声一时。《悼战死者》*For the Fallen* 一首（欧战告终时作）慷慨悲凉，久已脍炙人口。爰逡译之。诗人 Binyon 现任英国博物馆东方艺术部副主任，对于艺术，研究有素。曾于 1929 年到日本演讲，其近著 *Landscape in English Poetry and Art* 即系彼在东京帝大之演讲。此次我国古物陈列伦敦，Binyon 撰文宣扬，尤为我国人所应感谢者也”。

注释中提到，他之所以翻译此诗，也与一件中英文化交流的盛事有关，那就是 1935—1936 年期间“中国艺术英伦国际展览会”。英国以敦睦中英邦交、庆祝英王爱德华八世加冕为由，邀请与中方合作，在伦敦举行中国艺术展览会。中方慨然应允，因为这种借助展览来提升国际形象的方式日本在明治维新后广泛使用，并借此迅速改变了西方人对日本形象的认知，俨然使其成为东亚文明的代表。与此同时，随着中日矛盾升级，日本在各类国际博览会上的出色表现，让中方感到在“软实力”的角逐上也岌岌可危，所以这次展览被中国视为向世界展示本国实力的机会，也是早年间中国文物“走出去”的一件传奇故事。

对于筹备展览，国立编译馆曾有不少参与，还派了教育部督学、编译馆编审唐惜芬为随团翻译。诗人 Binyon 时任英国博物馆东方艺术部副主任，这次故宫博物院 3000 件文物在伦敦英国皇家美术学院百灵顿堂（Burlington Hall）展出，Binyon 撰文宣扬，周先生译了他的诗，也是在对他的热情和善举致以同道间的谢意。

另一首《读诗之乐》，则是他读了英国年轻女诗人伊迪丝·西特威尔（Edith Sitwell）刚出版的诗评论集所作的短评，也就是评论的评论，而诗评论集的名字 *The Pleasures of Poetry: A Critical Anthology* 恰恰可以翻成《读诗之乐》。在这篇短评里，周先生告诉我们：“Edith 第一首诗 *Serenade*（《小夜曲》）是在 24 岁那年写的。以后她的诗继续在 *London Mirror*（《伦敦镜报》）上发表。她从 1916 年起，每年选编一部诗集，名之曰 *Wheels*（《轮子》），一共编了五集，到 1921 年为止。当时的诗人都来投稿，影响甚大。而 Edith 也以诗坛领袖自居。”论到诗的技巧，周先生说：“Edith 的诗故以其技巧出名，她对于诗的批评亦以技巧上的讨论，如母音子音之用法、音色、节奏等而出名，这在《读诗之乐》每一册的序言上都有详细的讨论。”最后，周先生还谈到了英国诗的选本：“对于我国大学生以及一般爱好英诗的人，下面几种通用的选本：Palgrave 编的 *Golden Treasury*（《短诗精选》或《英诗金库》），Dixon 编的 *English Parnassus*（《长诗精选》），或 Quiller-Couch 编的

The Oxford Book of English Verse（《牛津英国诗选》）是万不可少的。”说到这里，我们不由得不佩服周先生独到的选诗眼光，因为读者会在本书后来的章节里看到，周先生在上海孤岛时期的光华大学教书的时候，他选的《英诗金库》和《牛津英国诗选》等诗集是如何影响后来者的。

发表在《是非公论》1936年第十六期的《美国当代作家特莱塞》，可以说是周先生对这位当时仍在世的美国小说家及其作品的神速反响，更体现出周先生对于世界文坛动态的精准把握和学术前沿的敏锐洞察。

正如周先生在文中所说的，特莱塞（今译德莱塞，Theodore H. Dreiser，1871—1945）的杰作《一出美国的悲剧》（*An American Tragedy*）完成于1935年，周先生为文时是1936年，很可能是这部美国小说刚到达中国的时候。他首先在文中指出：

自欧战以来，美国的文学已经有一次革命。在诗方面，有新诗运动；戏剧方面，奥尼尔（Eugene O' Neill）的抒情剧异军突起，轰动一时；至于小说，自从杰克·伦敦（Jack London）死了，探险小说已成过去，社会小说也经过一番彻底的改革，现在的小说不像从前的小说，从社会的观点，则从外面去下笔，而从个人的观点，则从里面去描写，小说成为心理的而不是社会的。

周其勋先生这番有关文学批评的宏论，精辟而独到，就是放到现在仍不失其学术上的参考价值。

接着，他论述了以特莱塞为代表的这一班新作家。“这班创作家里面，穷士居多，多数靠新闻事业来维持生活。”特莱塞就是一个典型。他22岁在一家小报馆内觅得一个位置，后来又在圣路易地方一家小报馆当访员（即记者），最后到了纽约。“做访员的第一个资格，是要能弯弯曲曲去探访新闻，找不到新闻，就有失业之虞，因此他拼命到处去刺探。巡警局、法庭、厝尸局是他时常问津的地方。命案、暗杀、骗局、银行倒闭等，都是他最好的新闻，亦是他日后小说中最好的材料。”“那本最负盛名的《一出美国的悲剧》（*An American Tragedy*）即根据某青年谋杀爱人的一段新闻而做的。”

在概略分析了特莱塞的几部主要作品如《克雷姑娘》（*Sister Carrie*，现译“嘉莉妹妹”）、《财政家》（*The Financier*，现译“金融家”）、《巨人》（*The Titan*）、《天才》（*The Genius*）和《葛哈特夫人》（*Jennie Gerhardt*）等之后，周先生认为：“特莱塞的杰作是《一出美国的悲剧》（1925），这是一部研究犯罪心理的小说。犯罪是特莱塞人生哲学中的一部分。个人一意孤行与社会相冲突了，其结果非犯罪而何？犯罪的人正和上面说的‘财政家’或‘天才’一样，都是为一种不可抵抗的盲目的势力所驱使。依照他的意思犯罪与良心无关，因为良心是不存在的，而与科学倒有关系。在他的伦理体系里无所谓怜恤，更无所谓忏悔。这种宿命主义在法国作家斯当特（今译司汤达）的小说《红与黑》（*Le Rouge et le Noir*）里也有了端倪。”最后，周先生总结道：“总之，宿命主义是特莱塞哲学的张本，也是他一切小说的基础。”

周先生的书评中有两篇与文学无关：一篇是发表在1936年《是非公论》第二期的《科学与超自然》（*Science and the Supernatural*）；另一篇是第二十五期的《远东的危机》（*The Far Eastern Crisis*）。

《科学与超自然》是一部宗教家阿诺德·伦恩（Arnold Lunn，下简称为仑氏）和遗传学家霍尔登（J. B. S. Haldane）的通信集。周先生惊叹：“这两位作者壁垒森严，旗帜鲜明，唇枪舌剑，却是出色。”这场出色的辩论表现在：“霍氏在致仑氏的第一封信里就提出他的怀疑论，仑氏在回信上便申述他个人的信仰，真是针锋相对。接着霍氏解释什么叫作科学的方法来反驳宗教上神迹之不科学，同时，说出他自己的信仰。于是乎仑氏就来了一封证明神迹之可靠的回信，引了许多证据。”

这期《是非公论》的编辑在《编后》里说："周其勋是一位专攻文学的人，对于文学书籍，涉猎甚广。他能在百忙中为我们写这一篇书评，当然是十分感谢他的。"那么，"专攻文学"的周教授何以会写一篇与其所学相去甚远的书评呢？我认为，这与中国学术界一场延续了10年之久的科学与玄学之争有关。

1923年2月，北京大学教授张君劢在清华大学做了题为《人生观》的专题演讲。张认为，科学是客观的，它受因果律支配，方法上则以逻辑分析方法为主；人生观则是主观的，为自由意志的表现，了解人生观要采用直觉与综合的方法，科学不能支配人生观。张的演讲遭到了科学家丁文江的反驳，于是一场科学与玄学（又称形而上学或超自然现象，即 supernatural）的论战在几乎整个知识群体里展开。周先生此文显然是给国内学界介绍这场科玄论战的外国版。他说："记得几年前我国也有过一次'玄学与科学'的辩论。可是讲玄学的人，对于玄学既无切深的研究与信仰。讲科学的人，也不常到实验室去埋头苦干。所以这种辩论对于读者不产生什么影响。现在这部书是一位宗教家和一位科学家的辩论，文笔犀利，畅所欲言，值得一读。"最后，作为结论，他引用了英国哲学家罗素（Bertrand Russel）在《宗教与科学》（*Religion and Science*）一书中的话："宗教与科学已经没有冲突了。科学家很谦和地承认有许多现象超出了科学的范围，胸襟宽大的宗教家，对于凡是科学能证明也都肯接受了。"而且，周先生在结尾一句里还说："我觉得这种说法很合乎科学的精神。"

无独有偶，另一篇与文学无关的是《远东的危机》。这是对美国前国务卿斯汀生（Stimson）所著《远东的危机》一书的书评，也是对译者《大公报》记者马季廉的译评。周先生从一开始就指出，《远东的危机》"由一位深知远东问题的美国国务卿斯汀生著成。其内容之翔实可靠，对于中日问题之根本探讨，当为其他诸书所不及。现在外侮日亟，绥远战云密布，这正是一本人人应当细读的书”。我相信，秉持这种看法的并不止周先生一人。凡有相当国际知识的中国人都会看出日本在远东的侵略野心。周先生的忧虑不过是反映了普遍的情绪罢了。本篇的另一半是译评：“鉴于这是一本中日外交上重要的书，所以对于译笔与原文有出入之处，应该提出来讨论，以求完善，乃就我所看到的略举数条如后，希望此书再版时订正。”作为英文专家，周先生这种认真负责、一丝不苟的态度和与人为善的精神令人肃然起敬。他指出的错译误译的例子相当多，我们在这里仅举数例作为学习的榜样。

一个例子是：“日本宪法不但未将军人置在内阁指导之下，并且给他们直接的，独立的，向日皇帷幄上奏，成为国家的真正领袖。”（The Japanese Constitution，instead of placing the army under the direction of the Cabinet，gave it a direct and independent access to the Emperor as the chief of the state.）这里，周先生说，“成为国家的真正领袖”误，因为 as the chief of the state 系指日皇而言，非指军人。

另一个例子是：“日本黾勉固执向他们前此遵循的军事方面前进。”（She had been studiously and persistently sailing on the opposite tack to the militant course which she had previously followed.）周先生指出，译文与原意相反，应译“日本坚决地向着与以前所探取的武力的途径相反之方向前进”。还有一个例子是：“我们对这一点看错了并无危险。”（There was no danger of our losing sight of this.）译文与原文亦相反。可译为“这一点我们不会忽视”。短短数例即可说明周先生在翻译工作中是如何的认真，其英文造诣又是何等的深厚！

最能体现周其勋教授中英文切换功力的，当数他对赛珍珠英译中国古典文学名著《水浒传》所做的长篇评论。这篇评论文章最早发表在商务印书馆《出版周刊》1937 年第 242 期上，随后南京《中央日报》又于当年 6 月 4 日加以转载，表明此文在当时的文化界、教育界和翻译界受

1932 年，金陵女子文理学院纪念刊上的教职人员合影，第三排左二为倪翰芳先生

到很大的关注，也是迄今为止中国学界对英译《水浒传》所做的唯一评论。

Pearl S. Buck（1892—1973），中文名赛珍珠，生于美国弗吉尼亚（Virginia）州西部，4 个月后随传教士父母赛兆祥和卡洛琳来到中国，先后在镇江、宿州、南京、庐山等地生活和工作近 40 年，其中在镇江生活了 18 年。她在镇江经历了人生的早期岁月，从她的本地保姆那里听过很多中国农村的有趣故事，还从她的启蒙老师那里读过很多中国的文化经典包括儒家的四书五经，因此她称镇江是她的“中国故乡”，把中文称为她的“第一语言”。中国现代著名作家林语堂就说过，赛珍珠的思维完全是中国人的思维。赛珍珠当年的丈夫卜凯（J. L. Buck）是一位农学家，创办了私立金陵大学农业经济系并任系主任。赛珍珠则在金陵大学外文系任教，并先后在国立中央大学兼职教授教育学、英文等课。周其勋倪翰芳夫妻当时也在南京。周其勋在编译馆，也在国立中央大学外文系兼课；倪翰芳则在吴贻芳为校长的私立金陵女子文理学院英语系当教授。周其勋倪翰芳与赛珍珠夫妇彼此都是忙人，金陵大学在鼓楼，而金陵女子文理学院在清凉山麓的随园，所以我估计这两家人很可能相识，但鲜有交集。

1917 年赛珍珠与卜凯结婚后曾举家移居到安徽北部的宿州。1931 年她以这段时间的生活经历为素材写成了描写中国农民生活的小说《王龙》。《王龙》从金陵大学寄到了纽约庄台公司（John Day Co.），公司热情地答应出版，只是觉得《王龙》之名很难为人接受，而书名应“扣人心弦，富有浪漫情调”，建议改用“大地”之类的名字。

1931 年春，装帧精美的《大地》（*The Good Earth*）出版，好评如潮，销量飙升，成了 1931 和 1932 年全美最畅销的书，并且很快就有法文、荷兰文、瑞典文、丹麦文、挪威文等译本。1932 年，赛珍珠凭借《大地》获得普利策小说奖，并在 1938 年以此荣获美国历史上第二个诺贝尔文学奖。诺贝尔奖委员会在颁奖词中称：“对中国农民生活进行了丰富与真实的史诗般描述，且在传记方面有杰出作品。”赛珍珠的《水浒传》英译本也是由纽约庄台公司于 1933 年出版的，出版后再传回中国，应该就是周其勋先生写这篇评论的时候了。赛珍珠把《水浒传》译成了 *All Men Are Brothers*，即《四海之内皆兄弟》，这说明了她对这个引人入胜的故事的喜爱。

外国人翻译中国的古典文学本是文化交流的盛事，但也是难事。当时出版的几种中译英的译著，佶屈聱牙，不忍卒读，所以周先生说：“照此看来，欧美学者译的中国经书、小说、诗词颇有讨论的必要。”他举例道：

Gautier 在她的那本 *Le Livre de Jade* 里面译了几首李清照的词，她将《声声慢》开头最脍炙人口的十四个字“寻寻觅觅冷冷清清凄凄惨惨戚戚”译成 Appelle ! appelle ! Implore ! implore ! Stagne ! stagne ! Reve ! Reve ! Pleure ! pleure ! Soufire ! soufire ! Toujours !

Toujours！其中有几个字与原文相去甚远。Paul Carus之译《道德经》，不妥之处更多。《道德经》第六章“谷神不死，是谓玄牝，玄牝之门，是谓天地根”这几句难解又难译，Carus却译为The valley spirit not expires mysterious woman 'tis called by the sires. The mysterious Woman's door, to boot, is called of heaven and earth the root（见The Canon of Reason and Virtue, The Open Court Publishing Co., 1927）

这样的译文，周先生说他“不敢恭维”：“这种翻译教欧美的读者如何去领会？”所以，他很关注赛珍珠的这部译作。在他看来，“她在中国年数很久，这部书又是在她的《大地》闻名之后动笔的，她的译文想必较为正确而可靠了”。但是，期望越大，失望也越大，赛珍珠的译作真的不尽如人意。

周先生这篇虽是评论赛珍珠的英译《水浒传》，实际上也提到了她的《大地》。

周先生是这样说的：

赛珍珠在《大地》里常用直接从中文翻译出来的句法，她的目的当然在传神。有时候译得很讨好，但是常常反而弄巧成拙，以词害意。我读《大地》时觉得有些句法很要不得。例如Now I will fetch my wife and my son; there are the three of us mouths.（P.179）中文“人口”或“我们三口”里的“口”就是“人”的意思，所以译文上mouths一字根本不需要。又如这句The thick voice rumbled on pouring like oil from her fat throat（P. 180）似乎是指“油腔滑调”而言，但是用英文写出来就不甚妥。其例不胜枚举。

我也读过《大地》，以及其后的续篇《儿子们》和《分家》。但是，我们那时读书往往是追求情节，不求甚解，如果不是周先生这样的英语专家指出，我们是永远不会知道诺贝尔文学奖得主也会有英文上的瑕疵的。

周先生在批评了《大地》之后就谈到了英译《水浒传》，同样是关于“直译法”在中译英时的运用。他举了好几个例子说明这种译法的不妥之处：

现在她又用这种直译法来译《水浒》，结果是，非但不能传神，反而使译文板滞而不自然，读起来会使人生厌。原文：“打得镇关西鲜血迸流；鼻子歪在半边，却似开了个油酱铺，咸的，酸的，辣的，一发都滚出来。”赛珍珠就译为：…，and the fresh blood flowed out，Cheng's nose was broken and bent to the side and of a sudden he smelled as many smells as though he opened a condiment shop–soy bean sauce，salt，sour，sweet，hot–all in a second he smelled them all.

周先生的看法非常精辟。我也相信英语读者读到这里一定是一头雾水，不知所云。英语读者根本就无法想象“鲜血迸流”和“油酱铺”有什么关联。我们再看周其勋教授举的其他例子：

原文“师父！你苦了老汉一家儿了！”她直译为 Priest，you have brought bitterness to this old man's whole family to eat！这不是直译，简直是硬译了。

原文“留提辖在此，诚恐有些山高水低”译为 If I let the captain stay here it will be as dangerous as mountains too high and waters too deep.

原文“天色热”，她逐字译为 The hue of the sky is hot，“林冲连日闷闷不已”，她译为 Ling Chung for day linked to day was gloomy. 这种译法很像英文不甚高明的人译英文小说一样。所以原文“亏杀了他，就与老汉女儿做媒，此间一个大财主赵员外”，她就译为 Luckily he helped us and was go-between for me，an old man and for my daughter，with a great rich man of this place who is surnamed Chao. “……老汉女儿”应译为 for my daughter，不能译为 for me an old man，and for my daughter.

读到这里，我不禁哑然失笑。赛珍珠虽然自小读过四书五经，但她毕竟是外国传教士的女儿，汉语不是她的母语，她又不肯下功夫去研究白话文，所以她对《水浒传》里的中国口语不甚了了。“天色热”只是“天热”，与色无关；“连日”只是“连续几日”，而不是“将这一日连接到那一日”；“老汉女儿”也并非“老汉和女儿”。由于赛珍珠的中文水平（白话文）不强，译出来的东西就非驴非马，难怪周先生说：“我不知道欧美的读者作何感想。我想赛珍珠这种译法是不可取的。”

当时，《水浒传》有两种英文译本：一是赛珍珠翻译的，名曰 *All Men Are Brothers*（John Day，1933）；一是杰克逊（J. H. Jackson）翻译的，名曰 *Water Margin*（商务印书馆出版，1937）。周其勋认为，杰克逊的译本也是根据七十回的《水浒传》。大概译者鉴于直译的流弊，所以他比较倾向于意译；虽则有些地方没有赛氏那么逐字逐句地迻译，却较为正确，而且读起来顺口得多了。接着，周先生选录了两段，让我们比较其中的优劣：

原文“闲常也只嗔老娘和张三有事，他有些不如你处，也不该一刀的罪犯，不强似你和打劫贼通同。”

Po Hsi said，“Before you always blamed me，because there was something between me and Chang the Third. But even if he faults that did not please you，at least he had not killed a man，and he is not like you who are joined with robbers！” —Buck

“You previously did not like me to have anything to do with Chang San”, said Yen po-hsi, “He may be disagreeable with you but he is not deserving of death. He is anyhow better than you as he has no transactions with bandits.” —Jackson

杰克逊的译文显然通顺多了，而且，赛珍珠还把“也不该一刀的罪犯”看错了，译成了“at least he had not killed a man”，离中文原意可就差十万八千里了。还有一个例子，也说明直译不如意译：

原文“半个更次，听得婆惜在脚后冷笑，宋江心里气闷，如何睡得着。自古道：‘欢娱嫌夜短，寂寞恨更长。’”

After half a watch, he heard Po Hsi laughing slightly behind his feet, Sung Chiang felt dumb anger rise in his heart and how could he sleep ? He could only say, “In happiness the night is all too short; where there is no happiness every watch drags and three watches seem four.” —Buck

After a little time, he heard the girl laughing in a sneering manner. He felt quite melancholy and could not sleep anyway. There is an ancient saying, “when the pleasure is great the night seems short, when one feels lonely the time seems unending.” —Jackson

我觉得，这里的“更”或“更次”是中国现代社会已经消失了的事物，这一点赛珍珠倒是理解对了，但是，她把“更次”直译为“half a watch”，“every watch”和“three watches”，英语读者又怎么看得懂呢？另外，“欢娱嫌夜短，寂寞恨更长”这句古语在这里是插入语，犹如银幕的画外音，怎么能是宋江说的呢？而且还译得这么蹩脚，“every watch drags and three watches seem four”. 简直是不知所云。

诚然，诗无达诂，但是，翻译是否有理论呢？我忽然想起了 20 世纪 20 年代末到 30 年代，也就是周先生评赛珍珠所译《水浒传》的前后，中国文坛上的一场翻译风波，即鲁迅与梁实秋关于“硬译”的论战。1929 年 9 月，梁实秋在《新月》月刊上抛出一篇《论鲁迅先生的“硬译”》，批评鲁迅所译苏联文艺批评家卢那察尔斯基（Lunacharsky，1875—1933）的论文集《文艺与批评》是“强译、硬译，稀奇古怪”。鲁迅则以一篇《“硬译”与文学的阶级性》回应，坚持“硬译”理论，又坦陈“但因为译者的能力不够和中国文本来的缺点，译完一看，晦涩，甚而至于难解之处也真多；倘将仂句（英文中的主从复合句）拆下来呢，又失了原来的精悍的语气”。因此，他特别是在翻译理论著作时，宁愿牺牲一定的流畅通顺来尽量保留原文的文意，并试图用自己的翻译来改造中文的句法词法。

奇怪的是，无论是周先生还是“南京文艺俱乐部”的其他成员（其中不乏翻译家如范存忠、徐仲年、商承祖以及张沅长等）都没有卷入这场笔战。不过，从我对周先生的理解，以及从周先生的长期翻译实践中来看，周先生的翻译理念还是比较接近梁实秋的主张的，比如在翻译克劳司的《英国小说发展史》时是明了如话的通畅：

控制这些变化的显著的原则与控制一切文学发展的原则相同！即通常所谓动与反动的原则。这个原则有心理学的根据。我们天生是写实主义者，同时也是理想主义者；我们既喜欢现实人生的表现，又喜欢理想人生的表现。因此，艺术无时不多少注意到人类天性上这两种本能。不过某一时期理想占了优势，某一时期写实占了优势。这个原因是显而易见的。理想主义日久就陷于令人难堪的狂妄；写实主义也因为残酷的描写和愤世嫉俗的论调令人憎厌。……文学家就利用读者的反动，使之变本加厉或亲自出来领导这种反动的工作。（转引自罗正晫的书评，载于

《是非公论》1936 年第七期，28—29 页）

1933 年 6 月 26 日，赛珍珠写了一篇文章《我是怎样翻译〈水浒传〉的》，也特意申明自己的翻译理念。在文章中，她说："在翻译的时候，我尽量使用直译的手法，因为中文的风格与其所使用的文字相得益彰，我唯一要做的就是尽力再现原文的魅力，希望英文读者就像阅读用英文写作的作品一样阅读这部译作。"不过，赛女士虽然宣称直译，却与鲁迅先生基于特定年代和背景而产生的"硬译"翻译观不同，因为她的中文白话文水平不高，导致翻译中出现了大量硬伤，让人难以体会原文的魅力和含义，所以也更谈不上所谓的直译了。

从以上这些例证中，我们可以看到翻译一贯以来的重要影响和实践中具体把握的难度。周先生并没有向我们长篇大论地谈到他的翻译理念，但他的一些主张却点点滴滴如润物细无声般沁入我们的心田，例如他说：翻出来的东西一定要让人懂，为了要让人懂，一定要吃透原文，也就是要对原文有 holistic understanding（通盘理解）。英语的复合句较多，一定要拆开，太长的句子不符合我们的欣赏习惯，等等。我本人也从周先生的话语中，以及从自己的翻译练习中，体会到了一些翻译的技巧。记得一次闲聊时，我曾放言高论，大谈自己阅读和翻译过程中的一些"心得"（并非理论）。我说，中文里美人都是樱桃小嘴，但樱桃小嘴翻成英文反而不雅，因为欧美作家描写美女却用 big mouth（大嘴巴）；中文里的 full moon 象征团圆美满，但在欧美（尤其是北欧），月圆之夜却是杀人夜；angel（天使）在英语里是带翅膀胖嘟嘟的小孩，但中文读者很可能联想到披盔甲执金吾的武将；一些流行的政治术语，翻译也有问题，英文 exploitation 的意思是"利用"，而并没有"敲骨吸髓"那么严重，所以翻成"剥削"是过度解读了；英文里的 class war（or class struggle，阶级斗争）也只是"不同的社会阶层有不同的意见"。周先生听了颔颔首，后又突然说："吹吹可以，不要白纸黑字。"现在想来，他是容忍我的幼稚又担忧我的出格，因那时（"文革"前夕）的政治气压已经相当不寻常了。

不过，深受过周其勋先生熏陶的著名诗人和翻译家屠岸，倒是从另一个角度阐述了他的翻译理论。屠岸认为，译者"一身而二任"，既是作者的朋友，又是读者的朋友。为了作者朋友，要讲"信"；为了读者朋友，要讲"达""雅"。对读者朋友来说，"归化"过度，是对他们的蒙蔽，"洋化"过度，是对他们的放弃。以作者朋友来说，"归化"过度是对他们的唐突，"洋化"过度是对他们的谄媚。（屠岸、许钧《"信达雅"与"真善美"》，载《文学翻译的理论与实践：翻译对话录》，译林出版社2001年版，第57页）

文艺与学术交流活动的积极参与者

翻译和书评写作之余，多面手周其勋作为名流，还恣意驰骋于教育界与文艺界的各种活动。据上海《申报》1937年6月8日载：中国教育学会全体理事会议讨论招待世界教育会议代表。中国教育学会第六次全体理事会于6日在杭州西泠饭店举行。周其勋要在会议上提交并宣读论文《中国教育与世界和平》。

周其勋参加的中国教育学会理事会，当然是由当时教育界的著名人士组成，其中有他的同乡兼好友，以及武昌高师的学长杜佐周。除了杜佐周这位老朋友，理事会还有不少哥伦比亚大学的校友、杜威的弟子如陈鹤琴、庄泽宣、郑晓沧、程其保、郑通和、邰爽秋等，都是教育理念相同，终生矢志教育事业的栋梁之材。

周其勋要在会上宣读的论文《中国教育与世界和平》既不是急就章，也不是专为此次会议而写的。1932年底，朱家骅调任交通部部长，其教育部部长一职由武汉大学创办人、首任校长王世杰接手。王世杰（1891—1981）是著名法学家，法国巴黎大学毕业，1928 年任武汉大学校长，1933 年任教育部部长，1945 年任外交部部长，1948 年当选中央研究院院士。其任教育部部长后，计划要参加在日本东京举行的国际教育大会，遂指定武昌高师毕业，已享有盛誉的周其勋为他撰写与会时要宣读的英语发言稿。但是，日本发动“九一八”事变后，中国向国联（League of Nations）控告日本的战争罪行，国联于 1932 年派出李顿调查团到我国东北等地调查，最终中国胜诉，日本恼羞成怒，退出国联，国际教育大会流产，王世杰的代表团没有成行。周其勋这篇文章，就是他为教育部长王世杰写的发言稿。

我在 1937 年 6 月出版的《国立编译馆馆刊》第二十六期上也看到了这事的来龙去脉。该馆刊称：“教育部为世界教育会议第七次会议需用中英文中国教育概况宣传小册，计分七种，由部编辑，嘱本馆担任中国教育与世界和平一稿，刻本馆已将该稿中英文分别编成，送部刊印矣。”此外，1937 年 1 月 26 日，中国西方语学会在北京召开大会，王世杰部长讲演《几个有关英语教学的中等教育问题》，稿子也由周其勋起草。

周其勋教授不仅参加中国教育学会和西方语学会的学术活动，而且也参与发起成立“南京文艺俱乐部”。根据《中央日报》1935 年 5 月 15 日第 8 版的报道：

南京为文艺家著作家荟萃之区，但苦于缺乏正当地点及辅助文艺充分发扬的环境，爰由文艺界同人发起文艺俱乐部，于昨日在鸡鸣寺开谈话会，商议进行办法，到会有亖桐、谢寿康、徐悲鸿、李毅士、段可情、吕天石、范存忠、徐仲年、宗白华、潘玉良、侯佩尹、唐学咏、汪旭初、陈之佛、吕斯百、商承祖、周其勋、汪辟疆、张沅长、邱祖铭等五十余人，当场决定凡到会者均为文艺俱乐部之发起人，并公推筹备员二人，负责筹备云。

这个群体就是当年南京的文艺界中坚。物以类聚，人以群分，他们的特点是“专业”，成员大多是大学教授，尤其是国立中央大学的教授，各人专注于自己的事业和研究领域，从不论战。按专业分类，谢寿康是戏剧家，汪旭初（汪东）是古文学家和书法家，汪辟疆为国学大师，段可情为作家，唐学咏为音乐家，宗白华为美学家，徐悲鸿、李毅士、潘玉良、陈之佛、吕斯百等为画家，吕天石、范存忠、徐仲年、侯佩尹、商承祖、周其勋、张沅长等为外国文学研究家和翻译家。他们绝大多数有留学的经历，也绝大多数是国立中央大学的教授。谢寿康是中央大学文学院院长，他赴比利时任大使后由汪旭初继任。文学院中文系的还有汪辟疆和宗白华。艺术系的有徐悲鸿、潘玉良、唐学咏、陈之佛、吕斯百。外文系的则有范存忠、徐仲年、商承祖、周其勋以及张沅长。而且，据《国立编译馆馆刊》，此刻范存忠、商承祖、周其勋、张沅长等人也在编译馆中一起工作。

除了文艺家协会的活动，周其勋教授还参加过旨在研究利用电影辅助教育，宣扬文化，并协助教育电影事业的“中国教育电影协会”。那是在 1932 年，由当年国民政府教育部专员兼中国电影检查委员会主任郭有守发起，教育部同人筹备的组织。据 1932 年 7 月 9 日南京《中央日报》报道，“中国教育电影协会”7 月 8 日在南京成贤街 43 号教育部礼堂隆重成立。首届会员集中了中国教育界、文化界、电影界的顶尖代表人物、教授专家、学者名流、社会贤达与政府要员于一炉，共 460 人。并设分会于国内各大城市和港澳，以及东南亚的新加坡、菲律宾、马来西亚等，为中国百年电影史上绝无仅有之盛况。

在始于 20 世纪 30 年代的中外学术文化交流活动中，周其勋又参与发起中（国）意（大利）文化协会，由著名画家徐悲鸿任主席，协会成

1930 年代，周其勋（中坐者）与同道友人聚会

员组成包括国立中央大学的各学科领军人物，如蒋复璁（中央大学教授兼中央图书馆馆长）、杨公达（中央大学教授兼中央大学图书馆主任）、谢寿康（中央大学教授兼文学院院长）、伍叔傥（中央大学中文系主任）、沈刚伯（中央大学历史系教授）、楼光来（中央大学外文系教授）等，国立中央大学的艺术系教授和著名画家，如徐悲鸿、滕固、潘玉良等，以及周其勋的国立编译馆同人辛树帜、陈可忠等，协会成员多与意大利渊源甚深。蒋复璁、杨公达、谢寿康、伍叔傥和沈刚伯等文史大家自然对古籍文物以及两国关系史（诸如马可·波罗和丝绸之路）饶有兴趣；楼光来和周其勋等英美文学研究家则对意国作为欧洲文艺复兴的发源地以及文艺复兴三巨星但丁（Dante Alighieri，1265—1321）、彼特拉克（Francisco Petrarch，1304—1374）和薄伽丘（Giovanni Boccaccio，

1313—1375）并不陌生；而画家们，包括徐悲鸿、滕固、潘玉良、蒋兆和与吕斯百，都一如既往地把文艺复兴时期的意大利三大画家达·芬奇（Leonardo de Vinci，1452—1519）、米开朗基罗（Michelangelo Buonarroti，1475—1564）和拉斐尔（Raphael Santi，1483—1520）的杰作视为他们仰慕、学习和临摹的范本。这个涵盖当时知名文化艺术界人士的协会，一时形成颇大的社会影响。另外，周其勋还与胡适、蔡元培、傅斯年、宗白华、黄侃、杭立武、朱家骅、王世杰、陈立夫等学界政界知名人士一起，名列中（国）波（兰）文化协会发起人名单。由此可见我们的周其勋教授当年在南京的名气和学术地位。

教育和电影年鉴的编纂者

周其勋教授在南京期间正当盛年，精力充沛，而且他又是个多面手，在不同的学术领域上都能贡献力量，所以，在各种各样的活动上都能看到他的身影。编纂教育年鉴是周其勋所在的教育部编审处首当其冲的工作，且属中国首次，意义重大，周其勋及其同人们笃定要参加。1932 年 4 月 29 日的上海《申报》载：

教育部编纂中国教育年鉴

我国年鉴类书，向来不多，教育年鉴，尤付阙如。教育部为适应此种需要，因有第一次中国年鉴之编纂，将我国过去及最近之重要教育事实，汇集编次，以饷国人。闻已派定编审处主任辛树帜；司长张修抻、郭心崧、顾树森、李蒸；参事杨芳、陈石珍、陈泮藻、伍俶（傥）；秘书周淦；科长张范九、谢树英、郭有守、戴应观、吴研因、钟灵秀、彭百川、汪睿昌十八人为编纂委员，组织编审委员会，主持编审事宜。并派周庶咸、王凤桐、龚征桃、柯树屏、钱王倬、高维昌、蔡毓骢、吴永龙、王龙先、章慰高、黄问岐、王万钟、翁之达、陈哲、薛天汉、顾良杰、郭莲峰、金桂荪、舒楚石、高鸿图、贺伯烈、薛铨曾、周邦道、胡颜立、李贻燕、周其勋、黄守中、丁致聘二十八人为编纂，周邦道为主任编纂。全书订分五编，甲编教育总述，乙编教育法规，丙编教育概况，丁编教育统计，戊编教育杂录，编各分章节，预计六百万言以上。（下略）

你只要一眼望去就知道，这一阵容其实差不多就是国立编译馆的前身。馆长辛树帜，人文组主任周其勋，总务组主任李贻燕，其余顾树森、杨芳、陈石珍、陈泮藻、吴研因、钟灵秀、周庶咸、蔡毓骢、章慰高、戴应观、翁之达、胡颜立、丁致聘等教育专家都是编译馆同人。

教育是周其勋的本职工作，他参加编纂《中国教育年鉴》自是理所当然。但是，出乎意料的是，他还参与编纂《中国电影年鉴目录》。在1933年10月6日的《申报》中，可以看到《中国电影年鉴目录》编纂委员会会议聘请的特约编辑名单，其中周其勋的名字赫然在目，其他的特约编辑包括他的同行，熟悉电影的西洋文学研究家和翻译家邵洵美、徐霞村；更有中国早期戏剧和电影的顶级精英，中国最早学习电影专业的留学生洪深、程树仁、孙瑜；中国最早的电影实业家程树仁、周剑云、郑正秋、邵醉翁；中国最早的影评人卢梦殊、杨敏时、姚苏凤；明星影片公司编导程步高、联华电影公司编导金擎宇；还有漫画大师、后来的中央工艺美院教授、中国历史上第一部彩色动画长片《大闹天宫》的美术设计张光宇。

其中，周其勋、邵洵美、徐霞村这三位翻译家的编纂任务尤为繁重。这份目录提纲中有相当多的项目是需要他们贡献心力的，例如：电影史部分之“世界电影发达史”，电影趋向部分之“世界电影事业之趋势”，电影行政部分之“各国电影检查法规及组织”，电影商业部分之“国外市场”，教育电影部分之“国际联盟教育协会之组织”和“各国教育电影事业之状况”，以及附录部分之“一年来世界影片之代表作”和“美国各州电影禁演状况”，等等。据说为了这份电影目录，他们忙了8个月。

大师云集的播音讲师队伍

学校教育和社会教育在民国时期被视为教育的两翼。国民政府自定都南京以后，重视社会教育即平民教育。当时有名的教育家，例如蔡元培、晏阳初、陶行知、梁漱溟、黄炎培等都致力于平民教育和职业教育。当时的不少教育部官员，如厉家祥、陈礼江、陈泮藻等，都担任过社会教育司司长，这些从国外留学归来的学人，借鉴外国的他山之石，纷纷著文呼吁兴起全民教育的热潮。教育部在全国各地组建了“民众教育馆”，任务“是以社会全民为对象，以改进社会为理想”，通过“教化”，使全民“资质与生活向上”，达到“改进社会文化”之目的。此外，社会教育的技术保障也恰好可以配合。那时虽然还没有电视，但交通部已经为全国主要城市铺设了无线电网络，中国广播公司可以对各地进行无线电广播，这就为社会教育提供了条件。同时，为了促进社会教育，政府聘请了一大批大师泰斗，几乎囊括了当时各行各业的顶尖人才。

现在，我们来看上海《申报》1936年1月17日的报道，教育部聘请的教育播音讲师，不到一年间，就包括了赵元任、顾树森、周其勋、王世杰、谢冠生、钱昌照、马寅初、张钰哲、胡焕庸、丁文江、何之泰、孙宗彭、丁西林、郝更生、徐苏恩、宗白华、沈刚伯、叶绍钧、夏丏尊、张伯苓、徐悲鸿、陈大齐、陈立夫、叶楚伧、杨杰等百余人，涵盖了教育学、法学、社会学与经济学、天文学、地理学、地质学、农林水利、生物、物理、卫生、哲学、史学、文学、艺术、心理、政治、军事、建筑等学界和行业的代表性人物，每日通过广播面向学生与公众讲演教育与学术问题。真可谓“群星荟萃、熠熠生辉”。作为这支旨在启发民智的庞大队伍中的一员，周其勋当然乐意竭尽全力。他一共在“中广”（中国广播公司）做了三次播音，其中的两次是《对中学生谈英语》，分上、下两次讲演。

在讲演里，周教授讲了些什么呢？据《申报》1936年5月29日和6月5日的两次报道，首先，他举了英语不好的例子：

我有个亲戚在高中肄业，他有时来看我，我顺便同他说几句极普通的英语，他却瞠目不知所答，我有时翻开他的读本，叫他读一段给我听听，他的发音非常生硬，重音轻音，简直不分，十句我倒有九句不懂。

举完例子以后，周教授指出，英语的成绩不良，主要是学习的方法不对。接着，周教授谈了学习英语的方法。学习可分两种：

一是科学的，一是艺术的。科学的学习大部分基于思想与实际；艺术的学习大部分基于筋肉的训练与技巧。英语之学习即属于艺术的，因为它专靠口、耳、眼与手的训练。学英语的方法大致有三，述之如下：1. 耳的训练（Ear training）；2. 口头模仿（Oral imitation）和熟练（Mechanizing）；3. 造句模仿（Composition by analogy）。

他继续详述这三种学习方法：1“学习英语第一靠我们两只耳朵”“以前教英文的最大错误就是开始教学生去识字拼字，去阅读造句，而不先教学生用耳朵去听，结果当然不好”“教师在课堂内应该对学生尽量说简单的英语，学生不懂，可以利用实物、图画或动作来达意”“你们做学生的应该知道耳朵训练之重要，在课堂内就当留心听英文教员的发音，时常加以联系，发音自然会日日进步起来”。2.“学习语言第二个方法，就是口头模仿”“咿咿学语是儿童的本能。学英语一大部分也在乎模仿，模仿得愈多，英文也就愈高人一等”“口头模仿最要紧的还不在字眼的用法，而在语法上的轻重疾除。这又可谓‘声调’，英文是 Intonation。要是英语的轻重疾除不对，即使文法不错，说来亦不入耳”。至于如何模仿，他建议中学教师“赶快采用英语留声机片”“教师一面可令学生口头模仿，一面常常使他们听英语留声机片，不但可以引起他们说英语的兴趣，而且可以使他们乐于去模仿，练习日久，自能纯熟，说起来可以脱口而出，不必预先去想”。3.“到了耳的训练有相当的成绩，口头模仿也有了根底，教师继可以使学生阅读英文，模仿造句”“这种模仿能使学生活用文法举一反三，反复练习，益处甚大”。

至于英文的发音，周先生指出，“就英德法三国文字说起来，英文的发音要算最难”。难就难在“英文的写法不规，我们看见一个字不能够按照它的写法发音”，有字母同而音异的，音同而字母异的，有字母而无音的，也有字的写法不同而发音完全相同的，等等。他说，“要弥补这个缺点，现在大都采用万国音标”“我们希望在高初中的教师和学生多去利用万国音标机制”。

周先生这里所提倡的英语教学方法，就是我们通常所说的直接法（the direct method）。其实，我们上大学时，周先生作为系主任就常常指导他属下的青年教师用这种方法教我们。这种英语教学法目前已经成为共识，但在 20 世纪 30 年代，周先生无疑是率先提出这种英语教学法的先驱者之一，影响所及，无远弗届。难怪河南师范大学一位学者王珊在 2014 年的一篇论文中总结道：“直接法（the direct method）被认为是英语教育最为有效的方法之一，二三十年代也被称为是直接法的鼎盛时期。”正是由于这篇演讲的巨大影响，所以以夏丏尊为主编的“中学生杂志社”将其收入《英语的故事》一书，作为“中学生杂志丛书”，由开明书店出版。

周其勋在 5 月和 6 月连续做了两场《对中学生谈英语》的演讲之后，7 月份又做一场文艺讲座，谈《中国诗对于西洋诗之贡献》。我们现在看到的演讲文本标明是“英译”，极可能是周先生对一些英美学者的论述的诠释，也就是从西方学术角度来看中国诗对于西洋诗的贡献，而且从行文来看，文章更像是当时《广播周报》记者对演讲的摘要报道。

演讲一开始便转述了一位英国名人的论断：“现今，英、美、法、德的诗人，都以热烈欣赏的态度，在研究——那远自荷马以前直到现在——一统相传，有数千年历史的中国诗学。”接着，文章比较了中西诗学的异同。相同的是：“在世界上，文学既不能极精巧地显示对于自然之美的欣赏，诗学亦复不能对人类友谊上有何特殊的贡献；西方诗人的惯例，便是把‘爱’字去理想化在友谊上，中国的诗人亦复是同样的多情而重主观，很少中国的文人会肯在自然的美中去静静地观察或想到他的本身或他的感觉的情绪，故此，李白在月夜泛舟的时候，便会为那自然的景物所陶醉，而跳入水中，他并不去意想到这一切景物对于人心的反应感觉。”不同的是：“中国诗人更比西方诗人明了自然景物的一切，进而言之，中国的诗人，因为太懂得那形而上的一切，乃至易迷蒙世物。”

中国诗的特点有三：1.“（中国）诗人的惯调，不是‘思家’，便是‘怀友’，而‘思家’或‘怀友’的情绪，往往是在一首的尾句方始表白出来”。2.“假物兴辞或托物寄意的应用，也可以说是中国诗之一大特点”“中国的抒情诗人作诗，仅仅给予读者以极模糊不明的印象，使读者意会作者所给之印象，而与作者具同感，中国人所谓‘言尽而意无穷’便是这种意义”。3.中国诗之组合，“都是先写景而后描情或写感”，但是，“作者之情绪，并非由景物中取得”。以杜甫的《小寒食舟中作》为例：

娟娟戏蝶过闲幔，片片轻鸥下急湍。
云白山青万余里，愁看直北是长安。

周其勋转述西方研究家的视角是，“这首诗确是一幅美丽的画图，表现着极艺术化的纤巧的结构，在形式上看来，似乎这诗中的景物，乃诗人整个情绪或思想的背景，实际并不然……（诗中）之描写景物，虽与其结论之感叹情绪似有关系，而实际上，作者之情绪，并非由景物中取得”。西方的独特视角也并非毫无道理，诗中凸显的一连串物象如“娟娟戏蝶”“片片轻鸥”“云白山青”并非导致了诗人的愁肠，难怪周其勋说：“关于这点，不仅杜诗如此，中国之律诗绝句，莫不如是。”

这是西方人替我们的中国（格律）诗所做的总结。我们也读唐诗宋词，有的还写诗，你们觉得他们的总结有几分到位吗？或者，你觉得他们的看法完全荒腔走板？或者，他们的审美角度和审美情趣与我们“诗无达诂”的说法是不是异曲同工呢？

文章接着分析道：“中国诗影响西洋诗者，大略可以分作两方面来讲；西洋诗人受中国诗影响者，也可以分作两派来说：一派代表旧派的，作者以为以东方的辽远神秘，足可为幻想之题材，把此种材料置于诗中，必定可以作为奋兴读者的一种资料，但是他们不能深切懂得中国诗人的旨趣与方法；另一派的诗人，是从来未见过中国，他们但凭灵感或技巧，或者在诗题或意境方面，来显示他们所得到的影响，像艾梅罗威（今译艾米·洛威尔，Amy Lowell）、福巧儿（今译弗莱彻先生，Mr. Flatcher）、弗得利克·彼得森博士（Dr. Frederick Petcon）、爱拉旁的（今译埃兹拉·庞德，Ezra Pound）等，都是属于这派的，他们都极力研究关于中国的一切，在他们的写作中，他们竭尽他们的能力来应用他们所学习到的一切，他们这种意象派诗人所最显著的特点，几乎全系含有中国意味，他们的诗的风格形式，虽然都属无心的模拟，但仍然有若干地方，很明显地可以看到是仿效中国诗的作法。”

美国意象派（Imigist）诗人 Ezra Pound（1885—1972），与上述的 Amy Lowell 和 Ernest Hemingway（海明威，1899—1961）是好朋友，

尤其深刻影响了海明威。我们中国读者比较熟悉海明威，反而对庞德知之甚微。不过，奇怪的是，我们在上大学时倒是读过他的一首诗：

The River-Merchant's Wife: *A Letter* (*After Li Po*)

While my hair was still cut straight across my forehead,
I played about the front gate, pulling flowers.
You came by on bamboo stilts, playing horse,
You walked about my seat, playing with blue plums.
And we went on living in the village of Chokan:
Two small people, without dislike or suspicion.

当年，周先生让我们念了之后就问："你们看像唐诗吗？"仔细一想，又看到上面写着"After Li Po"（据李白诗意而作），我们才恍然大悟，原来是李白的《长干行》：

妾发初覆额，折花门前剧。
郎骑竹马来，绕床弄青梅。
同居长干里，两小无嫌猜。

这首诗像是仿效中国诗也像是全译李白的诗，不管是哪一种，对于西方读者而言，却是极新颖别致的，就像周先生在文章里所说的，"他的一般读者，在初次的时候，都被他的抒情诗的韵律所陶醉，满以为这些诗总该是一个对于英文诗有研究的中国人所写的；即或不然，也该是他所翻译的中国诗了"。我觉得他是全诗照译，或者说是模拟。女子回忆童年时与丈夫一起在长干里长大，彼此"青梅竹马""两小无猜"的景象，中英文的叙事手法是一样的，只是中国学者还在争辩是睡觉的“床”还是汲水的“井”时，Ezra Pound 别出心裁地将其译成了“my seat”罢了。我们再看下面几行：

At fourteen I married My Lord you.
I never laughed，being bashful.
Lowering my head，I looked at the wall.
Called to，a thousand times，I never looked back.
At fifteen I stopped scowling,
I desired my dust to be mingled with yours
Forever and forever and forever.
Why should I climb the look out ?

李白的这几句是：“十四为君妇，羞颜未尝开。低头向暗壁，千唤不一回。十五始展眉，愿同尘与灰。常存抱柱信，岂上望夫台。”这里除了“常存抱柱信，岂上望夫台”这两个典故他没法直译以外，其他都是照中文字眼直译。但是，他懂中文吗？我记得当年我在课堂上曾问过周先生，周先生说诗人不懂中文，很可能是从赫伯特·翟理斯（Herbert Giles）的《中国文学史》那里看来，或者从小泉八云（Koizumi Yakumo，1850—1904）那里听说的吧。

不过，我最近才发现，Ezra Pound 并不是从这两处听来的。我在上文中提过，周先生最喜读诗，所以才有发表于南京《是非公论》旬刊 1936 年第七期的译诗《悼战死者》。据他作的注，悼诗的作者 L. Binyon 时任大英博物馆东方艺术部副主任，对于中国艺术研究有素，而 Ezra Pound 在伦敦时恰恰与 Binyon 过从甚密。我在读有关 Ezra Pound 的资料时看到，他和 Binyon 在大英博物馆里常常见面。（At the museum

Pound met regularly with the curator and poet Laurence Binyon.）由此可见，Ezra Pound 所知有关李白和中国的一切，很有可能是从 Binyon 那里得来的。

你可以想象，Ezra Pound 从 Binyon 听来有关李白和中国的一切只是个大概，但是，正如周先生所讲，"从来未见过中国"也不懂中文的美国诗人 Pound 却能"凭灵感或技巧"将中国诗人的诗题改为"一封商人妇的信"，从而将李白诗中的意境诠释出来，传达给西方的读者。由于是"一封信"，信里的妻子在倾诉对远行在外长途经商的丈夫的思念并为其担惊受怕的心理，所以下面几行诗中的"君"就变成了英语第二人称的"you"：

At sixteen you departed,
You went into far Ku-to-yen, by the river of swirling eddies,
And you have been gone five months.
The monkeys make sorrowful noise overhead.
You dragged your feet when you went out.
By the gate now, the moss is grown, the different mosses,
Too deep to clear them away!
The leaves fall early this autumn, in wind.
The paired butterflies are already yellow with August
Over the grass in the west garden.

这几行诗的中文当然是妻子的口吻："十六君远行，瞿塘滟滪堆。五月不可触，猿声天上哀。门前迟行迹，一一生绿苔。苔深不能扫，落叶秋风早。八月蝴蝶来，双飞西园草。"Ezra Pound 也将其处理为妻子的口吻，只可惜，一些景物的寓意，也就是诸如"深苔""落叶""哀猿"

以及“双飞蝴蝶”等词语在中国古典诗词中的象征意义，Ezra Pound 并没有传达出来。

最末的几行，Ezra Pound 则将其看作是商人妇的自述，期待远方亲人早日归来的寄语，所以，诗行中都加上了逻辑上的主语“I”或宾语“me”，试比较中英文的异同：

感此伤妾心，坐愁红颜老。
早晚下三巴，预将书报家。
相迎不道远，直至长风沙。

They hurt me. I grow older.
If you are coming down through the narrows of the river Kiang,
Please let me know beforehand,
And I will come out to meet you
As far as Cho-fu-Sa.

Ezra Pound 将长江三峡，即“三巴”，译成“the narrows of the river”，既是正确的理解，也是无奈的意译，反正西方读者也不会去深究长江三峡的地理位置以及对航行的影响。他这首 *The River-Merchant's Wife: A Letter* 连同其他中国古诗一共 19 首被收入了他的诗集 *Cathy*，1915 年在伦敦出版，随即引起了轰动，并促进了英美意象派诗歌的发展。*Cathy* 可以译为“国泰”“华夏”或“神州”，所以他的诗集又叫《华夏集》，现在香港的航空公司也取名“Cathy”，也就是“国泰”之意。后来随着 Ezra Pound 成为比较文学的研究热点，他与中国的渊源就更为研究者所重视，所以周先生的这篇演讲，最初登在南京《广播周报》1936 年第 102 期上，后来被学界视作中国比较文学研究的代表性论文，与陈寅恪、朱光潜、吴宓、梁宗岱等大家的论文一起，收入北京大学比较文学研究所编、北京大学出版社1989年3月出版的《中国比较文学研究资料1919—1949》一书中。

第四章　在抗战的烽烟中

任教庐山

1937年，中华民族到了最危险的时候。

自1927年南京国民政府成立，直至抗日战争爆发，这短暂的10年间，虽然局势仍不太平，但对于周其勋来说，可谓一段难得的黄金岁月。在南京期间，周其勋的学术生涯达到了鼎盛乃至巅峰的阶段。年轻的周其勋教授通过自身的努力，在教学和外国文学译介和研究事业上取得了非凡的成就。他在国立中央大学任教授，讲授英国小说与诗歌，同时还在国立编译馆担任人文组主任，负责审核各种人文译品和大中小学的英文教科书。作为资深翻译家，他不单自己翻译、与人合译以及校订、注释了在民国时期具有广泛影响的《英国小说发展史》《英国当代小说四家》《少奶奶的扇子》和其他文学及学术研究作品，同时又在各大报章杂志上发表了不少时评和书评，包括对著名法学家钱端升所译的《英国史》和1938年诺贝尔文学奖得主赛珍珠所译的《水浒传》所做的长篇评介文章。从当时的报章杂志上我们可以看到，许多的学术、文化和社会活动都有他的身影，他的影响已经远远超过原先的学术领域。

但是，此时的南京已经开始暗淡，战争的阴霾开始笼罩在城市的上空，市内人心浮动，民众在做逃难的准备，报纸上是一连串“国难当头”的报道。

1937年元旦刚过，周其勋夫妇就去拜访竺可桢先生。据《竺可桢日记》载：

1月2日 星期六（南京）晴

上午晤咏霓。下午余青松夫妇来。周其勋夫妇来……

晨七点一刻起，八点半往广州路峨眉岭十五号咏霓处，遇刚复及周其勋，谈及张学良之处分，军法处判为监禁十年……

周其勋在1917—1921年间是武昌高师的学生，因而也是竺可桢的学生。他们之间有深厚的师生之谊，而到了南京，同作为国立中央大学教授，师生则又成了同事。

作为国立编译馆人文组主任的周其勋，也因当时馆中的任务，如审定各学科科学名称及各级学校的教材、编译出版国内外经典与大学用书，而与包括自己老师在内的国内知名学者有广泛的交集。我们从国立编译馆发布的各种文献中可以看到，师生俩过从甚密，常常同时出席某一会议或活动。1937年后，他们都离开了南京，但我们从《竺可桢日记》中知道，师生间还是书信往来，联系不辍。据竺可桢在1946年2月4日（贵州）遵义的日记，他当日曾有致"吴文晖、季梁、子政、周其勋、建人、馥初、鲁珍函"。翌日，"寄唐觉、杭立武、周其勋、季梁、吴文晖、史济敏、侯家源、萧庆云"。直到1947年，我们还可从《竺可桢日记》中，看到他是如何记挂着他在全国各地工作的包括周其勋在内的武高毕业生。在1947年7月7日的日记中，竺可桢还"谈及武高毕业生如杜佐周、蔡绍牧、蔡梦生、周其勋（中山）、胡步蟾（金华中学校长）等"。

周其勋的表弟在 *Eighty-three Springs* 一书中说，他的表兄之所以去拜访竺可桢，是希望竺老师能介绍自己去重庆的大学教书。他说他这些年译书译腻了，希望能换个地方也换个工作。竺老师也知道，南京上空战云密布，很多学人朋友都想离开，到后方去继续做自己熟悉的工作。

竺可桢的人脉当然是很多人不能比的，与他交往的名人遍及各界。上述日记记载与周其勋一日内先后来访的咏霓、余青松、胡刚复三位，都是中国学术史上响当当的人物。咏霓即张寿镛，著名的爱国教育家、藏书家、文献学家，明末抗清民族英雄张煌言的后裔，上海光华大学创办人之一，首任校长。余青松则是世界著名天文学家，先后任厦门大学天文系主任，国家天文研究所所长，美国威廉斯天文台台长。胡刚复是中国近代物理学奠基人之一，历任东南大学物理系主任，上海国立交通大学、同济大学、光华大学和大夏大学教授，厦门大学理学院院长，抗战爆发后应竺可桢之邀任浙江大学理学院院长，协助浙大内迁工作。

也许就在闲聊的时候，竺可桢劝周其勋打消入川的念头，而改去庐山的中央政治学校任教。这所学校的前身是“中央党务学校”，成立于1927年，蒋介石亲任校长，陈果夫任教育长，1929年改为“中央政治学校”，学校性质由短期性的训练，变为正规的大学教育，并增设外交系、教育系、新闻系。所以像周其勋这样的英语专才，在这里一定能发挥作用，尤其是在国际宣传方面，这样也算是为抗战出力，“投笔从戎”了。更何况，周其勋所在的国立编译馆，也有几位同事加入了这所学校。据该校毕业生，当过《中央日报》社长的马星野说：八年之间，中央政治学校之学风与名誉，已为国内外人士所共识。

1937年7月，庐山牯岭街上异常热闹，既有蒋介石、汪精卫等国民党实权人物，更有北京大学校长蒋梦麟、北大文学院院长胡适、清华大学校长梅贻琦、浙江大学校长竺可桢、中央财经委员会委员长马寅初、中央研究院总干事傅斯年等社会知名人士。佩戴着“五老峰”徽章的名流学者们上山就是为了参加7月16日在庐山图书馆举行的庐山座谈会。

就在几天前，1937年7月7日22时，日军在距北平10余公里的卢沟桥附近进行挑衅性的军事演习，并诡称一名士兵失踪，要求进入宛平城搜查，遭到拒绝后发动进攻，驻守宛平的中华民国国民革命军第二十九军宋哲元部奋起抵抗，打响全民族抗战第一枪，史称“七七事变”，又称卢沟桥事变。至此，抗日战争全面爆发。中国共产党发表抗日通电，号召全国人民团结起来，国共两党合作，筑成民族统一战线的坚固长城，把日本侵略者驱逐出中国。全国上下群情激昂，积极要求抗日。

7月17日，蒋介石在庐山图书馆召开的庐山座谈会全体大会上，发表了著名的“最后关头”演说和《对卢沟桥事件之严正声明》，指出“再没有妥协的机会，如果放弃尺寸领土与主权，便是中华民族的千古罪人”“如果战端一开，那就地无分南北，人无分老幼，无论何人，皆有守土抗战之责任，皆抱定牺牲一切之决心，才能博得最后的胜利”。这次“庐山谈话”意义重大，不仅正式宣布对日作战，也标志着国共合作的抗日民族统一战线正式形成。

周其勋此刻就在庐山聆听了蒋介石的演说，据马星野撰文说：“七七抗战开始，许多政校教职员，当时方在庐山协助训练工作，九月间，学校迁牯岭。”周其勋和千千万万的爱国青年一样，拥护精诚团结、一致抗日的方针，更何况，这里有他热爱的专业，可以发挥的特长，所以，他决心随校迁至牯岭，投入抗战的洪流中去。然而，随着战况，学校还有可能会不断迁徙，他必须安排好家属，免除后顾之忧。此时，他的夫人倪翰芳教授已经怀有数月身孕，接近临盆。于是，他把夫人和孩子安排到相对安全的上海租界。据史料记载，就在这次“庐山座谈会”上，“北平的代表注意力全在卢沟桥事变上，上海代表则热衷于教育问题”，那是因为，上海人知道租界可以有暂时的安全。而对于周其勋来说，租界不仅相对安全，而且倪翰芳的娘家就住这里，有家人和亲戚朋友照顾。

“庐山谈话”的话音刚落，即当年的8月13日，就爆发了第二次淞沪会战，这场战役规模大、战斗惨烈，历时三个月，中日双方共有约100万军队投入战斗。中国军民浴血苦战，粉碎了日本“三个月灭亡中国”的野心，为坚持长期抗战争取了时间。

从第二次淞沪会战开始的第三天即 8 月 15 日起，日军飞机对当时的中国首都南京进行了大规模轮番的空袭。空袭警报刺耳地响起，日军轰炸机一队队临空无差别投弹，南京军民死伤惨重。从南京中央第二档案馆查到的一些资料看，国立编译馆也失去了往日的安宁和平静，由于不断跑空袭，影响业务，编译馆拟迁往庐山。周其勋等十几位专任编译已于月前离职。据时任编译馆馆长陈可忠报教育部的呈文称，由于“职司编译审查用心不能不专虽一月以来照常工作但每因空袭警报猝来中途停顿于工作进行殊不顺利”，所以“面谕准予酌量情形迁地办公兹在庐山觅定房屋为临时办公处拟即迁赴该处办公”。事实上，不仅由于空袭，也由于日军即将发起进攻，整个南京都在迁徙。

人们或者会问，像周其勋这样的英文教授，何以会受聘到“中央政治学校”呢？事情还得从一位新闻教育家、新闻界名人马星野说起。马星野（1909—1991），浙江平阳人，1934 年 5 月毕业于美国密苏里大学新闻学院，获新闻学士学位。这个密苏里大学新闻学院是美国首屈一指的新闻教育中心。现在的“普利策新闻奖”（The Pulitzer Prizes）就是由这所学院颁发的。是年 7 月，马星野刚刚回国，旋即被当时的政校校长蒋介石召见，令其在政校从事新闻教育，训练新闻记者。随后 9 月，中央政治学校于“外交系”开设“新闻学”选修科目。1935 年 9 月，国民党中常会决议在中央政校设立新闻系，马星野负责筹建工作。正如《民国时期新闻人物研究》一文所说的，马星野“以专业的眼光为政校新闻系建立了一个较为完整科学的课程体系，形成了一支强大的师资队伍”。也就是说，随着新闻系的建立，周其勋也被网罗进这支“名教授”云集的队伍中。

这篇文章还说到，在这支“名教授”云集的队伍中，“戴德华（Edward G. Taylor）与其妻子怀娣（Roberta White），以及周其勋、高植等分别讲授新闻英语、英文写作与英文”。高植也是著名的翻译家，

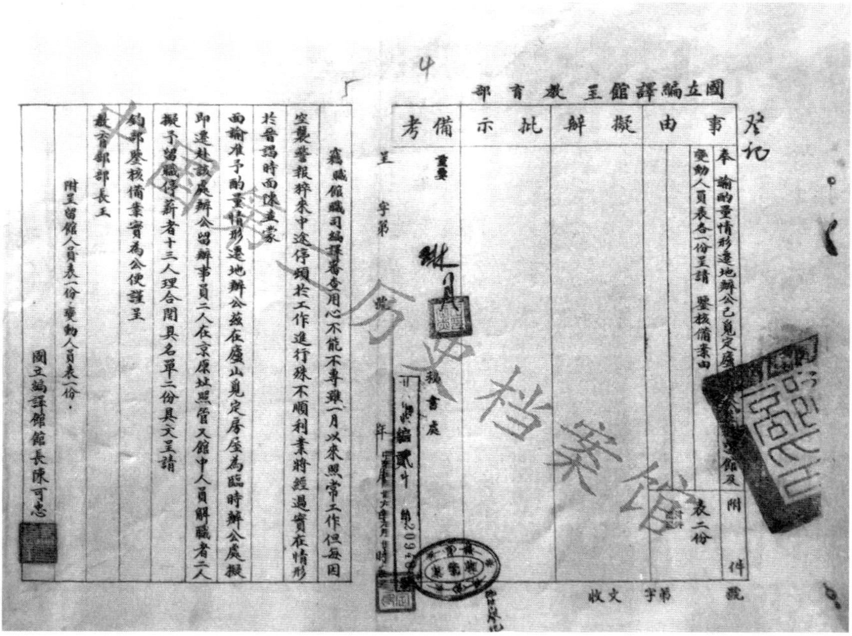

國立編譯館呈教育部

事由：奉諭酌量情形遷地辦公已覓定處所……館及變動人員表各一份呈請鑒核備案由

附件：表二份

竊職館職司編譯蕃重用心不能不專雖一月以來照常工作但每因空襲警報猝來中途停頓於工作進行殊不順利業將經過實在情形於晉謁時面陳並蒙面諭准予酌量情形遷地辦公茲在廬山覓定房屋為臨時辦公處擬即遷赴該處辦公留辦事員二人在京原址照管又館中人員解職者二人擬予留職停薪者十三人理合開具名單二份具文呈請鈞部鑒核備案實為公便謹呈

教育部部長王

附呈留館人員表一份、變動人員表一份

國立編譯館館長陳可忠

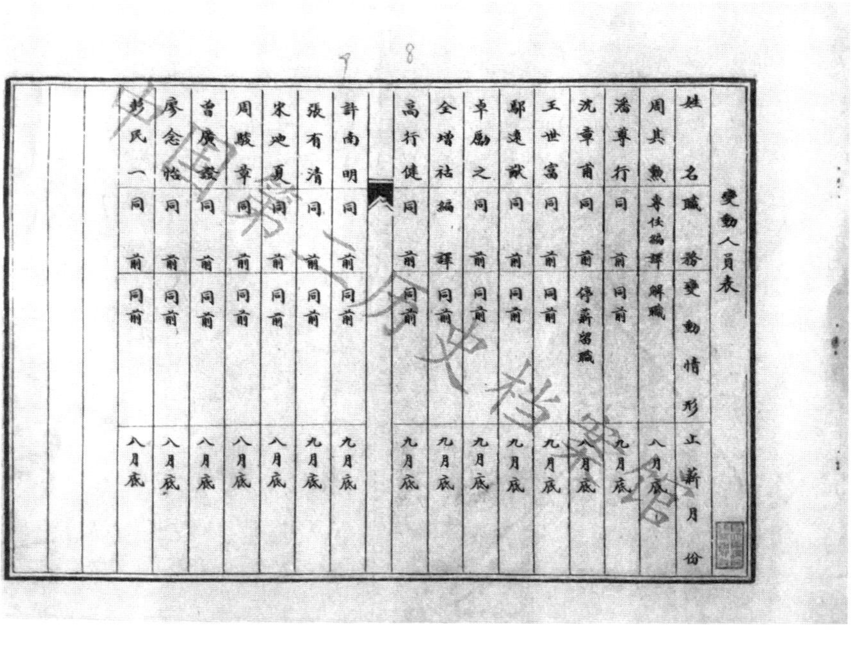

變動人員表

姓名	職務	變動情形	止薪月份
周其勲	專任編譯	解職	八月底
潘尊行	同前	同前	九月底
沈章甫	同前	停薪留職	八月底
王世富	同前	同前	九月底
鄢遠猷	同前	同前	九月底
卓勵之	同前	同前	九月底
全增祜	編譯	同前	九月底
高行健	同前	同前	九月底
許南明	同前	同前	九月底
張有清	同前	同前	九月底
宋[illegible]貞	同前	同前	八月底
周駿章	同前	同前	八月底
曾廣[illegible]	同前	同前	八月底
廖念怡	同前	同前	八月底
彭民一	同前	同前	八月底

国立编译馆馆长陈可忠报教育部的呈文与留馆　变动人员备案申请（上）
国立编译馆馆长陈可忠呈教育部的变动人员名单，周其勋列第一位（下）

曾译过列夫·托尔斯泰的《战争与和平》。另外，富有采访经验的名记者储安平和戈宝权也在这支强大的师资队伍中。

从武汉到重庆

1937 年 12 月，学校以战事不利开始长途迁徙，周其勋不顾夫人当月在上海诞下次子周宁怀的情况而随校搬迁到汉口。1938 年一开始，中华民族就遭遇了时运不济、命途多舛的困境。3 月至 4 月，台儿庄虽大捷，而 5 月徐州就陷落。2 月至 5 月，武汉上空，中国空军与苏联援华航空队同日机进行了一系列的空战，碧血洒长空。4月 29 日，武汉空战大捷，周其勋的同学和朋友，著名画家、作家丰子恺写了一首《望江南》以志此事：

闻警报，逃入酒楼中。
击落敌机三十架，花雕美酒饮千盅，
谈话有威风。

在武汉会战之前，即 1937 年底到 1938 年 6 月，武汉三镇还是一片繁荣，人来人往，熙熙攘攘。国民政府虽于 1937 年底西迁重庆，但政府机关大部仍在武汉，军事统帅部即蒋介石行营仍在武汉的珞珈山。全国各地的政治和军事人物或他们的代表机构、北方地区各大学的流亡学生队伍、国防部政治部三厅所领导的各支演剧队等都在那里。

在这里，周其勋遇到了他的老朋友、原居浙江嘉兴市石门镇“缘缘堂”却因敌机轰炸而撤出的丰子恺，在“保卫大武汉”的口号声中，他们在一起盘桓数日。多年后，丰子恺的女儿丰一吟女士回忆道：“爸爸在武汉时，还和一位叫周其勋的先生交往。爸爸去世时，周其勋先生曾

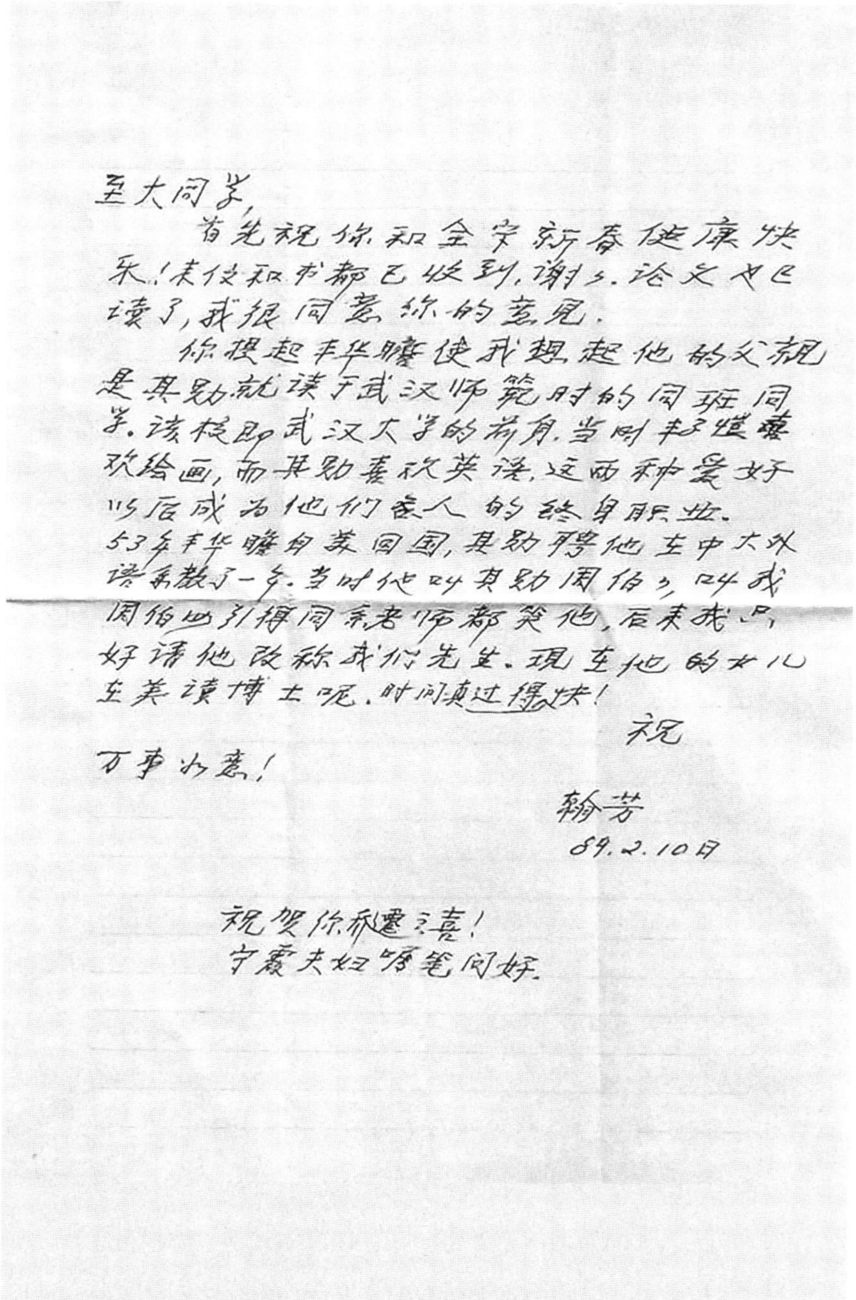

至大同学，

首先祝你和全家新春健康快乐！来信和书都已收到，谢谢。论文也已读了，我很同意你的意见。

你提起丰华瞻使我想起他的父亲是其勋就读于武汉师范时的同班同学。该校即武汉大学的前身。当时丰子恺喜欢绘画，而其勋喜欢英语，这两种爱好以后成为他们各人的终身职业。

53年丰华瞻自美回国，其勋聘他在中大外语系教了一年。当时他叫其勋周伯伯，叫我周伯母，引得同系老师都笑他，后来我只好请他改称我们先生。现在他的女儿在美读博士呢。时间真过得快！

祝

万事如意！

翰芳

89.2.10日

祝贺你乔迁之喜！

宁霞夫妇附笔问好。

倪翰芳先生在晚年致友人信札中，忆及周其勋与丰子恺、丰华瞻父子两代人的交往。但其中述及丰子恺与周其勋为武昌高师时期同学有误，应为浙江一师时期同学发来唁电。后来我得识了称周先生为舅公的张建智先生，才知道‘文革’时期我曾和周先生的女儿同事过，当时却一点也不知道。”

晚辈们当然不知道老一辈的业绩。那时候是“文革”的疾风暴雨时代，多问无疑是徒增烦恼。事实上，人在江湖，身不由己，周其勋与丰子恺自武汉一别，几十年就没有再见过，只是屡屡托人问候对方。

画家朱晨光在回忆中也提到，1973 年他带一批工艺美术的学生去江苏、上海一带实习时，曾去拜访过丰子恺，畅叙中丰子恺依然关心着在广西的好友周其勋。不过，丰子恺和周其勋两家的后辈们，无论是丰一吟女士还是张建智先生可能都没有注意到的是，这两位先生年深日久的情谊来源于浙江第一师范。

丰子恺先生在其当年 12 月 27 日的日记中也说：“在家中会见朱晨光，谈及旧友陈烟桥、涂克、周其勋等。”陈烟桥和涂克是版画家，我们在鲁迅的著作中见过他们的名字，只有丰子恺、周其勋与鲁迅的关系鲜为人知。

不过，就在这一年过后不久，两位昔日的同学挚友终于见面了。周其勋姐姐的外孙、作家张建智在《记与丰子恺的一次见面》中写道：“丰子恺凡听到我舅公到沪时，对他来说不啻是快乐，而且往往会沉浸在‘酒逢知己千杯少’的友情之中。”张建智还说到，丰子恺与他舅公的这次见面中，声调悠扬，背诵了周作人的诗：“嘉湖细点旧名驰，不及糕团快朵颐。艾饺印糕排满架，难忘最是炙麻糍。”翌年，周其勋再次赴沪，昔日同窗做了最后一次会晤。大概此时两位已行至暮年，许多人事在坎坷的岁月里已经淡忘，以至于丰子恺在 1974 年 9 月 20 日从上海发给他子女的信中感慨：“周其勋（我年轻时的同学，华瞻在广东时的同事）比我大九个月。他住在南宁，近来到上海来玩，住在女儿家中。此人忘记性极大，华瞻每次去访，讲起人事，他都忘记，讲过的都当新闻。我也善忘，但赶不上他。”信中所说的丰华瞻，是丰子恺长子，他 1945 年毕业于中央大学外文系。1948—1951 年在美国伯克莱加州大学研究院攻读英国文学。1983 年赴美国洛杉矶加州大学讲学。曾任复旦大学外文系教授，上海外文学会副秘书长，著有《中西诗歌比较》。丰华瞻和周其勋一样是英文专业出身，而且还做过同事，父辈的情谊和缘分就这样悄然地接续下来。

除了和老友重逢相聚，在武汉的这些日子里，周其勋还要抽空修改并发表一份十分重要的论文，这也是他作为教育家念念在兹的责任。现在趁着迁徙之际，周其勋要完成手上这件未竟之事。他果然说到做到，在临时的住所里或冥思苦想，或奋笔疾书，不几天就改毕。这篇论文即上文所述的发表在 1939 年《教育通讯》杂志第二卷第五期的《改进中学英语教学刍议》。发表的时候，封面上写的是《教育通讯（汉口）》，这说明稿子是作者从汉口寄出的。

这时的武汉，实际成了中国军事、政治、经济的中心，战略地位十分重要。其实，1938 年 4 月初，日军大本营决定实施徐州会战时，亦决定实施武汉作战。6 月 15 日，日本御前会议正式决定实施攻占武汉的作战。形势吃紧，中央政校撤退到湖南长沙。另据《丰子恺日记》记载，丰子恺一家和他本人所在的“中国抗敌文化协会”也撤至长沙。

1938 年 6 月至 10 月，武汉会战激烈进行。中国第五、第九战区部队在武汉外围沿长江南北两岸展开，战场遍及安徽、河南、江西、湖北四省广大地区，是抗日战争战略防御阶段规模最大、时间最长、歼敌最多的一次战役。此战，中国军队浴血奋战，大小战斗数百次，以伤亡 40 余万的代价，毙伤日军 25.7 万，大大消耗了日军的有生力量。日军虽然攻占了武汉，但其速战速决逼迫国民政府屈服以结束战争的战略企图并未达到。此战后，交战双方均精疲力竭，抗日战争进入战略相持阶段。周其勋所在的中央政校在长沙也不敢久留，因为会战马上又要在长沙打响。

长沙会战又称湘北会战，从 1939 年 8 月开始，日军第十一集团军调兵遣将，集中了步兵10万，陆军航空兵团约100架飞机及海军一部的强大兵力向长沙进攻。中国鉴于长沙的极端重要性，早就判断出日军必将攻击此处，为此也确定了守卫湘北赣北的基本方针。双方在以长沙为中心的第九战区进行大规模激烈的攻防战。为了占领长沙，日军动用了最精锐的部队，使用了最先进的武器装备，中途还不断增加兵力，长沙几次易手，但日军始终未能完全占领长沙。由于长沙战况激烈，中央政校只得再迁湘西芷江，据马星野说，“以芷江旧沅郡中学为校址，因搬迁数月，校风较逊”。也就是说，由于近一年来在战乱中奔波劳碌，学校根本上不了什么课。

不单是中央政校在搬迁，全国几乎所有的大学都在颠沛流离。西南联大的300多个男生加十几个教授，经过严格体检，由国军的黄师岳中将率兵护卫，从长沙一路步行到昆明。其余同学和老师则是乘各种交通工具，经广西绕道越南海防到达昆明。昆明万人空巷，迎接学生进城。黄中将在圆通山门口向北大校长蒋梦麟移交了这300多名同学，一路山高路险，学生毫发未损。

大战在即，周其勋所在学校又开始了长途跋涉，经贵阳迁到重庆，先在南温泉仙女洞开课，后在小温泉自建校舍。“次年，全部新舍，在山明水秀之环境中，继续落成。”马星野说，“茅檐竹舍，错落于青松翠柏之间，使数百青年，在战时仍得安心求学。”

回到了重庆，周其勋萌生了归意。烽火连三月，家书抵万金，现在距离妻别子奔赴庐山，再辗转万里的时候已经两年多了，远在上海的妻子带着3个孩子现在生活如何？另外，周其勋不是国民党人，身处这样一个“准党务”的学校总是有些格格不入。他是个西洋文学研究家，专攻小说和诗歌，尤其热爱19世纪浪漫派诗人拜伦和雪莱，何以会来到这所以“培育三民主义的革命干部”为目的的政治学校呢？虽然环境还是宽松的，没有人来干预他写的文章、所做的学问。不久前，他还在《新政治》杂志1939年第1卷第6期与William Dibelius一起发表了知识性兼政论性的论文《牛津与剑桥大学》。据笔者对民国历史的了解，这篇文章的目的很可能是配合盟军的国际宣传。当时的R. C. A.（美国无线电公司）拍了一批电影如《剑桥大学》、《皇家植物园》（*Kew Garden*）、《皮卡迪利广场》（*Piccadilly Circus*）等，由英国驻华使馆新闻处带来，在（除沦陷区外的）中国各地放映，用有声电影放映机（projector of sound film）加上麦克风（microphone）和扩音喇叭（loud speaker）放映，向中国民众宣传盟军，William Dibelius和周其勋共同撰写的文章也属这种宣传的一部分。

但是，长此下去，他觉得这样的工作并不符合自己的意愿，不可能发挥自己的特长，施展自己的抱负，所以，他递上辞呈，踏上了归途。据说香港武侠小说作家金庸曾在中央政校外交系就读，但恐怕金大侠到校时，周其勋教授早已辞职回上海了。

就在周先生思家心切，急欲买舟东归的时候，地近成都的峨眉山下小城、古称嘉州的乐山，两位大师的论争却无意间涉及了他的出路。从现存马一浮致熊十力的十数通书札来看，1938年8月上旬熊至乐山复性书院之前，二人论争的焦点主要在学生出路和教师延聘两个问题上。关于教师的延聘，熊希望马能像蔡元培一样兼容并包，建议聘贺麟、张熙讲西洋哲学，聘周淦卿讲英文，以及牟宗三等人，但都遭到马的拒绝。

普通读者也许不知道马一浮、熊十力为何许人也，但如果你读过中国哲学，那就不可能不了解这两位大师的历史地位。马一浮（1883—1967），浙江会稽（今浙江绍兴）人，中国现代思想家、诗人和书法家，是引进马克思《资本论》的第一人，与梁漱溟、熊十力合称为“现代三圣”（或“新儒家三圣”）。熊十力（1885—1968），湖北黄冈人，贫苦农家出身，靠着坚韧不拔的毅力自学成才，曾从著名佛学家欧阳竟无学佛，最终归宗儒学，他被《大英百科全书》称为中国最杰出的哲学家。面对西学的冲击，在儒学价值系统崩坏的时代，他重建儒学，成为新儒家实际的开山人物。

大师意欲延聘的，自然也非等闲之辈。除了周淦卿，也就是周其勋，还有贺麟（1902—1992）。贺麟为四川金堂人，中国新儒家的代表之一，同时也是一位哲学史专家和黑格尔哲学研究专家，在会通中西文化方面成绩卓著。此外牟宗三（1909—1995）是熊十力的高足，后来也成为海外新儒学的重要代表人物。他是山东栖霞县人，1933 年北大哲学系毕业，大学时代先后受学于张申府、金岳霖，受熊十力的影响最大。这位山东汉子似与广西有缘，北大毕业后就曾在广西梧州中学和南宁中学任教。1949 年赴台，到台北师范大学和东海大学任教。1960 年应聘至香港大学主讲中国哲学，1968 年转任香港中文大学新亚书院哲学系主任，退休后又任教多所大学，影响力具有世界水平。熊十力这位看似孤冷的思想家，一生却交游广泛，据说“在为学之余，与时贤如黄季刚、马叙伦、梁漱溟、胡适、张申府、钱穆、汤用彤、蒙文通、张君劢、冯友兰、金岳霖、朱光潜、贺麟等人，时相过从，切磋学问”。他阅人无数，又出了名的脾气大，为何对周其勋先生如此青睐呢？

事缘还从 1938 年说起。当年春天，由于国难日深，熊十力由鄂入川，应马星野之邀到中央政校为诸生开讲中国历史，讲稿由弟子记录，整理成册，名《中国历史讲话》。当年冬，又指导钱学熙翻译《新唯识论》为白话文。恰在此时，他结识了同在中央政校教新闻英语写作的周先生。周先生的英文造诣，相信熊大师已从译界翘楚如朱光潜处早有耳闻，此次相逢，更觉敬重。所以，熊大师拟将他赖以立身扬名的《新唯识论》白话文本交由周其勋译成英文。不过，这部标志着蜚声中外的“新唯识论”哲学体系诞生的白话文本上、中、下三卷到 1944 年 3 月才杀青，周先生遂与译事失之交臂。论人严苛的熊十力居然也如此推重并非同道中人的周先生，这种交集在我们后生晚辈看来很有意思，从中也可以看到民国学人的一种公心。

由于与马一浮相处不和，熊十力不久就离开复性书院，时武汉大学迁至乐山，其应朱光潜之邀，前往做短期讲学。假设当年周其勋还未买舟离川赴沪，凭他与王星拱、朱光潜诸位的师友情谊，也有可能会同往武大，那么我们这本小书就会改写。

但是，历史没有假设。

第五章　从“孤岛”到沦陷——在光华和复旦

短暂而辉煌的光华岁月

光华和复旦，20 世纪 30 年代时是上海两所著名的由中国人办的私立大学。在民国时期，私立大学与国立大学及教会大学鼎足而三，不分伯仲。光华与复旦这两校的校名都取自《尚书大传·虞夏传》里的《卿云歌》：“日月光华，旦复旦兮。”光华还有光我中华之意，以日月卿云为校旗，红白为校色，“格致诚正”为校训。

1925 年 5 月 30 日，上海学生两千余人在租界内散发传单，发表演说，抗议日本纱厂资本家镇压工人大罢工、打死工人顾正红，声援工人，并号召收回租界，被英国巡捕逮捕 100 余人。下午万余群众聚集在英租界南京路老闸巡捕房门首，要求释放被捕学生，英国巡捕竟开枪射击，当场打死 13 人，重伤数十人，逮捕 150 余人，造成震惊中外的“五卅惨案”。惨案引发全市规模的总罢工罢市罢课，并推向全国。圣约翰大学（教会大学）校长卜舫济牧师对罢课不满，6 月 3 日，在学生下半旗为死难同胞志哀时，派人将中国国旗扯下，命令全体师生到礼堂集合，宣布立刻闭校，所有学生一律离校回家。500 名学生离校出走，与学生一起脱离圣约翰大学的，还有以孟宪承、钱基博为首的 17 位中国教授。此时，沪上精英鼎力支持创办一所中国人的大学。其中，名流王省三捐出沪西百亩自家墓田作为新诞生的光华大学的永久校址。上海滩名士虞洽卿、钱新之、黄炎培、朱经农、余日章、张寿镛等纷纷解囊相助，筹集经费，连张学良都表示愿捐出巨款，于是，是年9月，光华大学成立，先在霞飞路（今淮海路）租房上课。次年9月，大西路（今延安西路）校舍建成，即迁入开课。

光华大学创办人之一、首任校长张寿镛（1875—1945），字咏霓，是浙江鄞县（今宁波市鄞州区）人，著名的爱国教育家、藏书家、文献学家。周其勋和张寿镛很熟悉，如上章中所述，在一天内先后拜访竺可桢老师，都属于竺可桢的朋友圈。所以，现在周其勋回到上海，进入光华大学任教就一点也不奇怪了。还有一点，现在看来也很重要。张寿镛的得力助手，首任副校长兼教务长朱经农（1887—1951）是1920年哥伦比亚大学教育学院硕士。由朱经农引进的几位教授，如大名鼎鼎的胡适，以及潘光旦、罗隆基和彭文应，每位都有哥伦比亚大学背景。很可能是当时世界范围内的进步主义教育运动方兴未艾，杜威的学说对中国的新教育产生较大的影响。当时活跃的教育家陶行知、陈鹤琴等均出自哥伦比亚大学教育学院。杜威及其弟子几度来中国访问、演讲，胡适、蒋梦麟（继蔡元培任北大校长）、朱经农、郭秉文（东南大学校长）等都曾在进步主义思想中心的哥大学习。周其勋自然也属于这一派。

周其勋一到光华就焕发了勃勃生机。他和他的两位同事在1941年10月19日就做了《西洋文学研究组的第二次演讲》的学术讨论，而且这篇学术讨论文章马上被发表在《光华学报》的创刊号上。接着，他的另一篇论文，即《充实外国语文学系之意见》也登在1941年《光华大学十六周年纪念特刊》上。

这时的光华，大西路的校舍已经是一片废墟。1937年“八一三”淞沪抗战，校址沦为战区，校舍全部被炮火摧毁。据毕业于光华大学中文系的文史学者、出版大家丁景唐先生回忆：“光华大学原在大西路的校舍被毁，迁入租界租赁繁华的地区——汉口路福建路口证券大楼顶层上课。整幢大楼大部分为证券经纪商号和住家。环境杂乱、喧闹。大学生和商贾市民上下楼梯，擦肩而过。”据查到的光华校长1940年1月18日函，张寿镛“聘周其勋先生代理英文系主任”。

新中国成立后历任上海市出版局副局长、上海文艺出版社社长兼总编辑、中国出版工作者协会副主席，享年九十七的文史学者丁景唐先生对周其勋教授印象深刻。他在《二进“光华”》的回忆录中谈到，在喧闹杂乱的环境中，“英文系主任周其勋先生教英文《世界文学名著选读》，讲授托尔斯泰、莎士比亚、雨果、左拉等名篇”。丁先生的文学底蕴就是在这里——如此喧嚣的环境加上名师的指导下形成的。丁先生在光华读的是社会系和中文系，那么《世界文学名著选读》则是为英文系以外的其他系学生讲授的。周先生在英文系教的应是英国小说和诗歌戏剧，本系的学生就有一位夏济安。

夏济安（1916—1965），江苏吴县（今苏州市吴中区）人，1937年由中央大学转学到上海光华大学英文系，成为周其勋的学生。从《夏济安日记》及《夏志清夏济安通信集》中知道，夏济安是周其勋刻意栽培的高足。夏济安从光华毕业时，周先生将其留在身边做助教。1947年周先生应王星拱力邀到广州国立中山大学做外文系主任时，亦邀夏济安同到广州中大任教。只是在周先生被排挤出中大而转到岭南大学时，这对师生才黯然分手。

夏济安1949年赴香港，先在历史学家钱穆主持的新亚书院教了一段时间的书，后于1950年由香港去台湾，任“台湾大学”外语系讲师、副教授、教授，最终成为海外中国文学评论界巨擘。他亦是著名作家白先勇在台大的老师。夏济安1959年赴美，在西雅图华盛顿大学和加州大学伯克利分校做研究。可惜就在做研究时，他突然因脑溢血倒地病逝。

夏济安的弟弟夏志清虽不是周其勋的学生，但也间接受到周其勋的影响。夏志清主修英语，这个专业选择极有可能是受到哥哥夏济安的熏染。夏济安入读光华大学英文系后，阅读的英文书籍和刊物以及课堂上所做的笔记都对夏志清产生了一定的影响。夏志清从上海沪江大学英文系毕业后，1948 年通过考试取得北大文科留美奖学金赴美深造，1952 年获耶鲁大学英文系博士学位。

1961 年，夏志清历经数年写作的《中国现代小说史》（*History of Modern Chinese Fiction*）由耶鲁大学出版社出版，在海外产生了深远的影响。这部著作不仅开创了海外中国现代文学研究的新局面，而且也奠定了他的学术地位，使得他能立足欧美汉学界。当然，也正是因为这部著作，确保了夏志清在哥伦比亚获得教职。

桃李不言，下自成蹊。鲜为人知的是，在光华时期，周先生精深的学术功底和先进的教学方法，直接培养和影响了一位从工科的交通大学走出的文化名人——中国著名诗人、翻译家、出版家屠岸。屠岸从 1946 年起开始写作并翻译外国诗歌，数十年笔耕不辍，1997 年出版的由他翻译的《济慈诗选》成为他译诗生涯的高峰，并获得了第二届鲁迅文学奖翻译奖。

1942 年，屠岸高中毕业，同时报考了光华大学和交通大学，由于先接到光华大学的通知书，他先去光华报到，可没想到在光华上了三天课后，交大的通知书也来了。他的哥哥已在交大就读，父亲也希望他去读交大，于是他就在交大读了整整四年。但是，他虽读工科，心里却依然热爱文学与诗歌，连在专业课考试的时候，还在试卷的背面默写了一首霍斯曼的诗《最可爱的树》（*Loveliest of Trees*）。正是在这“兴趣”与“专业”相互碰撞冲突的时候，他“巧遇”到了他的精神导师周其勋。我们且看他在《“信达雅”与“真善美”》一文中的自述：

我译诗，首先是出于我爱诗。我在上海交通大学读的是铁道管理，但爱的是文学。我与权表兄（奚祖权）同住一楼，他在光华大学读英国文学。他的英国文学读本和读物，我都拿来读。他的老师周其勋先生对英国诗歌的讲解，都通过他传到我的耳朵里。他有一本 *Golden Treasury of Songs and Lyrics*（《英诗金库》），上面写着密密麻麻的注释，是周先生讲解时他记下的，我都拿来学。1941 年 12 月太平洋战争爆发后，日本侵略军进占上海租界，英美居民都被抓进集中营，他们家中的藏书大批流入上海旧书市场。我把能攒的零用钱全都用来购买英国文学的原版书，大部分是诗歌。

在《春风桃李——从交通大学走出的文化名人》一文中，我们也看到类似关于周其勋深厚学术造诣的描述。文章写道：

20 世纪 40 年代初，屠岸开始对莎士比亚、惠特曼和济慈产生了浓厚的兴趣，开始尝试翻译他们的诗。而谈到这里，不能不提一下他的表兄、当时在光华大学读书的奚祖权。奚的老师周其勋……英美文学造诣很深，所以表兄所记录的周其勋先生讲课的笔记也成了屠岸的老师，还有表兄所使用的课本，如《牛津英诗选》、《英诗金库》、朗恩著《英国文学史》等也成了屠岸的学习材料。屠岸最初翻译的一些诗，就是直接取自这些书上的原文。

这真是文化传承中的怪现象。亲耳听到周其勋的讲课并做了详细课堂笔记，也就是说曾亲炙老师的“权表哥”并没有因此而有所建树，反而是没有听过课，只是靠看了课堂笔记汲取营养的屠岸先生却以此作为基础而功成名就，这也就是俗话所说的“有心栽花花不开，无心插柳柳成荫”了。据说，周先生去世以后，夫人倪翰芳教授将他所藏的 700 多种书全数捐给了广西大学图书馆，2018 年 12 月回西大时我曾想看看这批书，无奈这批书已经上架，短时间内很难找到它们的所在了。但听到借过这些书的学生说，他们发现书上面全是密密麻麻的眉批。说不定今后会有某位年轻学子像诗人屠岸那样，从这些眉批里汲取营养而受益呢。

在《“信达雅”与“真善美”》一文中，屠岸先生谈到了英语的格律诗时说：

英语格律诗有两个要素：一是节奏，叫“格”（meter）；一是韵，每首诗都有“韵式”（rhyme-scheme）。诗行由若干“步”（foot）构成，一“步”包括两或三个音节，音节的轻读和重读的位置决定“格”的性质，因此有所谓“轻重格”（抑扬格）、“重轻格”（扬抑格）等。英语素体诗（blank verse）除了不用韵外，与其他英语诗一样。英语语音的特点是轻音和重音间的交替，汉语语音的特点是四声的交替。这两种特点无法互相沟通。因此轻音重音位置固定的“格”在英诗汉译时无法表达，不可能“译”出。但英诗“步”可用汉语“顿”（音组）代。

之所以抄下这段文字，是因为这段于我而言很亲切。20世纪60年代上大学时，周其勋教授在课堂上不就是这样教我们的吗？当时，周先生不单教我们英语格律诗的基本知识如“iambic pentameter”（抑扬五步格）和“trochaic pentameter”（扬抑五步格）等，而且，每遇到名篇，如拜伦的《哀希腊》（*the Isles of Greece*），雪莱的《西风颂》（*Ode to the West Wind*）和济慈的《夜莺颂》（*Ode to a Nightingale*），便眉飞色舞地朗诵起来，真的是“如怨如慕、如泣如诉”，使我们这些学生（尽管因当时学英语的条件很差，我们的英语水平很肤浅）听起来也“如沐春风”。这就是我们历届的学生都喜欢上周先生的课、都如此热爱这位老师的缘故。诗人屠岸说，轻重音位置固定的“格”在英诗汉译时无法表达，可能是吧，但我依稀记得周教授在课堂上曾说，这个“meter”，就像是音乐上的“beat”（节拍），按节拍来念英诗，不也如念唐诗宋词那样悠扬吗？

的确，许多受过周其勋熏陶的学生，或得到周其勋巨大帮助的同事和朋友无不对他深厚的学术根底感到赞叹，对他助人为乐的精神感激不尽。现任广州中山大学外语学院教授、博士生导师、获得国务院特殊津贴的王宗炎，就在其《粉笔青灯五十年》一文中对周其勋等人在学术研究和工作方面的帮助表示衷心的感谢。现任深圳大学外语学院教授的苏卓兴博士也对周教授帮助他写有关英国浪漫主义诗人华兹华斯的论文表示由衷的感激。此种事例不胜枚举。

我偶然在互联网上看到一项拍卖，看完后不由得对周先生的人品学问产生更多的敬意。这项拍卖的拍品是朱志泰编著的《诗的研究》，中华书局1948年6月初版，书前有编著者写的《序言》、摘要留存等。摘要和说明相当长，但为求全貌，我还是照录如下：

某一天的下午，在复旦大学的休息室里，周其勋先生谈起中华书局要编部丛书，周先生因为课务繁忙，关于诗歌的一册，问我有无担任之意，当时我的答复是颇愿接受，但不知能否胜任，承周先生的盛意，介绍我与中华当局接洽，并给了我不少的鼓励，这件事就如此决定了。

本书的编辑是要使读者对中英诗歌有一个大概的认识，对象是初学者而不是已学者，关于诗歌的种种，书内逐一叙述，遇有相同的地方，就加以比较，理论少，说明多，俾读者容易了解。中诗的举例，多采用唐人的诗，因为唐诗较为通俗，英诗部分由于篇幅限制，长篇的自不适用，只能选取精致而易懂的短诗作例。在数量上英诗比中诗略少，而中诗里旧诗的讨论更比新诗详细。这种中英并说而捎带有“比较”意味的著作，过去似乎还属少见，郑振铎的《文学史大纲》是一部世界文学史，并不比较的；当烽火遍地的时代，一切都动荡不定，心力也就不能像平时般集中于写作，而不受外事的影响，历时三月之久，总算有了这个产物，读者从这本书里如能得到一些关于中西诗的知识，同时也就是我们的收获。

全书162页，收4章：第一章，诗的起源与意义；第二章，诗的内容；第三章，诗的形式；第四章，诗歌演进的时代背景。书末有“参考书目”。

《序言》中称：“周其勋先生，是著名的英国文学研究学者和英语诗歌的翻译家，当时在复旦大学任外文系教授。之后到中山大学任英语系主任。1947年又到广西大学文法学院任外文系系主任……”

此书作者朱志泰的情况我不了解，有书友告诉我，此人曾译过马歇尔著的《经济学原理》，这是一本很有影响的书籍。据说，朱志泰除著有这本《诗的研究》，还有《元曲研究》《文学概论》两种著作出版。

这些文字值得一读，因为从这些文字中，我们可以看到周先生热忱而无私的为人，不仅桃李遍地，而且热心助人。他对诗歌，无论是英诗中诗都根底宏厚。写这样一本书可以说是驾轻就熟的事。如果是别人，很可能先将这稿约作为自己的专利放在一旁，待自己有闲暇时再去完成，也可能找自己的学生代劳，然后再署上自己的名字挂头牌，但周先生不会这样做。

说到这里，周先生当年讲课的情景一下子清楚地浮现眼前：当年在课堂上，他或是娓娓而谈，或是眉飞色舞地朗读，将英诗和唐诗做比较，启发我们的诗思，将我们带入美妙的诗的境界。

像“权表哥”那样，我虽得亲炙老师，却愧对恩师，没有什么建树，而诗人屠岸则不同，他把老师的教诲和熏陶融入生活，终生与诗为伴，不离不弃，就像吴思敬《“诗是我的宗教”——屠岸先生90寿辰感言》一文里说的“周其勋是一位外国文学根底极厚的教授，他的讲义让屠岸对英文诗有了更加深刻的理解，从此使他与英文诗歌终生相伴”“几十年来，济慈的诗与他的灵魂相互交融，成了支撑屠岸创作与生活的精神力量”。而且，1945年上海实行“灯火管制”时，他和表兄在黑暗中一起背莎士比亚、济慈的诗歌，度过漫漫长夜。“文革”时屠岸在团泊洼五七干校感到非常苦闷，就和妻子背诵济慈的《夜莺颂》《秋颂》，驱

1943年，上海沦陷后已经停办的前光华大学外文系师生合影，前排左三为周其勋先生

散心中的阴影。

其实，中华书局首先向周其勋教授约稿，要他写这本向初学者比较中英诗歌的书，相信是读了刊在1936年《广播周报》第102期上周其勋的“文艺讲座”并看到了此文在全国的影响。这篇题为《中国诗对于西洋诗之贡献》的文章，是他作为教育部聘的播音讲师，于当年7月13日在中央广播电台向全国播讲的广播稿。在此期间，周其勋做了几次播讲，这篇《中国诗对于西洋诗之贡献》就是其中之一。

国难愈加深重。1941年12月8日清晨，日本偷袭珍珠港。攻击次日，日本正式向美国宣战，太平洋战争由此爆发。之后，本来对公共租界虎视眈眈但又不敢进入的侵华日军上海当局遂进占上海租界。据许闻渊、胡毓杰的《私立光华大学》一文载：“当三十年（1941）冬，上海租界为日敌接收，对于教育界压迫日亟。光华校本部在沪不便以大学名义继续，遂取校训‘格致诚正’，分立‘格致’‘诚正’两学社。理商两院称格致学社，文学院称诚正学社。”

也就是说，日寇铁蹄一踏入租界就对光华的学人实行政治高压。首先，大学的校名在日寇看来就很碍眼。光华寓意“光复中华”，这对于宣扬“共存共荣”“建立大东亚共荣圈”的日本人而言就具有反日意识，非得要改为格致、诚正两学社不可。此类政治高压，再加上其他倒行逆施，激起了中国师生的义愤。光华于是在1941年底对外宣布停办，校长辞职，教职员也纷纷以各种理由递上辞呈，以表示同仇敌忾。为存信史，我们将一些辞呈登出供读者一览。

校长张寿镛向校董会辞职的报告

敬启者：本校自民国十四年成立，谬承董事会推寿镛为校长，于今忽忽十六年矣。其间艰难困苦，早在洞鉴。维是历年债负累累，处此紧缩之时，筹款更属不易。况数年以来，寿镛久以年老多病未能长川到校视事，来日大难，断不容再行尸位，即自本年十二月三十一日止为寿镛卸职之日，务恳照准。

张寿镛　中华民国三十年十二月二十日

朱公谨关于不能胜任办理本学期结束事宜的函

咏霓校长钧鉴：敬启者。昨晨晋谒，获聆清诲，快慰奚如！返寓后接奉赐书，猥以办理本学期结束事宜，见委此事，万非言钧才力所胜。至于副校长一职，前已屡次请辞，且校董会开会时，亦以与大学规程不合提议取消矣。一切已于昨晨面陈，兹因奉到手教，敢再渎陈，敬希鉴察为幸，专肃奉复，敬颂道安。

朱言钧启　卅年十二月卅日

陈楚善、朱时隽等教职员辞职函

敬启者：职等追随钧长服务光华，仰承指导，得免陨越，兹闻钧长已向董事会辞职，职等碍难继续服务，谨特呈辞本兼各职，万乞照准。

职陈楚善、朱时隽、唐书绅、蔡莲荪、唐书第、刘文余

中华民国三十年十二月卅一日

周其勋请辞函

咏霓校长惠鉴：其勋近因患贫血失眠已久，体力日弱，下学期功课势难担任，恳请准予辞去教职，至为铭感，专此，敬请冬安。

弟　周其勋谨上　十二月卅一日

这些风格各异、理由不一，但几乎是同日呈上的辞职函组成了一组抗议的音符、一曲亡国的哀歌。但是，光华大学并没有星散。据许闻渊、胡毓杰《私立光华大学》记载，早在校本部停办之前，“校长张寿镛内游渝蓉，筹设光华大学分部于成都……得川省绅耆之襄助，七年之间，完成校舍七八所，星罗棋布于成都草堂寺之北，凡六百间，称光华村”。这所分校一直坚持到1945年抗战胜利复校上海。

复旦上的“一幢楼”

周其勋教授离开光华后，就到了近在咫尺的复旦大学外文系。“当年复旦只有一幢楼”，复旦毕业的程雨民先生在2003年的《文汇报》的回忆文章中说：“抗日战争爆发，复旦大部分内迁，一部留上海，老校长李登辉再任，归国华侨，讲英语。”

程雨民，1926年生，1947年毕业于复旦大学，曾在美国哥伦比亚大学及香港中文大学从事研究工作，复旦大学外文系教授、系主任（1983—1985）。他是国内著名的翻译家、语言学家，著有《英语语体学》《语言系统及其运作》等，翻译过《赫尔岑中短篇小说集》。他回忆道："校址在英租界赫德路（现常德路）上一幢老式洋房，双孖楼有并排两扇大门，门内各有一条楼梯，但已打通成一幢，十分拥挤，每到一堂课结束，全校学生同时调换教室的时候，那两条楼梯上上下下的人流是任何新开张的百货公司所无法比拟的。连门前的一小块水泥地空地上也人满为患。"

读者可能会惊讶，也可能不解：什么？全校学生同时调换教室？现在国内的大学已经没有这种景象了。程先生说得对，当时的大学，也像现在美国和全世界大多数国家的大学一样实行学分制即选课制。学生并不以入学年度分班分级，"你现在问我是哪一届的我就回答不出来"。上什么课程就去教什么课程的教室，所以才有一堂课结束就全校学生调换教室这样蔚为壮观的现象。程先生在文章里继续回忆："抗战嘛，上海没几所学校了嘛，愿意念书就进了复旦。"所以，尽管当时办学条件很差，"但是听不到抱怨的声音，因为大家知道这是'国难时期'，不能讲条件。当时在上海，普遍有一种同舟共济，尽量做好力所能及的工作，为抗战尽一分力的共同心情。我想这是在极为不利的条件之下，所谓'孤岛文学'和其他爱国文化工作仍能做出成绩，至今令人称道的原因"。

程雨民先生说他进入复旦是1943年，第二年转到外文系，每届只五六个学生的小系。"学生少，教师自然也少，只有三位。一位是外教，她是其他系一位教授的美国夫人，为人直爽，说一口美国英语……另外两位教文学课的是顾仲彝教授和周其勋教授。顾先生是戏剧家，当时是系主任，后来任上海戏剧学院解放后首任院长。"在介绍完他的三位老师之后，程雨民笔锋一转，细述起周其勋先生在他心目中的位置：

周其勋先生则是令同学们感到更亲近的教师。他教的课侧重在诗歌和欧洲文学方面。他向往的是诗歌中体现出的诗人的崇高思想境界。他在课上没有什么长篇大论，主要是带领我们念华兹华斯，欣赏称颂"简朴的生活，崇高的思想"的诗句；带领我们念希腊悲剧，讲希腊人观念里的自由和宿命；带领我们念歌德的《浮士德》，感受浮士德对生活的热爱，体验生活的强烈愿望。他的话不多，但都出自内心，所以我们也就随着他感受到优秀文学的熏陶，心灵得到提高。正是这种心灵的交流，使学生感到周先生亲近。

这里，周先生先进的教学理念和教学方法，以及如春风化雨般的感化方式跃然纸上。凡是得到过他的教诲的学生无一不像程先生说的那样："正是这种心灵的交流，使学生感到周先生亲近。"饮水思源，程先生自己就非常怀念恩师："很可惜的是，因为路远，以后再没有见到他。"

程雨民的回忆文章中还提到了周先生的另一位复旦学生，中国改革开放之后研究西班牙文学的领军人物王寿彭（王央乐，1925—1998）。王央乐也是1947年毕业于复旦大学外文系，主修英美文学和欧陆文学。后来他的兴趣转到了拉美文学。他主编《中国大百科全书·外国文学卷》的西班牙、葡萄牙、拉丁美洲文学条目，翻译许多西班牙、葡萄牙、拉丁美洲文学条目，翻译许多西班牙、葡萄牙、拉丁美洲的诗、小说、散文，是中国从西班牙语原文翻译诺贝尔文学奖得主、诗人和作家巴勃罗·聂鲁达（Pablo Neruda）诗作的第一人，也是中国译介阿根廷作家、诗人博尔赫斯（Jorge Luis Borges）小说的第一人。

王央乐在复旦外语系就读的时候就曾师从顾仲彝学外国戏剧，从洪深学美国文学，从盛澄华学欧洲文学，从周其勋学英国诗歌，从萧乾学现代英国文学，所以深受这几位硕学名家的熏陶。

王央乐后来在拉美文学尤其在拉美诗歌译介方面成就卓著，对他影响至巨的应是周其勋教授。在当时的复旦外文系，顾仲彝是戏剧家，洪深为电影戏剧理论家和导演，盛澄华的专长在法语与法国作家纪德的研究，萧乾则是名记者与中外文化交流的使者，唯独周教授培养了王央乐对英语诗歌的理解和兴趣。另外，我们知道，西班牙语和英语在语系方面非常近似。两种语言的许多句子结构、语法规则，甚至词义几乎都是一样的。懂英语的人去读聂鲁达的诗歌也能猜到个大概。周其勋的教育，为王央乐在后来取得这样的成绩奠定了稳固的基础。

复旦的校友中还有上海文史馆馆员、上海电影制片厂著名编剧沈寂（1924—2016）。他在《我和王殊一起选修莎士比亚戏剧》一文中回忆周其勋先生：

我们系里有位教授叫周其勋。他从四川来，在复旦教书。他主要是讲法国文学史，但他对希腊悲剧很有研究，很想开“希腊悲剧”这门课。然而，第一年没有学生报名，没开成。第二年，他还想开这门课，我听到消息后就去报名，为了怕人太少，我就拉了一个叫慎仪的同学一起去报名。慎仪家里有很多戏剧书。哲学家平心送给他很多书，都是进步的书。他是大一的学生。但是两个学生还不能开课。周教授就说，他有个学生不是复旦大学的，是旁听生，按学校规定，三个学生就可以开课了。“不过，”他又说，“三个人坐在教室里不大像样，到我家去上课。”我们都同意去他家上课。

这正是周其勋的风格。他对学生亲切热情，就像对待自己家的孩子。当年的我们，也是常常去他家里上课和排练英语戏剧的，他的夫人倪翰芳教授也是常常端出糕点与同学们一起分享。我就曾和几位同学到周倪两位先生的家里排练英语剧 *My Ideal Husband*，所以，同学们都觉得，跟这两位师长在一起，不单是分享知识，也分享快乐。

程雨民先生在《师道：口述历史中的复旦名师文化》（复旦大学出版社 2012 年版）中的《编者后记》里也说到，他“对顾仲彝和周其勋两位先生那时候带着念华兹华斯、排练《浮士德》的经历……历历在目，台词还能背上一大段”。这里，沈寂先生又继续写道：

周老师告诉我们，希腊悲剧有三大代表作家。他只教我们索福克勒斯的《安提戈涅》和《俄狄浦斯王》。希腊悲剧有个特点，前面是合唱，歌颂命运。莎士比亚的几部杰作，如《哈姆雷特》等就脱胎于希腊悲剧。周教授一面讲课，一面表演，非常生动，引起我对戏剧很大兴趣。

沈寂先生的这番回忆，把周先生才华横溢而又诲人不倦的情景活脱脱地呈现在我们的眼前。我在学生时也有类似的感受，周先生讲到兴起时总是滔滔不绝、神采飞扬，引经据典，挥洒自如，我们一个个听得聚精会神，印象深刻。

沈寂先生说得不错，周教授的专业是英国诗歌和小说，在这些方面做出了卓越的成绩，但是他对希腊悲剧也颇有研究。在哥伦比亚大学教育学院做英美文学研究生时，他就修过有关希腊悲剧的课。我曾在与他接触时，听过关于莎士比亚和希腊悲剧之间的点点滴滴，例如莎翁脍炙人口的台词“To be or not to be，that is the question”（“是生存，还是死去，这就是问题”）出自哈姆雷特之口是因为主人公有恋母情结（Oedipus complex），而恋母情结则来自一出希腊悲剧，即沈先生在上面提到的《俄狄浦斯王》。在这出戏中，俄狄浦斯在不知情的情况下弑父娶母。

沈寂对老上海掌故十分熟悉，因而对写老上海背景的历史题材非常擅长。从 20 世纪 50 年代到“文革”，长年生活崎岖曲折的他，晚年却写出一系列以老上海为背景的好小说如《一代影星阮玲玉》《一代歌星周璇》《大亨》（写帮会大佬黄金荣）和《大班》（写犹太商人哈同在上海的发迹史）等。在这些历史小说中，洋行大班、电影明星、政界要员、洋场大亨和各色各样的小市民都被他描写得淋漓尽致、活灵活现，而这一切或许也曾得益于周其勋老师当年妙趣横生的课堂教育。

突遭拘捕之险

1941年12月8日太平洋战争爆发以后，时局急剧恶化，日军进占租界，仅存的孤岛也沦陷了。他们一踏入租界，首先就把侨居在上海和日占区内的所有的英美人士全部抓进了集中营，连司徒雷登也不例外。程雨民在回忆文章中提到，“日本人打进租界那会儿，外国人都进了集中营”。

到了1944年，日军“二战”战场上和欧洲的德意两国一样处于劣势，侵华日军上海当局开始加紧清除同盟国方面在上海的所有势力。

周其勋教授的次子周宁怀在回忆当年生活情景时说道：

1944年，我已满六岁，进了上海胶州路与康定路交叉路口上的南屏女中的附属小学读书。这是在日本人统治下的上海，小学一年级起，除了国文数学写字等文化课，还要上日语课。那时太平洋战争已经打响几年了，上海已经要躲盟军的空袭，家家玻璃门窗都奉命贴上防炸弹爆炸引起玻璃震碎伤人的叉形纸条。我在上学途中（那时家在延平路，离学校也就是十几分钟路程，都是一个人走去上学的，虽然家姐也在该校中学念书）曾目睹过盟军飞机从人头顶上天空飞过。

应当说是当年春夏之交的一天，父亲匆匆回家说，有消息说他已上了日本人的黑名单，很可能被抓，要尽快离开上海。很快地我们全家就在傍晚时分从黄浦江边乘小船登上一艘以风力为主要动力的货运帆船（据说是家父学生帮联系安排的）。

周其勋教授为什么会遭到侵华日军的搜捕呢？

1931 年“九一八”事变发生后，中国向当时的国际联盟（League of Nations）控告日本制造事端以图侵略中国东北的战争罪行。国联为第一次世界大战后不久成立的一个国际组织，联合国的前身，以美、英、法、意、日为常任理事国。出席国联大会的中国代表之一是美国哥伦比亚大学毕业生，被誉为民国第一外交家的顾维钧博士。由于中国代表的陈情，国联于 1932 年 4 月派出以英国人李顿侯爵（Rufus Isaacs，1st Marquess of Reading）为首的调查团到东北调查。顾维钧等中国代表团成员虽然明知国联不足依赖，却不得不信赖国联，想在外交上争取西方社会的同情和支持，所以也同意并参加调查团。

调查团中还有一位“专门委员”，即从事材料收集的顾问徐淑希（Shuhsi Hsu，1892—1982），他也是美国哥伦比亚大学的毕业生。他于 1925 年从哥大获博士学位回国后，先后任燕京大学政治系代主任、主任，燕大社会科学院院长，燕大法学院院长。自 1929 年起，开始以中国代表团顾问身份参加国际重大会议。对满洲问题素有研究的徐淑希迅即找到他的哥大校友，时任国立中央大学教授兼国立编译馆人文组主任的周其勋。周其勋 1923 年进入哥大，而徐在 1925 年才离开哥大，所以我们有理由相信他们当时就相识。周其勋于 1930 年曾任在沈阳的东北大学英文学系主任，亲历“九一八”事变，所以徐淑希和周其勋共同撰写的调查报告对日本侵华暴行揭露甚力，而明显是敷衍了事的李顿调查团在事变后一年多才发表报告。因此，中国虽然胜诉，尔后国联拒绝承认“伪满洲国”为独立国家，但没有用，日本因此而撤出国联，国联也随即解散。

我们中国人真的应该感谢徐淑希教授。他在 1939 年编著出版了直接揭露侵华日军屠城南京血腥记录的《南京安全区档案》（*Documents of the Nanking Safety Zone*，*Limited*）。这份档案辑录了 1937 年 12 月 13 日南京沦陷之后，城内安全区的国际人士耳闻目睹的日军种种暴行，极具史料价值。这份档案真实记录了侵华日军制造的惨绝人寰的南京大屠杀，被公认为研究南京大屠杀事件数量最多、保存最为完整的史料，并成为“二战”后在日本东京设立的远东军事法庭给日本战犯定罪的重要依据。

徐淑希在编辑了《南京安全区档案》以后，又马上撰写了另两本揭露日军侵华暴行的英文论著《日本人的战争行为》（*The War Conduct of Japanese*）和《日本人战争行为要论》（*A Digest of Japanese War Conduct*）。然后，他把这些性质相同、一脉相承的英文著作交给了他的另一位哥伦比亚大学校友董显光。

董显光（1887—1971）是中国近现代新闻报刊史上一位传奇式的人物。他在中学毕业后应聘到浙江奉化龙津中学教英文，1906年辞职到上海商务印书馆工作。一年后，得到教会资助赴美求学，先后在密苏里州的派克学院（Park College）、密苏里大学（University of Missouri）新闻学院，以及纽约哥伦比亚大学攻读。在哥大期间，他曾效力于著名的《纽约时报》。1937年抗战爆发后，他在上海租界内率先组建了一个反日委员会，从事反日宣传，予敌人以沉重打击。鉴于其贡献，国民政府召他出任军委会第五部副部长，又命他创建国际宣传处。他为此尽职尽责，徐淑希这些揭露侵华日军暴行的论著，就是经由他通过各种方法和渠道向全世界尤其是欧洲各国散发的。董显光和徐淑希的努力沉重打击了日方的国际宣传，即使在轴心国如德国和意大利等国内，舆论对日本在远东的行为也非常反感。

我们有理由相信，上述出身哥伦比亚大学的英语专才很令日本人头痛，同这些人一样出身的周其勋教授自然会受到日军派驻中国最高特务机关“梅机关”的“关注”。另外，在1931至1937年的南京，周其勋是国立中央大学教授，但他并不囿于三尺讲台，而是参与了各式各样的学术活动、文化活动和社会活动，与南京的文教学术界乃至政界有广泛的联系。周先生曾在南京各大期刊上发表了大量文章，如在《是非公论》1936 年第 25 期上，对《大公报》记者马季廉译美国前国务卿斯汀生论述中日关系的书《远东的危机》所做的书评等，都会被日本驻华使馆看在眼里，这样的书评人会被他们视为具有国际政治经济和文化视野的英美派中国学者。

此外，周先生在南京国立编译馆工作期间，不但个人翻译了诸多英美及欧洲的文化艺术作品，而且还作为首都的学术名流参与组织各种中外文化交流的中心和协会。这些活动也使日本驻华使馆将其作为在中国国内外有广泛交流和影响的名人记录在案。

在战时，这种英美派中国学人，一定会是交战双方拉拢或打击的重点对象。所以，对周教授来说，他在劫难逃。更何况，现在已经到了 1944 年，日军无论在太平洋战场上还是在亚洲战场上均已处下风，国际宣传也十分不利，“梅机关”就一定要清除日占区内所有的英美残余势力。

最后，周其勋是因学生报信逃脱了，但是其他一些著名的文化人士，如他的老师文学家夏丏尊、辅仁大学教授英千里则遭遇了日本宪兵队的拘捕，羁押多日方获救出狱。

第六章　流亡海上

流亡途中的教学

国土沦丧，国难当头，千千万万不愿做亡国奴的中国人，携家带口，纷纷上路流亡，向着中国的西南腹地，战略的大后方撤退。在苦难的历程中，不知演出了多少人间悲剧。但是，在深重的苦难当中，却发生了一件可歌可泣、足以千古流芳的故事——中国版的“敦刻尔克大撤退”。

1938 年 10 月，在武汉会战即将结束、国民政府即将放弃武汉的时候，涌往宜昌的难民潮一波接着一波。根据 1938 年武汉失守后的一次统计，在宜昌候渡的各类人员，最多时达到 3 万多人。而各种军用机床、宝贵书籍等物品堆积如山，蒋介石已经开始下令，如果物资来不及撤走就全部炸毁。

当时入川的公路很少，更没有铁路，运输只能靠长江航运，更要命的是，不仅日本飞机在上空不断轰炸，而且还有 40 天长江枯水期就要来了，也就是说，这些人员和物资必须在 40 天内完成运输，这几乎是不可完成的任务。危急之际，爱国实业家卢作孚抵达宜昌，亲自指挥，用 40 天时间抢运 150 万余人、物资 100 万余吨，挽救了抗战时期整个中国的民族工业。抢运入川的学校就有复旦大学、中央大学、金陵大学、武汉大学、山东大学、航空机械学校、中央陆军学校、国立戏剧学校等数十所。

由于中原大地已经过半沦陷，周其勋一家不可能走陆路到大后方了。

他们只好沿海岸线的水道流亡，到浙江、福建一带的国统区避难。周先生次子周宁怀在回忆当年的情景时说：

货船不大。船底是货舱，人就睡在上面的通铺上。我家五口人占了舱内一侧，铺位对面是另一家，还有船员就记不清了，反正全船也就十来个人。上船当晚并没有开船，与另一艘船并排停在江面上。第二天早晨起来听大人们说，半夜船遇上空袭，子弹击中桅桿，旁边的船有人中弹受伤，情势甚是紧张。不久就有日本兵艇开过来，估计是到邻船上检查。他们也靠近了我们的船，但或许是因为我们小孩子已经学会几句日语，与艇上的日本兵打了招呼说早上好、谢谢等日语后，气氛比较轻松，日兵没有上船。待起风后升帆，船就开起来了。

因为船没有机电动力，除靠风力外就用水手划桨或撑篙让船前进，所以多在离海岸不远的水道航行，只是在风向好时才到海面上。就这样走走停停，大约近一个月才到温州附近。但是，远远望去，陆地的树上似是挂着人头，不清楚到底是国统区还是沦陷区，不敢贸然登陆。后来好像是改乘小船沿着瓯江到达丽水一个叫高溪的地方停留下来。

正当全家惶惶然在乡间小道上找房子住时，我忽然内急，要找马桶方便，看到不远处有个像石头马桶似的东西，也不问别人，自己就径直跑去坐上解大便了。结果被乡里人发现，大喊起来，原来我是把水井当马桶了，弄得大人们哭笑不得，也不怎么责备我，拿出一笔钱，请乡人掏井水洗井了事。这是我从城市到农村出的第一个大洋相，一辈子都记得。

周宁怀在回忆中说，他们全家到了高溪后，“父母先在当地的处州中学教英文”。他所说的就是“莽莽括苍山，潋滟瓯江畔”的浙江省丽水中学，因为“1902 年处州知府赵亮熙改原府属‘莲城书院’为‘崇正书院’，丽水中学由此发轫”。从这所“省一级重点中学”和“省百年

抗战期间逃难到浙江丽水处州中学任教时的全家福。前排左起周宁怀、倪翰芳、周其勋、周宁华，后排周宁霞

名校”的官网上看到，他们至今还是以当年得到周其勋倪翰芳两位名师为荣。“不久，”周宁怀继续说，“父亲与在福建建阳的暨南大学联系上，就只身前往建阳暨大教书了。母亲带着我们三个孩子在丽水。”

如前所述，日寇铁蹄所到之处，几乎所有的公、私立大学都在迁徙流亡，走过漫长而艰险的历程。平津的清华、北大和南开三校沿平汉铁路撤退到武汉，继而长沙，然后分成两路，一路步行，另一路乘各种交通工具至广西，再绕过越南海防至云南昆明，最后三校组成西南联合大学。中山大学沿珠江支流西江溯江而上，由罗定、而梧州、而南宁、而龙州、出镇南关，假道越南而迁到云南的澄江。浙江大学则几度播迁，由杭州迁至建德，再迁至江西吉安与泰和，三迁至广西宜山，最后迁至贵州遵义。暨南大学也是如此。据马均权先生《我的校长——何炳松》一文载：

"1941年12月8日太平洋战争爆发后，教育部为维护上海高等教育，决定设立东南联合大学，地点暂设浙江境内，以便收容自上海内撤各专科以上学校之员生。当时教育部请何先生等为筹备委员，决定大学分文、理、法、商四学院及艺术、体育、纺织三专修科，5月5日敌人突犯浙东，学校来不及筹备，只得将筹备会暂迁至建阳。在浙江全体员生乃于20日步行经浦城往建阳，沿途被敌机追踪扫射，所经各村镇，更番被炸，越崇山峻岭，风餐露宿，员生负笈，历遇艰险。"

事缘凑巧，周其勋一到丽水中学便打听到了，这里原来就有一所大学，初名"浙江省立战时大学"，后改名"英士大学"，1938年11月在时任浙江省主席黄绍竑领导下筹办，1939年10月在丽水正式开学。1942年，日寇发动浙赣战役，自金华沿线南进，逼近丽水。学校被迫迁移，经云和、泰顺到福建建阳，合并到何炳松为校长的暨南大学。何炳松原是旧识，周其勋于是毅然只身一人奔赴建阳。

何炳松（1890—1946），浙江金华人，现代著名历史学家和历史教育家，擅长西洋史研究。1911年毕业于浙江省高等学堂，因成绩优异，于1912年由浙江省官费留学，先后就读于威斯康星大学、普林斯顿大学研究院，获学士、硕士学位。1917年回国，历任北京大学史学系教授，北京高师英语部主任；1924年应聘任商务印书馆大百科全书委员会历史部主任；1927年任商务编译所所长，主管《教育杂志》；1935年受聘任暨南大学校长。

周其勋与何炳松相知于南京，在国立编译馆时代就有密切的工作往还。当时制定中小学教材标准的全部是卓越超群的顶级名流学者，而周其勋和何炳松则位列其中，分别负责英语与历史。这次战乱中的重逢，无意间又接续了前缘，在这艰难的处境下与昔日同道再度共事，教书育人。

据马均权先生的文章描述："暨大在建阳校舍是借用童游镇之房子——文庙，一座古式之高大庙宇。宫墙十仞，雕梁碧瓦，依稀可见古代之艺术装潢建筑。建溪水清可见底，环围校舍，一千多莘莘学子得于此弦歌不辍。”

何炳松深知，要办好一所学校，尤其是战火中的学校，必须拥有一流的师资。所以，他贯彻兼收并蓄的学术方针，大力延揽名师。据《民国后期（1927—1945）教育家办大学研究》一文，礼贤下士，谦恭和蔼的何校长在此期间，“对于教授生活设备，力求完备，故教授来者咸不忍去”。又据《暨南大学史》载，在1944年暨南大学78名专任教师中，包括教授25名，副教授26名。“小小的山城，一时容纳下这么多国家级的专家、学者，可谓是人才济济，名家荟萃，使建阳成为我国东南地区首屈一指的文化城。”

为适应抗战的环境，暨大实行导师制。每一位教师都要担任导师，负责指导学生的学习、品行与课外活动。从国立暨南大学编的《导师导生名册及导师分组表》中知道，周其勋教授的名下有11位学生。60位导师共指导了1074位学生。周先生就这样，在抗战的烽烟中，在偏远的山城里，离开了家人，也离开了书斋，默默地指导着这些海外归国的侨生，也默默地过着流亡的生活，等待着抗战胜利的曙光。

归乡在即

1945年8月10日，日本委托瑞士、瑞典照会中、苏、美、英四国，请求投降。当天傍晚，设在重庆的盟军总部收到东京发出的英语国际广播，称日本接受《波茨坦公告》，宣布无条件投降。当天18时，重庆中央广播电台以中波频道，最先广播了日本投降的消息，并于19时、20时、22时数次重播。

喜讯传开，举国欢腾。重庆的百万市民纷纷涌上街头，彻夜狂欢。重庆的各个报馆收到消息后，争相发出特大字号的“号外”，市民从四面八方涌上街头，不停地狂奔、汪叫、狂舞、狂欢；有的人放起了象征胜利和喜庆的鞭炮，没有鞭炮放的人则用棍子拼命地敲打着街边一切能发出声音的东西，有的人则提着洋瓷脸盆，大敲特敲，并不停地发出欢笑声。1945 年 8 月 11 日的《大公报》这样记录人群狂欢的情景："狂欢写不尽，欢声听不尽！总之，一九四五年八月十日夜，重庆是成了声音的大海了！"

"剑外忽传收蓟北，初闻涕泪满衣裳。"胜利了，多少背井离乡转辗流亡的中国人喜极而泣！艰难动荡的日子结束了，可以回家了，流亡的人们个个归心似箭。至于战后暨大的复员问题，何炳松校长也从七方面加以阐述。但是，事与愿违，他病了。上述马均权先生的文章提到，何校长"卧病咯血，一时恐难有起色，际此英士大学与暨南大学办交代之时，因何先生的病一切移交未克如期办竣，社会人士均甚关怀。一周前英大文学院院长周其勋先生来，也说何校长仍卧病未愈"。也就是说，虽然抗战已经胜利，但因何校长病重，而且暨南大学与英士大学（这两校自抗战起就是合而为一的）又因要分校而有些纠葛，所以暨大仍暂留福建建阳。而且，暨大之所以暂留建阳，也是因为上海方面的校址还没有准备妥当。据李寿雍先生的文章记载："三十四年（1945）抗战胜利，暨大真如校舍，几荡然无存。由是奉行政院令，划定上海东体育会路及宝山路两大厦为临时校址。次年六月，暨大自闽迁沪。"不过，周其勋教授并没有随暨大行动。虽然女儿已先行回沪上中学，他和夫人以及两个儿子还留在浙江金华，因为国立英士大学此时已经奉令移址金华并以金华为永久校址，而他则已被任命为这所大学的文学院院长。可能因这段经历很短，而且回上海后也没有到任，所以他在自填档案中并没有列入。

两个月后，他才"挈妇将雏"回到阔别已久的大上海。

第七章　南下广州

复员前后

1945年8月15日，日本无条件投降，喜讯传开，举国若狂。这情景就像《新华日报》说的："全中国人都欢喜得发疯了！"

福建建阳虽地处穷乡僻壤，没有战时陪都重庆这般热闹，但从文庙的课堂到建溪水边的校舍，一片片欢呼声震动了山谷。小山城整个轰动了，满街的灯火辉煌，噼啪的爆竹声震动寰宇，火花在狂潮一样的人群中跳跃，就像顽皮的精灵。此刻，周其勋教授的心里无比激动。八年了，八年间的颠沛流离，八年来的艰难曲折，在今天这一天终于获得了报偿，他终于可以回家了！

他回顾这八年，从1937年"七七事变"开始，他离开南京和工作了六年的国立编译馆，随中央政治学校上庐山、下武汉、再下长沙抵达芷江，稍事歇息之后又北上贵阳，再辗转入川，到重庆南温泉；继而回到上海孤岛与妻儿团聚。没想到不久又遭日寇搜捕，惶恐之中携家带口连夜从上海出逃，一路冒着空袭和无数艰难险阻，方才流徙到这福建小镇的暨南大学，算是有了一个避难之所。日寇侵华带给千千万万中国人的，是何等的苦难呀！胜利了，可以回家了，这是千千万万在抗战期间背井离乡辗转流亡的中国人的愿望。

但是，此刻流寓福建建阳的暨南大学还不能马上复员回上海。直到1946年3月，暨南大学与英士大学两校正式分开。随后，暨大全校师生携带图书仪器及随身用品，分乘多辆卡车，在新任校长李寿雍的率领下从建阳经龙游到兰溪，再换船到杭州，之后转上海。此次搬迁，有教职员工 152 人，学生 1056 人，分工役及家属，耗时两月有余，耗费法币约一亿三千五百多万元。周其勋教授随暨大师生离开建阳经龙游、兰溪到杭州，但没有跟着大队回上海。他的夫人和两个儿子一个女儿都在浙江丽水，他打算让他们到金华会合。到金华后，女儿探知原来就读的上海南屏女中，这所坐落在外婆家斜对面的学校仍然存在，就执意先期回沪上中学，他和夫人倪翰芳教授以及两个儿子则留在浙江金华，一来是因为上海的住处还没有着落；二来是因为国立英士大学已奉教育部令移址金华并以金华为永久校址，而他则已被任命为这所大学的文学院院长。英士大学初名“浙江省立战时大学”，1939 年 10 月在丽水正式开学。1942 年，日寇发动浙赣战役，英士大学被迫迁移，最终在福建建阳与暨南大学合并。当 1944 年周其勋教授遭日寇搜捕举家连夜出逃、坐民船沿海岸线南下辗转到达瓯江口的丽水时，在当地打听的就是这所大学，里面有他的亲密朋友杜佐周。此刻，杜佐周在暨南大学任秘书长。

抗战胜利，大地重光，暨南大学与英士大学本是战时的组合，现在当然要酝酿分手，更何况一个是私立而另一个是省立，经费来源与人事系统完全不同。暨南大学原校长何炳松，这位在抗战期间一直与学校同患难共甘苦的大家长不幸离世，教育部令李寿雍接任，并令杜佐周筹备英士大学的复校工作。不过，因经费筹措不易，两校变成“国立”了。杜佐周正式被任命为英士大学校长之后，遂请他的好友周其勋接掌文学院。杜佐周筹办英士大学复校之际，浙江省主席黄绍竑，这位 1927 年冬曾成功筹办广西大学，1938 年 11 月又成功筹办英士大学的前身“浙江省立战时大学”的广西人被调往湖北，浙江省政停摆，省库支绌，英士大学迟迟不能招生开学，令留在金华的周其勋感到左右为难。

为什么呢？这是因为上海的暨南大学正在发生一场沸沸扬扬的解聘

官司。事缘1946年6月，暨大师生历经磨难，返回上海时，新任校长却将自闽复员的教师解聘82人，如教育系除留下个别教授外，余者一律解聘。这一下就像炸了锅！一些被解聘的教授在上海八仙桥青年会举行记者招待会，“揭露、控诉这一不问是非、排斥异己的做法”。另一些联名致函国民政府监察院院长，纠举李寿雍。周其勋一直在暨大续聘的名单上，现在他必须回去表明态度，是继续留任还是另谋高就？所以，他只好举家返沪。

国土光复，万象维新。大上海在久经日寇铁蹄践踏之后迎来了胜利的曙光。当南京还是一堆残垣断壁的时候，上海的各行各业都已渐渐显出了生机。随着抗战胜利，暨南大学也于1946年6月在经历磨难后，复校回到上海。由于解聘事件耽误了些时日，各大学均已纷纷开课，暨南瞠乎其后，所以李寿雍也不敢怠慢，紧锣密鼓地筹划复校事宜。新校长李寿雍毕业于北京大学、英国牛津大学、伦敦大学，曾任中央大学教授、湖南大学法学院院长等职，1946年6月至1949年5月任暨南大学校长。

据上海《申报》1946年8月7日《暨南大学聘定教授开始招生》的报道，从暨大新聘和续聘的教授名单来看，除了周其勋，还有钱锺书、施蛰存、刘大杰等知名学者，都是一时之选。如果不是一位贵宾突然莅临周其勋府上，他也许就平平安安地在暨南大学教下去，我就不可能在求学的年代碰到这位恩师，这本小书也没有了以下的章节，所以，人生际遇，往往是无常的；一个偶然的事件，会导致整个人生道路的转向。

就在这年夏天的某一日，周其勋家里迎来了两位客人：一位是即将出任广州国立中山大学校长的王星拱；另一位是他的助手、中文系教授兼校秘书孔德。

王星拱在1933年5月王世杰调任教育部部长后，继任武大校长直到抗战胜利的1945年。抗战期间，武大在他的带领下转辗内迁四川乐山。物资匮乏，经费困难，他殚精竭虑，克服种种困难，使武大屹立不倒。

而且，他不顾病痛的折磨，跑遍了整个抗战大后方，广揽学者名流。他不问出身、派别，兼容并包，往往亲自登门相邀，从而延聘了不少出类拔萃的教授，使武汉大学日后取得卓越的学术成就。武大继 20 世纪 30 年代跻身民国“五大名校”之后，再次与西南联大、中央大学和浙江大学一道，被并誉为“四大名校”。

此刻的王星拱也是踌躇满志，豪气干云。抗战甫一胜利他就被调任广州中山大学校长。他想自己既然能在抗战时期艰苦卓绝之时创造奇迹，也一定能在抗战胜利百废待举的基础上再创辉煌。中山大学是他工作过的旧地，1926 年他曾以筹办委员身份协同朱家骅创立了这所南方名校，现在更应以最大的热忱让这所名校再上一层楼。

据说，宾主相谈甚欢。他们忆起了早年武昌高师时代的人和事，也谈及了在南京国立编译馆不时相聚的武大旧师友王世杰、竺可桢、辛树帜、杜佐周，等等。孔德还回忆起他当年在清华大学国学研究院的同学王了一（王力）、国学研究院院长吴宓，以及吴宓登门相邀而来的四大国学导师梁启超、王国维、陈寅恪和赵元任。最后，王星拱说出了自己的抱负，并希望他的小校友同去广州，任中山大学外文系主任。周其勋深受老师的热忱感染，当场欣然应允。

正当周其勋一家整装待发之时，浙江大学方面也传来了消息。据《竺可桢日记》记载，刚刚被任命为浙江大学校长的竺可桢得知，教育部准备让他在武昌高师的学生周其勋担任浙江大学师范学院院长，而且，远在重庆的国立中央大学也说要寄来聘书。但是，这些消息来得都太迟了。君子一言，驷马难追。他既然答应了王星拱就不可肆意更改，于是决然南下。

举家南下

抗日战争终究以中国的胜利而结束。无疑，日本的侵华战争给中国人民带来了深重的灾难。中国的大部分土地已经被敌人侵占而变成荒芜；价值无数的公私财产已破坏殆尽；各阶层人民已经陷入不可描述的贫乏和痛苦。战争打断了中国现代化的进程，此时的中国，百废待兴。重建家园，是饱经战乱的绝大多数中国人的强烈愿望。周其勋的心情何尝不是如此。他这次受恩师的重托，南下到广州，就是协助他德高望重的益友良师，让这所南方的名校再次焕发光芒。

由于铁路尚未修复，他们一家五口乘海轮从上海到香港，在香港的半岛酒店入住数日方赴穗，以便中山大学方面为他们准备住房。据周其勋次子周宁怀先生说，他们一家入住的是一处叫“西堂”的回字形结构建筑，每一边有8个教室，楼梯在中间，楼梯的中层和下层是公用的厕所。他家住二楼，为两间大教室改装的住房。一般的教授只是住一间而他家住两间，也算是格外关照了。周宁怀记忆最清楚的是，马思聪一家与他家同住一层，只是他家朝南而马家朝东。网上有一篇署名谢昶的散文《我是西堂仔》（《羊城晚报》2008年3月20日），作者回想起这座“有着光荣而悠久的历史”的建筑时这样描述道：

西堂（今省博物馆、中山图书馆内）这座四方形的建筑很有特色，楼下有内外走廊，内外走廊之间是木板隔开的住房，每宅是四间房，二楼只有外走廊；楼下中间是一片空地，建有公用的浴室和厕所以及晒衣场，厨房则位于西堂的周边，是一排小平房。设备可以说是非常简陋，不能和我们现在的住房同日而语。但由于西堂本身和周边有着浓厚的文化气氛，使我们这班“西堂仔”的精神生活内容很丰富。

当时我家的右邻是李学海教授（工科），左邻是李翼纯教授（地质）。

著名的音乐家马思聪和夫人也在中大任教授，住在西堂楼下的东面。住在西堂的还有王宗炎、梁钊韬、王起、周其勋（文科）等教授。西堂南面有一座两层楼的小洋房南斋，是王力（文科）和杨成志教授（人类学）的住所。

1946年，周其勋在受聘中山大学后，和家人在南下的海轮上（上）
中山大学文明路教师宿舍——西堂全貌（下左）　周其勋先生于中山大学西堂前留影（下右）

从中可以看到，中国语言学家、中国现代语言学奠基人之一的王力也来到中山大学任教。王力（1900—1986），字了一，广西博白县人。1926年考入清华大学国学研究院，师从赵元任。后赴法国巴黎大学研究实验语音学，获法国文学博士学位。1932年回国，历任清华大学、燕京大学、广西大学、西南联大教授。

王力的到来颇具戏剧性。在《功盖珞嘉"一代完人"——武汉大学校长王星拱》（山东教育出版社，2011年版）一书里有生动的描绘。抗战胜利后，在西南联大的王力正准备随校复员北上，突然接到王星拱的秘书（当时的校长秘书相当于大学秘书长）、昔年清华国学研究院的老同学孔德的来信，称王校长希望他能在清华复课前的一点间隙里，先到中大讲学两个月。讲学期满，王力正欲束装北上，王校长却与孔德一起来找王力，向他提出请求说："我新到中大主持校务，希望你能在中大多住些时日，帮助我办研究院。"王力正欲客气推辞，不料王校长忽然掏出一份聘书，聘他为中大文学院院长。王力又欲讨价还价，说"留我可以，但我要办个语言学系"。话音未落，王校长当即欣然应允。于是，王力留在了中大，办起了全国第一个语言学系。这种求贤若渴的态度、广揽名师的作风，与在上海时登门诚邀周其勋到中大的手法如出一辙。

在王星拱的延揽下，全国各地的优秀人才迅速向羊城的五层楼下集结。这批人文社会科学的名家包括：语言学家、中国现代语言学奠基人之一的王力；戏曲史论家王起（季思）；史学家、文献考据和金石家刘节；唐史与百越源流专家、民族学家及客家学的奠基人罗香林；隋唐史、边疆史地、民族史和中外交通史学家岑仲勉；古文字学家商承祚；魏晋南北朝史家姚薇元；艺术史家钟道锡；哲学史家洪谦；汉语语法学家方光焘；文字训诂学家朱师辙；社会学家黄文山；中国史家朱延丰；先秦诸子楚辞金文专家谭戒甫；汉语言文字学家杨树达；修辞学家陈望道；英美文学研究家周其勋与吴宓。其中，王力、刘节、孔德、罗香林、姚薇元及朱延丰均出身清华大学国学研究院，师从著名的四大导师梁启超、王国维、陈寅恪或赵元任。另外，吴宓时任国立武汉大学外文系主任，1948年5月应邀到中山大学时，王星拱已回到安徽安庆故里，他只见到王力、孔德、周其勋等人。由于这批学者的到来，使得中国的学术重心南移，广州中山大学一时成了全国学术的重镇。近年编撰的《中山大学校史：1924—2004》（中山大学出版社2006年版）也认为："1945至1949年期间，中山大学名师云集，师资力量空前雄厚，学术研究异常活跃。"

对于办好中山大学，王星拱"怀有一种崇高而远大的理想和目标"，而周其勋在王星拱的感召下，精神焕发，干劲倍增。中国传统的知识分子，非常崇尚"士为知己者死""知恩图报"的处世哲学。王星拱这样德高望重的师长亲自上门相邀，在周其勋的眼里无异于古人的"三顾茅庐"，有知遇之恩，所以他要努力图报，不辜负恩师的厚望。他的夫人倪翰芳教授和次子周宁怀都异口同声地说，这段时期的周其勋特别卖力。

当务之急

在忙忙碌碌的系务和教学之余，周先生还有一件大事要做，那就是给大学一、二年级学生编一本合适的英文教材，供青年教师讲课之用。从1937年"七七事变"抗战开始到1945年10月复校广州，中山大学师生员工八年中整整颠沛流离了七个年头。据《中华民国大学志》载："次年（1938年）十月，日寇突在大鹏湾登陆，广州骤陷，学校西移。初达罗定，继至龙州，终乃转迁滇省澄江，舟车不便，水陆梗阻，历时五月始达。员工渡海越崖，间关远徙，艰苦跋涉，百折不挠。"在连续奔波劳碌、跋涉迁移的年月里，虽然"弦诵"还不至于完全断绝，但正规的课堂教学已经变得很艰难，更遑论教材建设了，所以编写大学教材成了当务之急。

夙兴夜寐，废寝忘食。在校舍破坏严重，“荒烟蔓草，满目疮痍”的校园里，周先生经过一番努力之后，这本《当代英文选》（*Contemporary English Selections for College Students*）在短期内迅速完成。我找到的这本旧书，封里写有“Selected and Annotated by C. H. Chow，Professor of English，SunYet-sen University”（中山大学英文教授周其勋选文并注释），以及“The Euroasia Book Service，245Hon-MinRoad，Canton”（中西图书供应社，广州汉民北路245号）等字样，但没有出版日期。不过，H.G.Rhoads的《序言》最后署明“Lingnan University，August 22，1947”（岭南大学，1947年8月22日），我们从中可以知道，这本教材应是1947年8月以前完成的。从1947年此书编成以后到1952年院系调整之前，这本大学教材据悉在中国南方地区广东、广西和香港一带被普遍采用。1948年，广西大学校长陈剑修之所以邀请周其勋到时在桂林的该校讲学，就是因为周先生编选的英文教材也在广西流行之故。我们20世纪60年代在广西大学学习时，已经和这本教材无缘了，但在暌违了半个世纪的今日读来，还能深切体会周先生在编选这一读本时的真知灼见。此外，今日来分析和梳理选

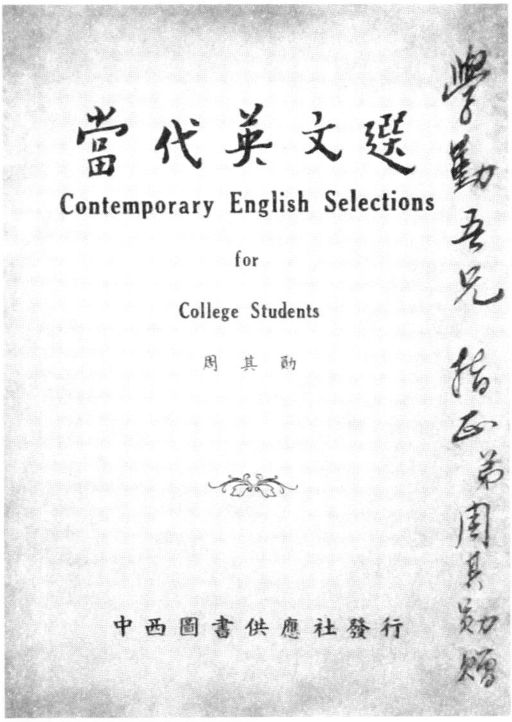

1947年，周其勋先生编选注释的《当代英文选》出版，封面题赠为周先生手迹

本的内容，介绍其语言风格方面的特征，也不啻是重温一次当代西洋文学史和思想史的过程。

这个读本的特点是题材广泛、文体多样，而且语言浅近、轻松幽默。开头3篇是3位教育家、艺术家和科学家的随笔，似是与大学生娓娓而谈，谈学习，也谈生活和理想。第一篇的作者 Thomas Arkle Clark（1862—1932）是位教育家。他出身贫苦，自幼父母双亡，生长在美国伊利诺斯州的农村，后来哈佛大学毕业。他长期担任伊利诺斯大学主管学生事务的院长（Dean of Men at the University of Illinois），曾就大学本科生中存在的各种问题写了一系列的书籍和文章。这篇题为《假如我再读一次大学一年级》的随笔摘自作者的 *The Fraternity and the College* 一书。在文中作者说，他知道大学新鲜人最主要的事情是学习，其他事情都相对而言不重要。（The one thing the freshman should give his time to is study——all other things are relatively unimportant.）

但是，他风趣地告诉学生，"If I could be a freshman again I should try to be more interested in general college activities. Social matters such as connect themselves with young women I think the freshman may very safely postpone until later in his college course."（如果我又读一次大学一年级，我就会对学院的一般活动，诸如和年轻姑娘交往的社交活动更感兴趣，而这些活动都会以安全为由在大学期间往后推迟的。）最后，作者忠告学生，学习是主要的，但不是唯一的；光是做钻书虫不可能成功；学得最好的人后来往往平庸而无建树，因为他们的兴趣太过狭窄，对人性缺乏了解。（Studies are the main thing，but not the only one. The mere book worm is not so likely to be successful... Valedictorians often make a very commonplace career because their interests are too narrow and their knowledge of human nature lacking.）这里，Vaedictorians 是指在大学毕业典礼上致辞的人，通常由名列第一的应届毕业生来做。

第二篇是一篇题为《你的幸福就在你的手上》（*Your Happiness Is in Your Hands*）的励志之作，其作者是出生在俄国、后来归化美国的雕塑艺术家 Boris Blai（1893—1985）。由于作者是雕塑家，他要激励他的学生做好雕塑，所以一开篇就告诫他们，今天我们许多人垂头丧气、紧张不安，是因为我们用脑太多，用手太少。（One reason so many of us are despondent，jittery，today，is that we are using our heads too much and our hands too little.）在这机器时代，他要他的学生记住：手工的、创造性的作品才是今天更为实实在在的东西；只有看到我们自己手下成形的东西，我们才有自信和自尊的感觉。（The thing is to remember that manual，creative work is more essential today than ever. We need the sense of self-confidence，self-respect，that comes only from seeing something take complete form under our own hands.）

第三篇文章出自法国外科医师和生物学家、1912 年诺贝尔医学奖得主亚力克西・卡雷尔（Alexis Carrel，1873—1944）之手。他要谈的是《你知道怎么生活吗？》（*Do You Know How to Live*？）在这里，他教导人们说，光有生理健康是不够的，还应有精神健康，避免激动、无休止的习惯改变，太多的电影和无线电、噪音，以及无用的烦恼。（We should protect ourselves from excitement，ceaseless change of habits，too much cinema and radio，noise，useless worries.）我阅读至此，不由得想起《学生杂志》1917 年第 2 期上有一篇署名“浙江省立第一师范本科四年级生周其勋”的文章，题目是“余之个人卫生谈”。这说明编选者周其勋本人在学生时代很可能就受过这类卫生教育文章的影响。

接下来的 3 篇即《被遗忘的发明家》（*Forgotten Inventor*）、《诺贝尔其人其事》（*Nobel：the Prize-giver*），以及《我们在太空的家园》（*Our Home in Space*）是 1945 年美国《读者文摘》（*Reader's Digest*）上发表的科普文章，作者也都是《读者文摘》的特约撰稿人。周先生为文科学生选择有关科学发展尤其是最新科学发展的文章，目的是让他们增长知识、开拓视野，以图将来。第七篇轻松幽默，是中国作家林语堂的作品。林语堂（1895—1976），早年留学美国、德国，获哈佛大学文学硕士，莱比锡大学语言学博士。回国后在清华大学、北京大学、厦门大学任教，著译甚丰，1940 年和 1950 年先后两次获得诺贝尔文学奖提名，英语“humor”一词就是由他译成“幽默”的。这篇文章完全体现了林语堂那种庄谐并用、私房娓语式的闲适笔调，正如他自己说的，他的散文，“如在风雨之夕围炉谈天，如与高僧谈禅，如与名士谈心”，令人陶然若醉。但是，这篇的标题 *The Virtues of an Old People* 该如何翻译呢？由中文到英文、然后再从英文译回中文的二次翻译往往会弄成面目全非的。正在搜索枯肠之际，我猛然想起，我在中学时代曾在校图书馆看过林语堂的《吾国吾民》，会不会是这一本？后来我找来原书一对照，果然是此书第二章《中国人的性格》的节选。

以下的 5 篇，是当代名家的游记杂感。其中，爱伦堡的名字对于中国读者而言并不陌生。伊利亚·爱伦堡（Ilya Ehrenburg，1891—1967）是苏联犹太作家，青年时参加布尔什维克革命，长期作为记者派驻国外，他的作品曾两次获斯大林文学奖，20 世纪 50 年代中期发表的中篇小说《解冻》开创了“解冻文学”的潮流。周先生选的这篇 *Ilya Ehrenburg's America* 是爱伦堡的美国游记。后面一篇又是法国作家莫洛亚游美归来对自己的祖国法国的赞美。安德烈·莫洛亚（André Maurois，1885—1967）为法国著名作家，1939 年当选法兰西学院院士，1965 年戴高乐总统授予他荣誉团一等勋章，以表彰他一生在文化艺术方面的贡献。他在这篇题为《法国的精神》（*The Spirit of France*）的杂感中颂扬法国的精神在于她的语言和文学艺术。没有别的国家像法国那样重视良好的文学教育。每一位中产的法国人都记得某些文学经典：他们都是在拉·封丹、高乃依和莫里哀的熏陶下长大的。全国戏剧中心法兰西喜剧院和法兰西学院都是公共机构，全国绝大多数人都对里面的盛典感兴趣。（No Country in the world has more reverence than France for a good literary education. Every middle class Frenchman knows at least some of his classics by heart；he has been brought up on La Fontaine，and Corneille，and Moliere. The Comedie—Francaise，which is the national theatre and the French Academy，are public institutons，and a surprising great part of the nation takes an interest in their ceremonies.）拉·封丹（La Fontaine，1621—1695）是法国古典主义代表作家之一，著名的寓言诗人；高乃依（Pierre Corneille，1606—1684）和莫里哀（Jean-Baptiste Poquelin，1622—1673）则是法国17世纪三大古典戏剧大师之二。

俄国和法国的作家谈完观感之后，现在轮到三位英国作家来发表高见了。这三位中，第一位谈语法修辞，第二位谈社会教育，第三位谈政治体制。彭逊比勋爵（Lord Ponsonby，or Arthur William Harry，1871—1946）是英国当代作家和政治家。他的书中有一句脍炙人口的名言：战端一开，真理就是第一个战死者。（When war is declared，truth is the first casualty.）在这篇杂文中，他谈论英语的表达方式。此文的标题是"*meiosis*"，但这个词不是生物学上的"减数分裂"，而是语义学上的"用克制的陈述来加强语气"。（The definition of Meiosis is "under-statement so as to intensify".）他告诫我们要提防滥用最高级的形容词，那样反而会减弱语势；夸张是不能达到他们所需要的语言效果的。（Be instinctively aware of the weakness of the constant use of superlatives. Exaggeration fails to give the effect they want.）想当年周先生在指导我们的作文时也谆谆教导我们，切忌滥用最高级的形容词，那样的句子反而显得苍白无力。其他两位英国学者都出身牛津大学，也有爵位。利文斯敦（Richard Livingstone，1880—1960）爵士是教育家。他在这篇题为*Education for Citizenship*的论文中谈古论今，旨在论述"公民教育"的重要性。另一位朱利安·赫胥黎爵士（Sir Julian Sorell Huxley，1887—1975）是生物学家、作家、人道主义者。他曾是第一届联合国教科文组织总干事，也是世界自然基金会的创始成员。在这里，他却是漫谈 *Two Forms of Democracy*（《民主的两种形式》）。如果说前面的3篇科普文章是为了增加学生的自然科学知识，那么后面这5篇就是为着提升学生的人文科学素养了。随后的一个单元是短篇小说。周先生编选这个单元的目的，自然是让学生们汲取尽可能多的文学营养。这些都是当时以及后世佳评如潮的力作，例如奥威尔的《射象》（*Shooting an Elephant*）。乔治·奥威尔（George Orwell，1903—1950）是英国著名小说家、记者、散文家和社会评论家。他的代表作《动物农庄》（*Animal Farm*）和《1984》是反乌托邦、反极权主义的经典名著，其中，1949年出版的《1984》是20世纪影响最大的小说之一。政治小说《1984》刻画了一个令人感到窒息的恐怖世界。在假想的未来社会中，独裁者以追逐权力为最终目标，人性被强权彻底扼杀，自由被彻底剥夺，思想受到严酷钳制，人民的生活陷入极度贫困，下层人民的人生变成了单调乏味的循环。《射象》最初发表在1936年英国文学杂志 *New Writing*，BBC（英国广播公司）1948年10月12日播出。周先生选的应是1936年的版本。小说描写的是作者在缅甸毛淡棉当警察的经历。作为警察，他被叫去射杀一头横冲直撞、狂怒暴躁的象。他判断这不是一头野象，而是一头发情的驯象，但是当地人都希望他杀死这头象，他就照做了。大象缓慢而痛苦的死亡过程更增加了他内心的愧疚。故事被认为是影射英国的帝国主义行径并表达了作者的观念：一旦白人变成暴君，他就毁了自己的自由。（When the white man turns tyrant it is his own freedom that he destroys.）除了小说的主旨和内容值得注意，作品在语言风格方面的特征也值得嘉许。在《射象》一文中，“I was...”句式以一种螺旋状方式前进，不单凸显了“我”在射杀大象前后的思想、态度的变化，也突出了“我”的矛盾心理，暗示了其无法解脱困境的无奈。

在这林林总总的30篇文章中，除了上述的三个单元，还有以下的三组专辑：一是作家或自然生态学家的景色描绘；二是科学或人文史家论史或为历史人物作传；三是政客们自己所做的演讲词。

约翰·博因顿·普里斯特利（John Boynton Priestley，1891—1984）是英国小说家、剧作家、社会评论家。更为奇特的是，在“二战”中的1940—1941年他曾是BBC的明星广播员，每次广播都吸引了超过1600万听众，仅次于当时的首相丘吉尔。他的确是一位写景的高手，在*First Snow*（《初雪》）里把寂静的雪域写得迷人而温馨。和这篇《初雪》相比美的是艾伦·迪沃（Alan Devoe，1909—1955）的*Autumn Miracle*（《秋的奇迹》）。艾伦是位自然学家，1927—1930年在哥伦比亚大学就读（恰好与周教授同期），毕业后一直在各种自然杂志如《读者文摘》和《大西洋月刊》等担任特约撰稿人、副主编或主编。他的这篇《秋的奇迹》并不像《初雪》那样是纯粹的写景，而是描述鸟类如何在斑斓的秋色中准备长途迁徙的。

在国立编译馆时期（1931—1937），周其勋曾经校阅过同事们译的《英国当代四小说家》，现在有两位在选本中出现，那就是阿诺德·本涅特（Arnold Bennett，1867—1931）和赫伯特·乔治·威尔斯（Herbert George Wells，1866—1946）。不过，威尔斯不单是小说家，在其他领域也有重大建树。他创作的科幻小说，诸如《时间机器》（*Time Machine*）、《世界大战》（*The War of the Worlds*）、《隐身人》（*The Invisible Man*）等，对该领域影响深远，被称为“科幻小说界的莎士比亚”。这位和奥威尔一样出生在英属印度的小说家还写过《世界史纲》，1920年和1934年两次访苏，受到列宁和斯大林的接见。

作为历史学家，赫伯特·乔治·威尔斯在这篇题为《历史上最伟大的三个人》（*The Three Greatest Men in History*）的文章里认为，只有耶稣、释迦牟尼、亚里士多德才是最伟大的人物，其他人如柏拉图、孔夫子，或者欧文、培根、林肯等，都不够格。史家笑谈风云月旦人物乃是分内之事，我们不必置喙，然而行文流畅、简约有力，倒是值得一读。

西莱尔·贝洛克（Joseph Hilaire Pierre Belloc，1870—1953）和赫伯特·乔治·威尔斯一样多才多艺、著作等身，在选本中，威尔斯谈历史的伟人，而贝洛克在这篇题为《永恒》（*Permanence*）的文章中则是谈历史的价值。贝洛克生于法国，毕业于牛津，既是作家和历史学家，也是演说家、诗人、航海家和政治活动家；小说、随笔、评论、游记和传记样样出色，是英国20世纪初期最多产的作家。不过我觉得，他写诗比写历史更出色。好些中国诗人都对贝洛克感兴趣，因为他的诗作想象力丰富，语气轻松幽默。例如，有一首写道："When I am dead/I hope it will be said：/My sins are scarlet./My books are read."台湾著名诗人余光中在《书斋·书灾》中说："勉强译为文，就成为：'他的罪深红，但他的书有人读过。'此处的read是双关的，它既是'读'的过去分词，又和'红'（red）同音，因此不可能译得传神。"

接下来的一篇文章也是论人，但不是古人而是"当代最伟大的思想家"（the greatest thinker of the age）——爱因斯坦。这篇登在美国《读者文摘》、题为《爱因斯坦的简朴生活》（*Einsein，a Study of Simplicity*）的文章告诉我们，科学巨匠爱因斯坦过的是简朴的生活。他住的是陋室窄巷。（Einstein lives in a frame house in a quiet backstreet.）接人待客，衣衫不整。（He greets you wearing a loose coat，a zipper shirt open at the neck.）一缕白发随风飘荡。（The mane of fine white hair trembles a little in the breeze.）他的相对论，基本原理是他推着儿子的婴儿车，在布拉格的街道上踽踽独行时想到的。（Essential parts of his theory of relativity occurred to him while wheeling his son in a baby carriage，and during a solitary ramble in Prague.）他不主张读书太多，学而不思则怠。（He's not much of a reader. Any man who reads too much and uses his own brain too little falls into lazy habits of thinking.）

除了这篇《爱因斯坦的简朴生活》，周先生选的励志作品还有接下来的3篇：《“难为他们还记得”》（*“So Kind of Them to Remember”*）、《我遇到的最难以忘怀的性格》（*The Most Unforgettable Character I've Met*），以及《山托斯·杜蒙特——飞行之父》（*Santos–Dumont: the Father of Flight*），都是传记类作品。

《“难为他们还记得”》写的是意大利著名男高音歌唱家恩里科·卡鲁索（Enico Caruso，1873—1921）短暂的一生。他母亲生了21个孩子，18个夭折。他是第19个。他于1903年在纽约大都会歌剧院初次亮相，一举成名，然后红遍整欧洲和南美各国，1920年在同一舞台上唱完最后一首咏叹调，8个月后辞世。在世界各国，亿万男女为他哭泣，数以千计的人参加哀悼，他不仅是一位伟大的歌唱家，而且是一位大写的人，受人爱戴之人。（Millions of men and women，in many countries，wept. Thousands donned mourning. He had been not only a great voice but a great and dearly loved human being.）

罗伯特·路易斯·史蒂文森（Robert Louise Stevenson，1850—1894）是我们在大学时喜读的作家。《金银岛》（*Treasure Island*）、《诱拐》（*Kidnapped*）和《化身博士》（*The Strange Case of Dr. Jekyll and Mr. Hyde*）等冒险故事和心理小说通俗易懂，也是我们低年级大学生的案头读物。他有一首《安魂曲》（*Requiem*），我们虽浏览过但并不觉得特别，直到今天我们读到文选中这篇《我遇到的最难以忘怀的性格》。《安魂曲》的第一段是：Under the wide and starry sky，/Dig the grave and let me lie./Gladly did I live and gladly die，/And I laid me down with a will.（广袤的夜空，数不清的星星，/挖坟吧，让我躺下。/我在世时活得很惬意，死时也很高兴。/我留下遗嘱，将自己放入。）第三行“Gladly did I live and gladly die”貌似平淡随和，但里面却饱含深意和不为人知的故事。《我遇到的最难以忘怀的性格》里写的就是这行诗后面的故事——史蒂文森的太太、美女芬妮。芬妮（Fanny Matilda Van de Grift Osborne Stevenson，1840—1914）是美国杂志作家，35 岁时拖着 3 个孩子和保姆离家出走，追求艺术人生，与史蒂文森在欧洲相遇。史蒂文森对比他大 10 岁的芬妮一见钟情，芬妮也对这位有着艺术天赋的苏格兰男人一往情深，他们之间充满激情和创造力的艺术火花一直维系了数十年。史蒂文森是只“病猫”，芬妮以顽强的毅力照顾他的一切直到他恢复健康，并靠着自己的风趣与魅力来抚平他与他父亲之间的裂缝，让自己融入了新的家庭，也最终成就了丈夫的文学事业。

励志故事还包括一篇有关发明家的《航空之父杜蒙》。这篇登在美国《航空杂志》（*Air Facts*）的文章是讲述巴西发明家、“超轻型飞机之父”杜蒙的生平。阿尔伯特·山度士－杜蒙（Alberto Santos－Dumont，1873—1932），葡萄牙裔巴西人，终生在法国巴黎从事航空研究和实验，发明过一系列飞行器，包括热气球、超轻型和轻型飞机；他是欧洲第一位制造出能转弯飞行飞艇的人；第一位驾驶飞艇绕埃菲尔铁塔飞行一周的人。他是巴西人的骄傲、国家英雄。巴西人普遍认为，杜蒙开飞机上天比美国的莱特兄弟（Wright brothers）还早。但是他也像诺贝尔那样，坚信自己的发明会使战争变得残酷，以至于人类最终会抛弃它。（Like Nobel，Santos–Dumont was convinced that his inventions would make war so terrible that men would abandon it.）

选本的最后一部分是政客们的演说词。周先生编选这本教材时正值“二战”刚刚结束，“二战”期间同盟国领袖们那些鼓舞人心的演说脍炙人口，在各国的民众中影响深远，因而也就自然成为这类文体的典范。这里选辑的有 1940—1945 年在任的英国首相丘吉尔（Winston Churchill，1874—1965）*The Endurance of Bristol*（《坚韧不拔的布里斯托》），美国第 32 任总统小罗斯福（Franklin Delano Roosevlt，1882—1945）*Pres.*

Roosevelt's Jefferson Day Address（《在杰斐逊纪念日上的演说》），以及美国第33任总统杜鲁门（Harry S.Truman，1884—1972）在1945年4月16日的*Message to U.S. Congress*（《在美国国会上致辞》）。从1929年至1965年临终，丘吉尔连续36年担任布里斯托大学校长，奠定了该校继牛津和剑桥之后的英国名校地位的基础。所以，在"二战"即将结束的时候，他在演讲中对布里斯托人说："In the pages of the history of Bristol your bearing，your fortitude and endurance in this ordeal will not be among the least worthy."（在布里斯托的历史上，你们在这场严峻考验中所表现出的沉着、刚毅和百折不挠，并非毫无价值可言。）

"二战"期间的英国首相丘吉尔是举世公认的雄辩演说家。他的《第二次世界大战回忆录》6卷本以及大战期间无数精彩的演说使他赢得了1953年的诺贝尔文学奖。美国第35任总统肯尼迪（John F.Kennedy，1917—1963）在评价丘吉尔的演讲时说："在英国独自抗击的黑暗的白天，以及更加黑暗的夜里，他动员起英语并将其投入了战场。"（In the dark days and darker nights when England stood alone，he mobilized the English language and sent it into battle.）但是，丘吉尔并不是个天生的演说家。小时候他是个大舌头，口齿不清，要一个音一个音地做纠音练习。西方历史上一直很重视演说和辩论。纽约哥伦比亚大学主图书馆墙壁上端就嵌有箩筐大的古罗马雄辩家西塞罗（Marcus Tullius Cicero，前106—前43）的名字。他所向披靡的雄辩风采曾在历史上留下了辉煌的一页。西方政客做起演讲来总是滔滔不绝，口若悬河。为什么呢？那是因为他们从小就受到训练。在纽约，大概从小学四年级起就有"领袖计划"（leader's program），组织学生写演说稿，参加辩论。高中和大学，写演说稿都是一门课程。

纵观整本文选，我们还会发现一个特点，那就是它的"补白"。民国时期的很多期刊都有一个优点：利用刊内的每一处空白给读者提供知识。据说鸳鸯蝴蝶派作家周瘦鹃就是一位“补白”专家。周其勋就汲取了这个特点，在文选的每一处空白都填满了世界各国的思想文化名人的名言、警句、轶事和诗作，让他的学生充分汲取知识营养。这些补白一共有40多条，包括我们熟知或不熟知的古希腊演说家伊索克拉底（Isocrates，前436—前338），美国作家马克·吐温（Mark Twain，1835—1910），挪威剧作家易卜生（Henrik Ibsen，1828—1906），英国生物学家、达尔文进化论最杰出的代表赫胥黎（Thomas Henry Huxley，1825—1895），爱尔兰诗人和剧作家王尔德，爱尔兰剧作家萧伯纳，英国作家、诺贝尔文学奖得主吉卜林（Rudyard Kipling，1865—1936），美国开国元勋、科学家和发明家富兰克林（Benjamin Franklin，1706—1790），美国第16任总统林肯（Abraham Lincoln，1809—1865），以及美国思想家、被林肯称为“美国的孔子”的爱默生（Ralph W. Emerson，1803—1882）等人。不要看轻这些“补白”，它反映了周其勋教授博览群书的开阔视野和撷英采长的编辑特点，也体现了他以学生为本的良苦用心。

给周其勋教授选本作序的那位，在序后署下了姓名、单位和日期“H.G.Rhoads，Lingnan Universiy，August22，1947”，但是，国内的资料无论如何也查不到此人的蛛丝马迹。又由于事隔70余年，有关人士均已作古，所以也无人可以询问。几经波折，我才在英国出版的 *A Glossary of Literary Terms*（《文学词语大全》）以及香港岭南书院的资料当中找到他的踪影。这位路考活博士（Dr.Rhoads），从20世纪40年代到50年代长期担任广州岭南大学文学院院长，曾著有 *A Biography of O'Hara*（《O' Hara 传》）、*The Annals of English Drama 975–1700*（《英国戏剧编年史：975—1700》），以及 *Types of Farce Comedy*（《滑稽喜剧类型》）等作品。

这位岭南大学文学院院长在《序言》中说，几年来，大学英语教师们都在为大学一年级课程教学寻找一种最合适的教材，现在他非常乐意向教师们推荐周教授这本《当代英文选》，因为这本文选能满足他们每一位的迫切需要。（This collection of essays should do much to fill a need of which every English teacher for the past several years must have been acutely aware.）此外，他还说，周教授的文选令他高兴的还有两点：（Professor Chow' s anthology pleases me in two other ways.）其一，这些文章不需要令师生气馁的专业知识。他这样说："I can remember the days when freshman courses in American universities were of the 'orientation' type and the freshman instructor had to be, or at any rate should have been, only a little omniscient than Plato's philosopher-king. One day he lectured on pragmatism, the next on pantheism and the third on the theory of property. One wondered what the teachers of other subjects were doing. Professor Chow' s book is free from this self-conceited pedantry."（我还记得在美国上大学的情形，一年级英语都是所谓"导向"型的，一年级的老师差不多就像柏拉图口中的哲学家兼帝王那样无所不能，今天教实用主义明天教泛神论后天教财富论，真不知道别的课程的老师在教什么，周教授的书就没有这种自以为得意的花里胡哨。）其二，这些文章雅俗共赏，既不平淡无味也不深奥难懂；总之，对大学新鲜人而言，这些文章既有很多肉可啃，但这些东西也并非又老又硬，难以消化。（There is much meat in these essays for college freshmen to seek their teeth into but it is not so tough as to be indigestible .）

路考活博士的青睐使这个选本在华南地区的广东、广西和香港的部分高等院校中受到普遍重视而纷纷采用。我现在看到的这本旧书就是在广西大学找到的。1997 年湖北教育出版社林煌天主编的《中国翻译词典》载，周其勋在"抗日战争结束后，历任中山大学、岭南大学外文系主任，其时所编《当代英文选》，由中山大学、岭南大学及香港大学分别采用为教材”。中山大学翻译学院编撰的《中山大学外语学科90年史稿》中也载：“1946年周其勋受聘为外文系主任，并在任内编著了《当代英文选》，成为中山大学、岭南大学的外文教材。”此外，我在上面提到过，周其勋先生编完这本教材后不久就遭遇到学潮的袭击，心灰意冷之下欲去中大而就岭南。这时，拿十几本学生的作文让周其勋批改以考核他的英文功底，然后即聘周其勋为岭南大学英文教授兼系主任的，很可能就是这位路考活博士。

英语话剧

我在上面的章节中提到过，曾任上海复旦大学外文系教授、系主任的翻译家和语言学家程雨民先生，在2003年的《文汇报》上回忆起周其勋教授1943年在复旦教书时曾带领他们念希腊悲剧、排练德国歌德的《浮士德》的情景，并说这经历“说起来还是历历在目，台词还能背上一大段”。上海文史馆馆员、上海电影制片厂著名编剧沈寂也在回忆录中说到周其勋先生在复旦时，曾在家里给他们几个学生开“希腊悲剧”这门课，教他们索福克勒斯的《安提戈涅》和《俄狄浦斯王》。“他一面讲课，一面表演，非常生动。”沈寂忆述，“引起我对戏剧很大兴趣。”我自己作为周先生的学生，也有过在周其勋倪翰芳两位老师家里排练英语短剧的经历。1933年他将爱尔兰剧作家王尔德的《少奶奶的扇子》一剧注释出版，目的之一就是给大学英语系科师生课余演戏之用。这些都说明，周先生的戏剧涵养甚高，并且重视演剧这种课余活动对增强学生英语学习能力的辅助作用。所以，到了中山大学以后，他虽然是忙得不可开交，还是抽出时间组织外文系的师生演出英语剧目。

据几位当时看过演出的前辈说，周教授组织的这场英语剧演出相当浩大也相当轰动，先是在系里，然后在大礼堂，最后还到外面巡回演出。

演出的剧目是哪一出没有人记得了，但我想应该是爱尔兰剧作家萧伯纳的《皮革马利翁》（*Pygmalion*）这部名剧，因为周先生在给我们的教学中多有提及。诺贝尔文学奖得主萧伯纳的这部剧本脱胎于希腊神话：善雕刻的塞浦路斯国王不喜欢国内的凡间女子，但当他以满腔热情雕刻了一尊象牙美女像时却爱上了自己的作品。爱神被他打动，赐予雕像以生命并让他们结为夫妻。皮革马利翁的情节也大致如此。艾丽莎（Elisa）是个卖花姑娘，出身贫寒，聪明伶俐却又举止粗俗，讲一口伦敦的土话。语言学家息金斯（Higgins）和朋友打赌，扬言只要经过他纠音调教，粗俗如艾丽莎也能学会上流社会的口音，变成一位淑女。艾丽莎闻后怦然心动，上门求助。为在打赌中获胜，息金斯倾力调教。艾丽莎经过努力，果然脱胎换骨，在上流社会的社交活动中谈笑自若，风度翩翩，惊艳全场。但息金斯忽视她的感情，简单粗暴。日益苦恼的艾丽莎愤然出走。这时语言学家才发现，他爱上了自己的学生。

《皮革马利翁》第一次公演是 1913 年，后来被改编为电影，由英国著名女星奥黛丽·赫本饰演主角。电影大获成功，共得七项奥斯卡奖项，而影片的中文名就是大家所熟悉的《窈窕淑女》。

周先生组织中大外文系师生演出英语话剧，除了活跃英语学生的课外文娱活动并增强英语课堂教学的目的之外，就是要为当时在广州的驻华使节演出。自 1948 年开始，国民党军队在人民解放军面前节节败退，在南京的行政院也迁到广州。这时的外交部部长是王世杰。前面的章节提到过，王世杰为法学家、中央研究院院士、法国巴黎大学博士，1928 年组建武汉大学，1929 年只身一人乘船从南京到武昌就任国立武汉大学首任校长，与周其勋有校友师生之谊。1933 年王世杰任教育部部长，又与当时在国立编译馆任人文组主任的周其勋是上下级关系。王世杰在教育部部长任上出席世界教育大会和其他学术会议的英文稿，多出自周其勋之手。其时国民政府风雨飘摇，据说这位外交部部长对周其勋说，他在广州熟人不多，事务又繁，希望校友看在旧日情分上出来帮忙，随即聘请周其勋任外交部新闻处（News Council）处长。作为英语研究学者，周其勋是个有国际视野的人，非常体恤母校校长的艰难。“二战”刚刚结束，对日、对德、对意的和约和战争赔偿问题，对美、对英、对苏的种种棘手交涉，尤其是我国东北的主权移交问题，纷繁复杂，都令这位外长寝食难安。周其勋愿意替外长分劳，因为王世杰的私德很好，他不烟不酒、生活简朴，素为武大旧人所敬重。同时，周其勋也明白，他只是兼职，也没有领相应的工资，并不是身入官场，所以他除了帮助王世杰译些外交电文外，唯一所能做到的外事活动就是组织外文系师生为驻华使节和他们的夫人们演出英语话剧。

“驱周”风波

正当周其勋孜孜不倦地在中大校园中一展怀抱，以不辜负王星拱校长的知遇之恩时，一阵冷风袭来，使他瞠目结舌，心惊胆跳。这股毫无预警的风波就是“驱周”。他无端被某些人唆使学生贴大字报，要将他从中山大学赶走，这无疑是对他这样以培育英才为己任的学人的侮辱。王星拱校长于 1948 年 3 月 1 日复函教育部部长朱家骅说明情况时是这样写的：

上学期大考完毕之时，外文系学生（一、二、三年级）具呈攻击周其勋主任，并推举代表二人，陈述意见。弟比即言辞谴责不应有此等越轨行为。当晚文学院中复张贴周主任之标语，次晨发见，即行撕毁，追询该系学生，坚不承认。此必系有作用之行动。一月以来，已在各方防范诘诫之中。迩来第二学期开学，学生陆续返校，有无其他（事）同类事件继续发生，未敢断言。如果发生，弟必遵旨整饬，纳入规范也。

事隔60多年，周先生的次子宁怀兄对此事件依然记忆犹新。当我就此事询问他时，他在回函中对我说：1948年春节前后，家父兴冲冲地带领我家全体（姐在内否记不清了）从西堂后院（中大附中）墙外惠爱路的汽车站乘公交车去石牌的原中大文学院礼堂，看他率领外文系英语专业师生演出的英语剧，然后高高兴兴地回家。过一两天返石牌校区即看到，文学院有贴出欢送周其勋教授离校的标语，才知道有人策动部分学生在赶他走。风潮详情尚不明。当时有印象，似乎是系中的连某和助教廖某有些关联。现在网上有篇关于1948年中大党派之争的文章简涉此事说，王星拱严斥文学院驱周的学生代表，并因此愤而辞职离穗回家，此风潮似乎是国民党内斗倒王星拱的一着棋，因周其勋是王星拱与校秘书、中文教授孔德礼聘来中大的。

这种历史大潮流中的小事件对于六七十年后的我们的确是一个谜。近年出版的历史学者桑兵著《历史的本色：晚清民国的政治、社会与文化》（广西师范大学出版社2016年版）中对这件事有较多的描写。书中引述了一位"知情者"对当时中山大学学生的异动和当局的无所作为的描绘：

> 中大内部情形日见恶劣，最近文学院学生以标语传单"驱逐"外文系主任周其勋先生，并对其他系主任之同样举动，亦已布置就绪，而在位者束手无策，旁观者乘机取利，开学以后想益将不宁矣……来此数月，耳闻目见，益为中大前途悲观，东南教育之未来恐惧。国家耗费亿万，维持此形同地狱之文化衙门，殊有辱此有历史性之学府，而无以对百粤之青年矣。

书中还说："这位知情者虽然站在政府立场，但非存心与学生为敌。"我仔细查了它的注释，原来是西洋哲学史家洪谦1948年2月19日致朱家骅的信。洪谦和周其勋教授一样，是王星拱校长同时引进的名家，所以他才有“来此数月，耳闻目见，益为中大前途悲观”此等兔死狐悲之语。书中又继续说，眼看中山大学的局势快要失控，广东的国民党各级组织大为不安，暗中酝酿“倒王”行动。3月13日，朱家骅再度接到广州密报：“中山大学王校长对党意识不足，应付软弱”，建议“推倒中大长王星拱，另拥蒋梦麟继任”。同时，这些人又将情况直接报告蒋介石。3月21日，国民党主席侍从室交下蒋介石代电：

教育部朱部长勋鉴：据报：广州中山大学自王星拱接长后，对学风极为放任……今后整顿之道，对该校校务负责人应予更易，另选干员接充，始足以辟邪说、攻异端、挽学风、正视听，防患未然等情，希注意切实整顿为要。

最高当局的直接指令，虽然只是陈述意见，还是令朱家骅相当紧张，不得不考虑换人的棘手问题。

其时王星拱因为身体欠佳和家庭不幸等原因请假离校，多次提出辞呈，而朱家骅则屡屡发电函慰留，不允其辞职。5月25日，王星拱在各方一再催促返粤的情况下，再度提出辞呈，并阐述了不能不辞的理由：“弟历承绾护殷勤，原未敢轻于言去……迩来年衰力竭，百病丛生，跬步难具，饮食锐减，复值境运多乖，遭众不造，内人不幸哀逝，小儿又因劳毁而致疾，抛弃远离，于心未忍，奔波应接，更觉难堪。夫学校事务之推进无有已时，而个人体力之支持终有限度，哀苦余生，已不能从事于牺牲矣。”于是，王的辞呈获准。

高层间的云谲波诡，周其勋是蒙在鼓里不知情的。这时，恰好新任广西大学校长，也是周其勋在南京时期交往密切的陈剑修来函邀请他到设于桂林的广西大学讲学，于是他欣然接受，暂时离开这乱成一锅粥的是非之地。据我查到的《西大周报》1948年第59期载："武汉大学法律系主任燕树棠博士，中山大学外文系主任周其勋先生，均将于本月中来校做短期讲演。"上海的《申报》1948年3月10日的"广西大学讯"的新闻条目下也有相类似的报道。山水甲天下的名城桂林，以及西大的校本部将军桥和分部良丰西林公园，都是风景秀丽之地。旖旎秀美的山水，朴实无华的校风给周其勋留下了难忘的印象，也种下了他与广西大学的情缘。

转入岭南

宁怀兄给我的微信中谈到，就在"驱周"和"易长"的风潮正旺时，"刚好桂林的西大请他去短期讲学（约一两个月），回来后经王力教授介绍去岭南大学任教"。事实的确如此，当周其勋从桂林讲学归来时，却发现中大的氛围已经大变，他的伯乐王星拱已经辞归故里，人去楼空，王星拱的左膀右臂、文学院院长兼语言学系主任王力和校长秘书孔德均已舍中大而就同在广州的教会大学——岭南大学。他不由得心里一沉，

1948年，周其勋（右一）赴桂林广西大学讲学，于当地名胜七星岩同师生合影，从此与西大结缘（左）
1948年秋，周其勋转赴岭南大学任教，照片中周倪二先生身后即为校方分配的住宅所在——康乐园东北区12号别墅（右）

倪翰芳先生在康乐园东北区 12 号别墅的读书留影

拔脚便去找王力，毕竟两家是西堂近邻。

岭南大学原是 1888 年美国长老会在广州沙基按照美国式大学创办的格致书院。1893 年格致书院脱离美国长老会，在纽约另组董事局，改为岭南学堂。1904 年岭南学堂迁回广州，并在广州河南康乐村购下 30 多英亩土地，成为永久校园。康乐校园建得美轮美奂，堪比北京的燕京校园。1918 年岭南大学发展出整套大学课程。美国的哈佛、耶鲁、哥伦比亚以及加拿大多伦多等 15 所著名大学正式接受岭南毕业生入读研究院课程。这是岭南大学发展史上的重要里程碑。

1926 年，国民政府颁令禁止外国人在中国办大学，于是华人钟荣光接手校务，以“本诸基督精神设施最高标准的教育”为办学理念。由于钟校长的努力，岭南大学成为中国南方一所举足轻重的教育机构，据说只是稍逊燕京。1948 年，陈序经（1903—1967）接任校长后，将岭南大学的学术地位提升到一个新的境界。陈序经是著名的“全盘西化”的倡导者，在海内外享有盛誉。他立意要将岭南大学打造成全国最优秀的学府。因此他在上任前即向清华大学、中央研究院、协和医学院等一流学术机构挖角，聘请极具名望的教授十数人，奠定了岭南大学在中国文史学界中举足轻重的地位。连同陈序经在内，岭南大学优秀的师资在抗战后的广东造就了一个人文荟萃、精英云集的局面，其盛况可谓空前。陈序经的种种作为曾受到周恩来总理的称赞，周总理还叫当时的广东省委书记陶铸好好向陈序经学习如何广揽名师，这都是以后的事了。

周其勋与王力和孔德两位见面时，王力对周其勋谈到，既然王星拱校长已经辞职返乡，我们再在这里做下去便失却了意义。乱乡不入，要不要到岭南大学来？要的话我就和陈序经先生说一声。就这样，通过王力的推荐，再通过校方快速的考核，周教授就从中大转到了岭南大学。在岭南大学，王力仍是语言学系主任，孔德也还是中文系教授兼校长秘书，周其勋过去以后也一如在中大的时候，照样当外文系的主任。

同中大石牌的波澜起伏、跌宕不定正好相反，岭南康乐园里宁谧安详。然而，在这里潜心研学的文人雅士怎么也没有想到，历史正在经历翻天覆地的巨变。现在，一个新时代即将来临之际，他们要以什么样的姿态来迎接这个时代？这座美丽、典雅、古朴、宁静的康乐园会有什么变化呢？

第八章　去留间的抉择

1949 年，是中国历史翻天覆地的一年。

1948 年 11 月 2 日，辽沈战役结束，东北全境解放，全国军事形势发生了根本变化。解放军又在华东、中原发起淮海战役。当月 23 日，东北野战军主力挥师入关，更使孤悬于平津一带的华北“剿总”司令傅作义集团面临被合围之势。12 月 5 日，平津战役开始，毛泽东对北平暂实施“围而不打”的战略部署。国民党政权风雨飘摇，蒋介石在退守台湾之前，决定做最后一搏，与共产党争夺人才，于是制订“抢救大陆学人计划”。

1948 年 11 月，在蒋介石的授意下，朱家骅、傅斯年、蒋经国等磋商谋划“抢救”平津学术教育界知名人士的办法。三人小组将南撤的北京文教界人士分为四类，这四种人必须“抢救”送赴台湾：一是院校负责人；二是中央研究院院士；三是因政治原因必须离开大陆者；四是在学术上有贡献的人。很快，傅斯年、陈雪屏、蒋经国商定了必须“抢救”的名单，几乎囊括了所有有成就的知识分子。

在旧政权顷刻瓦解、海外生活仍是个未知数的时候，那些靠着一张纸一支笔，在明窗净几的书斋里恣意纵横的学人，有几个会离开呢？谁会跟着这个彻底失败的政权到田横之岛呢？所以，要实施这抢救的计划明显是个艰难的任务。

段协平先生在《“南渡北归”笔记》一文中概括了这些面临抉择的学人的各种心态：

社会鼎革之际，大陆学人面临着严峻的人生选择。听从南京方面安排，有机会和条件的去了台湾。而选择留在大陆，各有各的考虑，情况比较复杂，大致可以分为五类：

第一类人，追求进步，向往光明。以陶孟和、曾昭伦（抡）曾昭燏兄妹为代表。

第二类人，对共产党不甚了解，对国民党更不感冒。经典的说法有三种：

罗常培："难道共产党还能比国民党更坏吗？"此其一。叶企孙："共产党也需要教书匠。"是为二。胡思杜："我又没有做什么有害共产党的事，他们不会把我怎么样。"这是三。

第三类人，家人都在大陆，故土难离，亲情难舍。也认定大陆解放，百废待兴，正是用人之际，报效祖国，将大有可为。以年轻学人为主。

第四类人，持"一动不如一静"的想法。陈寅恪最为典型。

第五类人，命运安排。

果然，"抢救大陆学人计划"未能成功。1948年12月，专门"抢救"知识分子的飞机冒着战火在南苑机场等候了两天，第一批只有胡适等6人登机，大部分机舱座位都空着。第二批也只有20多位教授登机。对此，蒋介石十分懊恼，不得不下令停止飞机"抢救"。

内战愈演愈烈。平津战役结束以后，国民党军队整体溃败，其防线已退至长江以南。抢救计划南移，宁沪杭一带首当其冲的是原设在南京的中央研究院。

内战的战线继续南移。解放军势如破竹，迅速突破长江天险，南京解放。继而又发起衡宝战役，追击南逃国民党桂系白崇禧军队。接着湖南和平解放。风雨飘摇的国民党政权已到了苟延残喘的最后阶段。国民党政府迁到广州，以阎锡山为行政院长，叶公超为外交部部长，教育部部长也由陈雪屏换成了杭立武。

杭立武（1904—1991）是安徽滁县人，祖籍浙江杭州，教育家、政治学家、外交家、社会活动家。1923 年毕业于金陵大学，次年以第一名成绩考取安徽省公费留学名额，赴英国伦敦大学政治经济学院深造，1929 年获伦敦大学政治经济学博士学位。回国后，1930 年被聘为国立中央大学政治系教授，曾兼任系主任。经杨杏佛推荐，又受聘为中央研究院社会科学研究所特约研究员。1931 年 4 月，他广招知名学者创立政治学术团体中国政治学会并兼任总干事，1933 年又在南京创办中英文化协会。抗战爆发后，他除了担任蒋介石与英国驻华大使及丘吉尔首相驻华私人代表魏亚特（Gen. Sir. Curton do Wiart）的联络员，还担任国民参政会议员、美国联合援华会会长。他还发起设立在南京保护难民的安全区，并任由 15 名外籍人士组成的“南京安全区国际委员会”的总干事。1944 年 12 月任国民政府教育部常务次长，1946 年转任政务次长，1949 年任教育部部长。1948 年开始负责运送国宝到台湾，并筹建台北“故宫博物院”。

杭立武是周其勋的老朋友。他们不仅有同乡之谊，而且在国立中央大学时，周在外国文学系任教授，杭在政治系任教授兼系主任，两人在课余或饭后，自有不少往还。在教育部，杭是高级官员，周所在的国立编译馆原本是教育部的编审处，编审处裁撤后才成立的国立编译馆，也还是属教育部，人员编制和预算仍然受教育部节制，所以他们之间的关系不是上下级也是同僚的关系，日常生活中往往无话不谈。况且，周其勋在迁往广州后，曾在国民政府广州行辕担任兼职的新闻专员。既然如此，杭立武在广州要“抢救”的对象之一就是周其勋。

这时，周其勋正在岭南大学做外文系教授兼主任。从中大转岭南大学，虽同是做外文系教授兼系主任，学术地位未变，但是他的内心是不平静的。

在社会震荡、人心浮动的广州，若是政府要员驱车进入静谧祥和的康乐园，必然会引起轰动、围观，甚至会惊动新闻界，造成不必要的负面效应，“抢救”任务也许会落空。所以，这位负有特殊使命的访客选择了周其勋在广州闹市文明路的寓所。周其勋虽经王力的介绍从中山大学转到了岭南大学，但为了方便夫人去石牌中大上课，还是住在中大西堂的宿舍里。

2018 年 11 月，笔者在杭州西子湖畔见到了周其勋倪翰芳的哲嗣周宁怀先生，命运把他又带回到乃父的出生地杭州，在杭州师范大学做教授直到退休。他学有专长，长期从事无机化学、化学教育的研究与教学工作，在国内首先创导与开展微型化学实验的研究和推广应用。他已年逾八旬，但思维清晰，步伐轻快。他现任中国微型化学实验研究中心主任，还曾任中国化学会化学教育学科委员会委员，《化学通报》编委等职。他对全家初到广州，住在文明路中大宿舍——西堂的情景还历历在目。据他叙述：

1946 年下半年举家到广州后，我们就住在文明路国共合作时举行第一次国民党代表大会的礼堂右侧，由原中大教学楼改为教师宿舍的两层楼的西堂。

我家五口人分到两间相邻的大教室，在楼梯右侧，每间教室四五十平方米，每间又隔成两间（留边门相通），前间为客厅及书房，后间为卧室，最右间前厅做餐厅用，可摆下十来个人吃饭的圆桌。

西堂各家无卫生设施，厕所是公用的。公用的走廊上，各家门前的水龙头及有毛巾挂钩的脸盆架就是全部的洗漱设施。

西堂呈正方形，我家面对操场，墙外是文明路。

王力一家住在西堂右侧独立小楼的二楼上。马思聪一家在西堂二楼面向礼堂一侧，我们在走廊上常听到小提琴或钢琴声。

这种时刻的密谈，当然要避开小孩子。周其勋两子一女。大女儿周宁霞就读燕京大学新闻系，此刻在北平，只有两个儿子在广州读中小学。大人们要谈事情，我们的宁怀兄只好出来街上玩耍，直到傍晚暮色苍茫客人离去时才回家。

对于当年这位重要的访客来家与其父讨论“何去何从”一事的情景，这位当年还是十一二岁小孩的宁怀兄在近70年后记忆犹新：

是杭立武还是陈雪屏我不敢确定，但是乘吉普车来印象颇深，是在下午四五点光景。对当时十一二岁的孩子来说，稀有的车子停在西堂下面而且客人是到我家的，自然别有一番滋味与记忆。但大人的谈话我们是不去听的。谈的时间很长但没有留饭。印象中不久，就送来了台湾师范学院的聘书。

但是，周其勋没有走，他没有解释为何不想离开。他可能认为，在美国人办的教会学校里任教，已经算是离开了中国的政治。中国无论哪一党哪一派当权，教书匠总是需要的吧。何况，现在的生活安逸，何必还要像抗战时那样，又要颠沛流离呢，更何况大女儿还在北平呢。

人们还相信，在周其勋何去何从的问题上，他在北平燕京大学新闻系就读的女儿周宁霞也起了一定的作用。在司徒雷登创办的燕京大学里，风气相对宽容，青年学生很多向往延安，读红色书籍，搞学运，国民党的军警一来抓人，他们就躲进校园，得到崇尚自由民主的司徒雷登的保护。就我所知，新中国成立后曾任外交部部长的黄华，曾任中华人民共和国外交部副部长、新华社香港分社社长的周南，中国常驻联合国代表凌青，曾任中国政法大学校长的江平，以及著名作家、翻译家、记者萧乾，都是当年燕京大学新闻系的学生。连周其勋的朋友，国学大师吴宓的三女儿吴学昭也是。

台湾师范学院的教职，应该是杭立武能给他老朋友周其勋提供的最好聘书了。日据时代的台湾没有什么像样的大学。现在台湾的“国立”大学如新竹的台湾“清华大学”，私立大学如长庚大学、淡江大学，以及教会大学如东海大学、辅仁大学等，当时（1949 年）都还没有建立起来。国民政府刚接收的日据时期的“台湾大学”也正由跨海而来的傅斯年筹备新张。周其勋迟疑之际，陈可忠、梁实秋和田培林三位接受了台湾师范学院的聘书并改变了该校的面貌。说来也巧，周其勋、陈可忠、梁实秋都与国立编译馆有缘。抗战前，周其勋为编译馆人文组主任，陈可忠为自然科学组主任；抗战中，陈可忠升任馆长，梁实秋为人文组主任；抗战后，梁实秋一度为馆长。他们不仅地位相当，遭遇也相似。周其勋在广州中山大学外文系主任任上遭遇“驱周”学潮，陈可忠后来到中大代理校长以及梁实秋到中大做中文系主任都同样“撞大板”，遭到“驱陈”和“驱梁”的冲击。他们很可能都是从杭立武手上接到这聘书的，因为这是作为教育部部长的杭立武在广州的“抢救”工作的一部分。到了台湾师范学院（1955 年即改制为台湾师范大学）之后，陈可忠出任理学院院长，梁实秋任文学院院长，田培林任教育学院院长。三位院长俱称一时之选。原来籍籍无名的台湾省立师范学院，自此成为公认学术水准很高的大学。

在这段风雨飘摇的日子里，杭立武除了要“抢救”他的老朋友周其勋，还一直念念不忘另一位在岭南大学的人——国学大师、史学泰斗陈寅恪。陈寅恪学贯中西，通晓十余种语言，甚至包括梵文、西夏文和突厥文，被誉为“教授中的教授”“中国最博学之人”，也是清华大学国学院四位导师之一。1949 年 12 月 15 日，陈寅恪在胡适的劝说下与胡同机飞往南京。两架飞机，载着胡适、陈寅恪、毛子水、钱思亮、英千里（前任文化部副部长英若诚之父）当天抵南京明故宫机场。王世杰、蒋经国、朱家骅、傅斯年、杭立武等在机场迎接。

但是，陈寅恪没有离开故土，也并无离开之意，而是接受时任岭南大学校长陈序经的邀请，在广州留了下来。杭立武曾多次派人劝说陈序经动员陈寅恪离开大陆，陈序经一直没有答允。杭深知二陈的价值，多次碰钉子之后退而求其次，力劝二陈先到香港看看情形再说，并说这样可以进退有余。据陆键东《陈寅恪的最后20年》（修订本）（三联书店2013年版）披露，1949年9月某日，杭立武竟拉着“战时内阁”的财政部部长徐堪最后一次急匆匆地赶到岭南大学，亲自与陈序经摊牌，要陈序经一同前往劝说陈寅恪到香港。杭立武此时已到了哀求的地步，对陈序经说，如果陈寅恪答应去香港，他马上给陈寅恪10万港币及新洋房，陈序经当时抢白道：你给10万我给15万，我盖新房子给他住。杭立武带上财政部部长一同劝说，大有即时兑现之意。但陈寅恪南下到广州之后就不愿再走了，至少是认为，现在即将迎来一个新的时代，国民党气数已尽，没有再多搬一次家的必要了。

1948年末，周其勋倪翰芳夫妇与即将赴台的友人一家合影留念

走还是不走？这历史关头的抉择令人踌躇。周宁怀先生提供了当时的情形。他说：

> 大人同事间对去留问题是议论颇多的。当时金圆券银圆券风波接连。当天发薪水（要用麻袋装），因不断贬值，得马上坐黄包车去买大米等必需品，否则到明天就更不值钱了。

家父历来看不起国府官场，又眼见国民党败相已露，再加上台湾“二二八”事变已经发生，这一连串的事情都影响着他。家中订有《星岛日报》《大公报》等，对形势发展的报道，包括我们孩子也都是关心的，再加上我姐上燕京大学，北平已解放（父母还托人设法带点金器给她维持生活），这一切他都会看在眼里。

虽然在解放前的广州，没有明显的地下党或左翼人士来做工作，但从《星岛日报》等港报中，他了解战况及沪上解放军宁可露宿也不入民宅的感人事例。所以他对国民党政府的腐败和失败是清醒的，对未来的时日也是憧憬的。

另一方面，去台湾的故旧大多数对共产党了解也不多，似乎也没有地下党来做他们的工作，所以当时思想去留的挣扎肯定是剧烈的，但最后还是以不变应万变留了下来。

物价飞涨，金圆券贬值以致成为废纸，显然是压倒国民党政府这只骆驼的最后一根稻草。这场金融风暴，当时才五六岁的笔者也曾历历在目。当年，街上人心惶惶，议论纷纷。早上一麻袋的金圆券还能买一担米，到了中午就只能买一担柴了，卖柴的汉子还为此跳了河。过不了几天，郊外全是一堆堆焚毁了的印刷精美的金圆券。

1949 年 9 月，解放军势不可当，分路越过粤北天险五岭山脉，突破国民党吹嘘的“粤湘赣防线”，直逼广州。

在解放军的凌厉攻势下，国民党政府土崩瓦解，行政院长阎锡山逃到台湾，代总统李宗仁飞往重庆，国民党军队华南军政长官余汉谋则率部沿西江逃窜。但是，杭立武和叶公超这些文士、“海归”都没有走。直到 10 月初，解放军的炮声已经隐约可闻，杭立武还在有条不紊地做他的“抢救”工作，叶公超主持的国民党政府“外交部”也还在广州办公，还在为国民党认为必须离开大陆的各色人员办理护照。

周宁怀见证了这个硝烟弥漫的历史转折时刻。他写道：

因母亲尚在中大，所以西堂的住所未变。虽然岭南也给了住房，但为孩子上学方便我家也未迁入。广州解放前一天（或当天上午？）我们乘车经珠江大桥到康乐，看到桥上垒满了装着炸药的木箱，傍晚在康乐的家就听到剧烈的爆炸声和升起的浓烟，知道海珠桥被炸毁了。1949 年 10 月 14 日，国民党跑了。

最终，无论陈序经还是陈寅恪，包括陈寅恪和周其勋的共同朋友吴宓都没有离开大陆。但是，周其勋最钟爱的学生和助教夏济安走了。

夏济安是周其勋的得意弟子，一向为周其勋所看重，周其勋要去广州中山大学担当重任的时候，就希望还在北大任教的夏济安同去，自己也好有个左膀右臂。没想到周其勋到了广州中山大学，却碰到了“驱周”风波，以致王星拱校长严词斥责“驱周”相关人士，并因此愤而辞职离穗回家。作为周的得意门生，想要南下找出路的夏济安为此忐忑不安。他在 1948 年 4 月 26 日致其弟夏志清的信中写道：“下学期我的出路未定，反而比前两个月更不定，好在我亦不大去想它。周其勋在中山大学自己都不稳，下学期将脱离，我当然更荐不进。”

夏济安最后悄悄出走香港，到香港新亚书院任教一段时间。在香港期间，他于 1950 年 9 月 19 日致夏志清的信中，提到了他的行程、他的女朋友以及他的老师周其勋：“我大约十月初去台，台大事已无问题，唯入境证尚未寄下。……秦小姐事进行如常。她为了下学期不能进一个好的学校而发愁。……她想去考（上海）圣约翰、广州的岭南（周其勋在那里教）或北大清华之类。”

1949 年后，海峡两岸向不同的方向发展，原先同事旧交也开启了不同的人生旅途。隔绝的两边，也无从知道彼此的生活状态、内心感受以及历史的命运。

1966年开始的“文革”狂飙，一下子把周其勋教授刮到了“牛鬼队”，让其在系办公大楼周围一带扫地。一日，就在周其勋教授于系办公楼周围一带埋头扫地的时候，校园里突然出现了两名军人。他们是“中国人民解放军福建前线部队对台广播小组”的成员，来校的目的是要这位老教授写一篇对台湾的广播稿，以统战他在台湾方面的故友旧交。

周其勋自然不会怠慢。他当然也希望此时此刻能与他的台湾前同事、朋友一诉衷肠。20年了，远离故土的朋友们还过得好吗？不只是台湾的朋友，在大陆的朋友们如吴宓、丰子恺等人，也令他念念在兹。

稿子写得慎之又慎。周其勋父子与相关部门人员再三斟酌，几易其稿，最后才敲定。周宁怀先生也说：“这是在大约1970年由有关部门的陈某多次上门访谈家父后写成的。”但可惜的是，这篇稿子现在找不到了。笔者曾于2018年12月回到广西大学遍访有关部门和有关人士，都寻觅不到任何踪迹。就此请教周宁怀先生，他也回复说：“我已向西大外国语学院的书记提出，请他去校台办或档案馆寻找。这篇东西经家父同意后曾对台湾播出过，对象可能是陈雪屏、杭立武或陈可忠。但至今他尚未反馈此事结果，若是找到当是重要史料。”

既然这篇稿子已经向台湾广播过，周其勋的这三位在海峡彼岸仍位居显要的朋友说不定也听到或听说了呢。我坚信这篇东西还尘封在广西大学的某个角落里。但是不管如何，周教授总算有了一个机会与远在政治藩篱那边的朋友们一叙别情。他们相隔太久了，更何况人到老年的时候，能与老朋友谈谈世情是一件多么难得的事啊！

第九章　从中山大学到广西大学

从岭南回归中大

岭南大学康乐园外，炮火连天，空气中弥漫着革故鼎新的氛围。但是，康乐园里，还处在暴风雨前的宁静中。周宁怀教授多年后回忆道：

由于当时（解放战争）炮火渐渐逼近华南，外籍教授纷纷回国，所以空出了康乐园里外教住的东北区12号一幢两层别墅，分给家父楼上一大一小两间（楼上的另一半分给单身的数学系陈教授）。每间均有各自的卫生间。楼下还有客厅、饭厅和地下室厨房及保姆房。楼下另一半，大间归独身的广东名女诗人冼玉清住，三家从新中国成立前一直住到1957年以后康乐园西南教授楼盖好才分开。东北区12号在（1952年）院系调整后我家才全部迁进的，在这以前母亲还在文明路西堂住，方便去石牌（中山大学校区）上课啊！东北区12号斜对面是校长许崇清的住宅，再往前靠近图书馆的独幢洋房别墅（东北区10号），楼上是陈寅恪的家，其夫人唐筼是家母好友，两家亦有较多来往。这些事都是我中学时代的经历，记忆尚清，不会有大出入。

自20世纪30年代起，岭南大学先后设文、理、工、农、商、医等学院。岭大教学注重基础理论，大力发展自然科学，重视英语训练，提倡体育运动，学术空气浓厚，政治干扰较少，学人之间自由切磋交流

1949 年前后，周其勋先生（后排左六）与岭南大学学生课外郊游

的风气尤盛。由于陈寅恪先生的夫人唐筼与倪翰芳先生是好友，所以周其勋教授开始为“瞽目膑足”的陈大师物色学术助手。华东师范大学中文系教授胡晓明在《台北访书记》一文中，记录了他在台湾访书时，无意间发现台湾《新观察》杂志上的一篇文章，透露周其勋先生曾为在岭南大学任教的国学大师陈寅恪介绍学术助手。这篇《岭南大学时期的陈寅恪教授》，作者符案峰，是以对话体记录一位匿名的北美大学的汉学教授，曾在 20 世纪 50 年代初当过陈寅恪助手的谈话。这位助手是岭南大学的周其勋、桂铭敬两位教授介绍的。助手每天的工作是读报纸，念毛姆的《月亮与六便士》（*The Moon and Sixpence*）英文版，然后笔录陈先生的口授文章。但陈先生口授居然是文言，后来改为陈先生写在黑板上，然后由助手抄录。

“余生也晚”，我无缘见过陈寅恪先生。据说，他“讲课时，或引用多种语言，佐证历史；或引诗举史，皆信口道出，而文字出处，又无不准确；伴随而来的阐发更是精当，令人叹服”。这样一位史学大师，照理应多读经史子集，何以对英国小说家毛姆（W. Somerset Maugham，1874—1965）的《月亮与六便士》感兴趣呢？比较合理的解释是，作为近邻好友，陈周两位先生在茶余饭后随意漫谈之际，周其勋向前辈和朋友推荐学术助手的同时也推荐了这本英国小说。这部小说以法国的后印象派画家保罗·高更（Paul Gauguin）的生平为素材，描述了一位富有的伦敦证券经纪人突然对艺术着迷，抛妻弃子，也绝弃了优裕的生活，奔赴南太平洋的塔希提岛（Tahiti），把生命的价值全部投入画作的故事。这部小说和毛姆的一些短篇我也看过，还译了一篇（也是以塔希提岛为背景的）登在刊物上，不知怎么给周先生知道了，他托人来告诫我，手痒就学做一篇论文，不要光翻译书！

在世外桃源式的岭南大学住了不过两年光景，周其勋和其他岭南大学的学人就迎来了历史的巨变。转眼就到了 1950 年。一天，周其勋倪翰芳在西堂的家里来了一位不速之客。倪翰芳惊愕过后，细看之下才发现这位穿军装，腰间别着手枪的女解放军，原来是这几年在北平读书的宝贝女儿。喜出望外的母亲当然仔细询问了女儿这几年的行踪。原来，在燕京大学新闻系读书的周宁霞，很早就加入了中共地下组织，北平解放后，受组织派遣离校参加了新政权的相关工作。这次是作为南下工作团成员，随军到广州，是接管大学的军管会成员之一。女儿凯旋，阖家团圆，周先生倪先生有说不出的欢喜，但周先生欢喜中也有遗憾。从他后来对我们所说的话看来，他对他的儿女积极参与政治而疏于学术的选择总是有些不快。毋庸讳言，民国时期有些学人和他们追求进步的儿女是有代沟的。周先生的女儿不久就归队到南方日报社当记者，1953 年与时任南方日报社社长、中共中央华南分局宣传部副部长曾彦修结婚，次年两人调京。而且，这位为革命而放弃学业的燕大高才生后来又回归学术，她 70 年代在上海古籍出版社编辑的任上，担任中国地理名著《徐霞客游记》的标点、整理工作时，甘坐冷板凳，孜孜不倦地埋头编辑整理研究，对《徐霞客游记》的重印出版和“徐霞客学”做出了突破性的贡献。她别出心裁地奔赴北京图书馆找到孤本——徐霞客家的塾师季会明的抄本一至五册；她撰写的长篇论文《〈徐霞客游记〉原始抄本的发现与探讨》被著名历史地理学家侯仁之称为“是已发表的介绍徐霞客生平业绩的各种写作中最系统、最全面的一篇”；她三次躬行踏勘徐霞客的游踪并写出游程；最后，她经过苦心思索，石破天惊地发表了《徐霞客家庭悲剧考索——解析一个累世谜团》的长文，将我国的徐学研究向前推进了一大步。这不能不说是家风传承了。

鼎革之初，留下来的知识分子面临不断进行的思想改造运动。1949年，北京高校部分教授的政治学习运动；1950年，清理亲美、崇美、恐美思想运动；1951年，对电影《武训传》的批判运动；1952年，知识分子思想改造运动……在思想改造的批评与自我批评的阶段，周其勋由于

1951年，周其勋先生与倪翰芳先生的大女儿周宁霞参加南下工作团到广州，被军管会派到中大工作，适值大儿子周宁华考入北方交通大学，于是留下这张全家福

院系调整前中山大学外文系师生合影，前排右一为倪翰芳先生，前排居中站立，着深色衣服者为系主任林文铮教授

留美回国后较为复杂的经历与社会关系成为重点对象，检查4次，直至他的历史问题被认为基本交代清楚并有了一定的批判认识，才获得通过。周其勋事后没有背上沉重的包袱，很快就投身到教学与学习俄语的潮流中。

据中山大学王宗炎教授在“文革”后与我们广西大学62级余建新校友闲谈时说过：20世纪50年代初的周其勋作为嘉宾出席捷克斯洛伐克总领馆建馆酒会时，曾为主宾做了一个多小时的即席翻译。另据出版社编辑小陆热心帮我找到的1956—1957两年的《中山大学》学报共七期，留美学人陈寅恪、周其勋以及刘节、朱师辙等人都有各自专业的学术论文在上面发表，说明那时广州学人还在享受着相对宽松的学术环境。

1952年6月，院系调整开始了。所谓院系调整，就是把中华民国时期效仿英美构建的高等学校体系改造成苏联式的高等学校体系。这是高教史上一件刻骨铭心的大事。在调整中，私立大学（包括教会大学）全部被裁撤，分别并入其他公立高校。不过，这次对周其勋的影响，只是服务的学校由岭南大学改成中山大学，居住的地方并没有变，还是风景如画的康乐园。

校名虽依旧，人事已全非。此时的中山大学已不是昔日的场景，但是康乐园的气氛还是祥和的。那种雷霆万钧泰山压顶式的运动还没有掀起，学人们依然自由来往。兹录几则1953年的刘节日记以志当时：

一九五三年一月三日 星期六 天晴

上午上课二小时。下午中国史教研组开会，会后访周寿恺夫妇、周其勋夫妇。晚饭在王了一家，同席者陈序经夫妇、王越夫妇、丘陶常、刘嵘二位。

一九五三年一月四日 星期日 天晴

上午至历史系一看，返家预备功课。下午谭彼岸、端木正、容希白、周其勋、倪翰芳先后来访。晚预备功课。

一九五三年二月十五日 星期日 天雨

早起吴熙钊来谈。少刻学生蔡多寿等六人来访。下午周寿恺夫妇、吴印禅夫妇、王力夫妇、王祥珩夫妇、岑家梧先后来访。予夫妇走访冼玉清、周其勋、倪翰芳、连珍、陈序经……

这些经常走动、往来密切的学人，我们在《南下广州》一章中已有介绍，只是1948年到1952年间在任的岭南大学校长陈序经此刻“无官一身轻”，只是中大一教授，岭南大学已于1952年夏被裁撤。容希白即容庚（1894—1983），古文字学家，1922年经罗振玉介绍入北京大学研究所国学门读研究生，毕业后任燕京大学教授、《燕京学报》主编、岭南大学中文系教授兼系主任、《岭南学报》主编，不过此刻也是一教授。周寿恺（1906—1970），内科专家、原岭南医学院院长，院系调整后的中山医学院副院长兼附属第二医院院长。陈寅恪、容庚和周寿恺都是陈序经想尽办法聘请来的；周寿恺夫人黄萱则是陈寅恪教授的学术助手。日记的作者刘节教授（1901—1977），则是陈寅恪的弟子，史学家，1926 年入清华大学国学研究院，师从梁启超、王国维、陈寅恪，时任历史系主任（但很快就被杨荣国取代）；王力，时任中山大学文学院院长；冼玉清为岭南著名的女诗人、文献学家、画家，与周其勋倪翰芳同住东北区 12 号，周倪一家住楼上，冼玉清住楼下；倪先生与冼玉清，以及住在附近的陈寅恪夫人唐筼三人是好友。总而言之，这是一群志趣相投，一心一意做学问之人，还没有受到变革的洗礼。

就这样，由于时局变化，周先生由中大而岭南，而后又岭南而中大，虽然住处一直没变。他的学术地位也一直未变，无论旧中大或旧岭南，他都是教授兼系主任。直至院系调整后，他才不再担任系主任职务。

在新的中山大学，周其勋的名气在全国范围内依然得到公认。据《社会变革与语言教育——民国时期学校英语教育研究》（朱红梅著，华东科技大学出版社 2011 年版）一书记载：

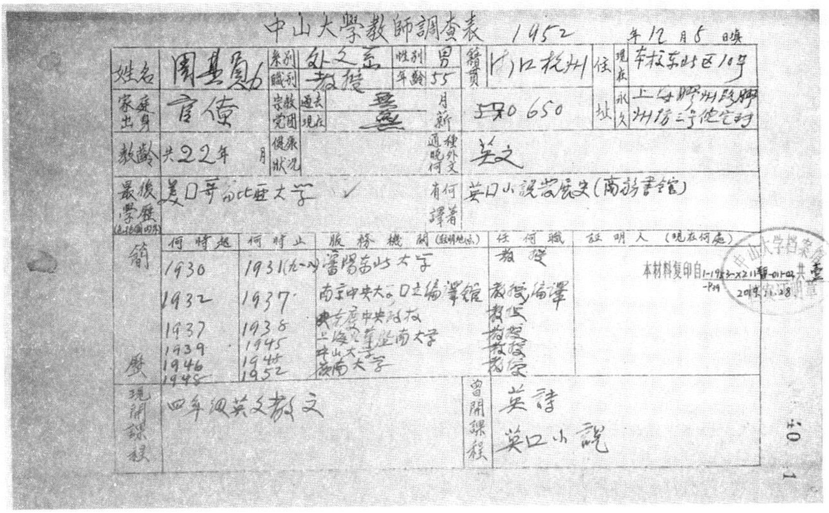

中山大學教師調查表　1952 年 12 月 5 日填

姓名	周其勋	系別	外文系	性別	男	籍貫	浙江杭州	住址 現在：本校东北区 10 号
		職別	教授	年齡	55			
家庭出身	官僚	宗教黨團	過去 / 現在：無		月薪	570 650		住址 永久：[illegible]
教齡	共 22 年　月	健康狀況			通曉何種外文	英文		
最後學歷	美国哥伦比亚大学				有何譯著	英国小说发展史（商务书馆）		

何時起	何時止	服務機關	任何職	証明人（現在何處）
1930	1931	[illegible]大学	教授	
1932	1937	南京中央大学、国立编译馆	教授、编译	
1937	1938	[illegible]	教授	
1939	1945	上海暨南大学	教授	
1946	1948	中山大学	教授	
1948	1952	岭南大学	教授	

現開課程：四年级英文散文

曾開課程：英詩、英国小說

本材料复印自 1-1953-X211 … 共壹页

1952 年，周其勋先生填写的中山大学教师调查表新中国成立之初，仅全国高校外语系科的英语教师多达400多人，占外语教师总数的一半以上，占全国高校专任教师的3%左右。这既缓解了英语师资缺口的压力，又首次实现了英语教师的本土化。此后活跃在英语教坛的名家，均是民国时期所培养的。其中有朱光潜、张仕一、吴宓、楼光来、陈逵、范存忠、陈嘉、温源宁、林语堂、梁实秋、方重、孙大雨、叶公超、陈福田、林同济、李霁野、郭斌和、罗念生、周熙良、袁昌英、罗皑岚、柳无忌、水天同、汪梧封、初大告、卞之琳、艾伟、周其勋、梅光迪、戚叔含、俞大絪、赵萝蕤、吴景荣、杨周翰、王佐良、许国璋、刘世沐、李赋宁、蔡文显、杨岂深、葛传槼、张沅长……各位老师教学有方，业有专精，故造就了不少人才，其中有些已在国内外卓著声誉。

在这份长名单中，有些人已经去国，不在祖国大陆，如去台湾的温源宁、梁实秋、叶公超、艾伟，赴美的柳无忌、陈福田等。留下的人中，孙大雨、林同济、袁昌英、水天同、罗皑岚等后来都被错划右派，离开了教学岗位。还有些人如朱光潜、陈逵、陈嘉、李霁野、罗念生等，则由于各种各样的原因也不再从事教育事业了，因此留下来的英语人才就更显难得了。

在《浙籍作家翻译艺术研究》（吴笛著，浙江大学出版社2009年版）一书中，作者说，20世纪三四十年代的浙江翻译文学出现了群星灿烂的局面和一大批有重要影响力的译家，到了新中国成立时，“一些在三四十年代活跃于译坛的老一辈译家，开始焕发第二个青春”。周其勋正是这样一位浙籍译家。在这一时期，他和其他人合译了苏联文学批评家阿尼克斯特的《英国文学史纲》，1959年由人民文学出版社出版。

住在南方海隅的康乐园中，周其勋倪翰芳老师的心情是愉快的。他们满腔热情地投入了新时代的各项工作，开始焕发第二个青春。倪翰芳很忙，因为她除了教学，还要担任中国学生运动史料的英译，并要为各种大型的外事活动，例如世界青年联欢节、国际民主妇女联合会、世界和平大会等做各种笔译工作。英文版的《人民中国》《中国妇女》等刊物，也时常向她约稿。就我所知，1950 年 9 月《人民中国》第二卷第五期的《一个儿子给父亲的一封信》译文，1951 年 3 月《广东教育与文化》第二卷第五期的《外国语文教学必须掌握的一些方法》等，都是倪先生那个时期的作品。另外，儿女们都很有出息，无须她的牵挂。前面说过，女儿在《南方日报》当记者，是党员干部；大儿子周宁华考上北方交通大学，远在北京；小儿子虽近在眼前的广州东山培正中学，但他 1951 年入团后很快就成了团干部，也忙得很，所以寄宿在校，连周末也在学校度过，后来还考入北京大学。倪先生是浑身轻松，全力投入工作和教学。

周先生也很忙。教学之余，他要忙于学俄语，他参加了中大教师组织的 40 天俄语速成学习班，还购置了俄语唱片，起早摸黑地认真学习着。那时，中苏关系正处于蜜月期，俄语学习在外语系占据了绝对优势。周先生也要面临“转呔”（粤语，即转向），改用苏联的教材。但是，谈何容易，中大的这班教授，除了周其勋，如戴镏龄、吴志谦、桂诗春、蔡文显、汪梧封等都是清一色的英语背景，所以，他们只好急急如律令地改学俄语以适应形势。“开始翻译的时候，我的俄语水平真的很一般啦，连粗通的水平都达不到，压力很大呀！”周先生后来对广西大学俄语 623 班苏卓兴等同学说，“但最后还是把全书翻译出来，出版了。这就叫作有志者事竟成。”

20 世纪 60 年代我们读大学时，周教授就是用这本阿尼克斯特著的《英国文学史纲》做我们的教材的。现在几十年过去，印象已经模糊。唯一记得的就是，此书把以拜伦、雪莱和济慈为代表的浪漫主义称为积极（革命）浪漫主义，而把以华兹华斯（William Wordsworth，1770—1850）、柯勒律治（Samuel Taylor Coleridge，1772—1834）以及骚塞（Robert Southey，1774—1843）为首的湖畔派诗人称为保守（反动）浪漫主义。

但是，我们当时读这些诗的时候，在欣赏优美诗句的同时，只是感到这两派风格不同，就像我国的宋词，有豪放派和婉约派的区别。

我们非常感激周其勋教授等翻译了这本大部头的《英国文学史纲》，这是从20世纪50年代到改革开放的年代国内出版的唯一介绍英国文学史发展的专著，主要叙述了从中世纪英国文学的起源直到20世纪英国文学的历史。如果没有这本书，我们这批20世纪60年代的英语专业学生在这方面几乎无书可读。这本书可谓是及时雨，因此周先生当年用这书教我们时，有些细节迄今记忆犹新。比如，莎士比亚的十四行诗中有那么两行：Shall I compare thee to the summer's day？/Thou art more lovely and more temperate.（我把你比作夏日好吗？你比夏日更温柔，更可爱。）我们囿于阅历，感受幼稚，浑然不知莎翁为何把爱人或密友比作夏日。南宁的夏日让人如坐蒸笼或受炮烙般难熬，及至到了英国才知道夏天是他们那里最美好的季节。

近年来，就我所看到的许多新晋学者所做的研究论文还是举列此书所用的材料。这就是说，周其勋等当年的翻译直到现在还起着不可或缺的历史作用。

此书当然为我国20世纪五六十年代的英国文学研究确立了普遍的政治基调。对于这一现象，有论者在《拜伦与中国》一书中说：

（《英国文学史纲》的）作者先把浪漫主义者从政治上分为“两个互相对立的阵营”，提出“保守的（反动的）浪漫主义”和“进步的（甚至是革命的）浪漫主义”一对概念，然后再做介绍和评价。他把拜伦说成“英国浪漫主义最卓越的代表”，其创作“是同那个时代一切进步的解放运动紧密地联系着的”，而对拜伦作品中那种厌世者的孤傲、悲观和虚无主义的倾向，则绝口不提，讳莫如深；相反，把“湖畔派”对资产阶级文明的批判和对社会正义观念的肯定一笔带过，对他们在浪漫主义文学在发生发展过程中所起到的积极作用也轻描淡写，而华兹华斯为《抒情歌谣集》所写序言则被断定为“英国文学上反动浪漫主义的宣言”，骚塞更不用说，作者称壮年骚塞为“一个最反动的人物”。由于英国的浪漫主义作家被阿氏如此排斥，拜伦、雪莱等进步的革命的浪漫主义诗人相对华兹华斯、骚塞等反（法国）革命的保守浪漫主义而言，在中国的命运总算好得多了。这真是塞翁失马，安知非福啊。

解放后周其勋先生完成的主要译作《英国文学史纲》《拜伦》

由于有了阿尼克斯特这样的苏联文学批评家的论断，周其勋很放心地致力于对浪漫主义诗人雪莱的译介。说来奇怪，新中国成立后，在“向苏联老大哥学习”的口号声中，西方文学作品翻译出现高潮，英国现实主义作家，诸如狄更斯、萨克雷、夏洛蒂·勃朗特（Charlotte Brontë，1816—1855）等，包括以拜伦、雪莱为代表的浪漫作家都受到追捧。周其勋教授不但与人合译雪莱的长诗《解放了的普罗米修斯》（*Prometheus Unbound*），而且在《中山大学学报》1956年第三期上发表《试论雪莱的〈解放了的普罗米修斯〉》的长篇论文，就这部诗剧的内涵和寓意进行了深入的探讨。《英国文学研究在中国》一书对周其勋等人在20世纪50年代雪莱研究方面的历史功绩很是推崇。书中写道：

如果说民国时期的雪莱译介与评论主要以作家和翻译家为主，那么从50年代开始，拥有外国文学专业背景的学者开始登上了雪莱研究的舞台，如周其勋、郑启愚、袁可嘉、范存忠等。相比而言，研究的深度更进一步，系统性、规范性和学术性大为增强。从研究特点来看，50—60年代的雪莱研究出现了以政治化解读为主的趋势，具有鲜明的时代特色。究其原因，一是马克思主义开始成为占主导地位的意识形态，二是国内的文艺批评深受苏联文艺观的影响。

书中继续说，周其勋等人借助苏联的文艺观，对雪莱有更加深入、更加学术化的诠释和论述。在《试论雪莱的〈解放了的普罗米修斯〉》中，周其勋开篇指出，雪莱的诗，“是现实的反映，人生的批评”。周先生主张借用苏联的先进经验来“指导我们的工作，把雪莱著作中的革命精神和艺术加以发扬光大”。

对于周其勋的这篇论文，该书作者的整体评价为论证翔实，注释精当，是马克思主义文艺批评视角和西方现代学术范式的结合。作者分析道：

他（指周其勋）沿用“反动的浪漫主义”和“革命的浪漫主义”之划分，认为《解放了的普罗米修斯》是“革命浪漫主义诗人”雪莱一生的杰作。周其勋还从“思想性”与“艺术性”的角度来进行评价，其论述方法明显受苏联影响，具有鲜明的时代特色。不过，除了典型的政治化解读之外，此文大段引译了原作中的诗句，同时援引很多英美批评著作作为论证材料，并给出详细的注释，从而将马克思主义文艺批评视角和西方现代学术范式有机地结合起来，是一篇非常规范的雪莱研究论文。

毫无疑问，周其勋的英文造诣和研究功力就表现在“大段引译了原作中的诗句，同时援引很多英美批评著作作为论证材料，并给出详细的注释，从而将马克思主义文艺批评视角和西方现代学术范式有机地结合起来”。我在阅读周先生这篇论文的时候对他的旁征博引印象尤其深刻。英美文学批评家中，他引证了马修·阿诺德（Mathew Arnold，1822—1888）的《论拜伦》，莱斯利·斯蒂芬（Leslie Stephen，1832—1904）的《高德温与雪莱》，亚瑟·奎勒－库奇（Arthur Quiller-Couch，1863—1944）的雪莱研究论文，T. S. 艾略特（T. S. Elliot，1888—1965）的《诗的用途与批评的用途》，弗朗西斯·汤普森（Francis Thompson，1859—1907）的《雪莱》，安德烈·莫

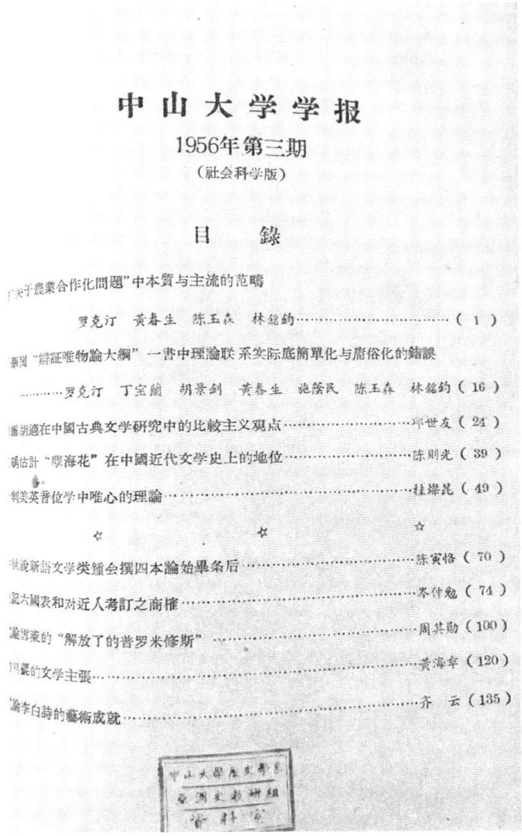
中山大学学报
1956年第三期
（社会科学版）

目　錄

关于農業合作化問題”中本質与主流的范疇
罗克汀　黄春生　陈玉森　林铭钧……（1）
奉阅“辯証唯物論大綱”一書中理論联系实际底簡單化与庸俗化的錯誤
……罗克汀　丁宝蘭　胡景钊　黄春生　施蔭民　陈玉森　林铭钧（16）
胡適在中國古典文学研究中的比較主义观点……邱世友（24）
估計“孽海花”在中國近代文学史上的地位……陈則光（39）
判美英音位学中唯心的理論……桂燦昆（49）

☆　☆　☆

世說新語文学类鍾会撰四本論始畢条后……陈寅恪（70）
記六國表和对近人考訂之商榷……岑仲勉（74）
論雪萊的“解放了的普罗米修斯”……周其勋（100）
的文学主張……黄海章（120）
論李白詩的藝術成就……齐　云（135）

《中山大学学报》1956 年第三期中，载有周其勋先生关于雪莱的研究论文，同期收录陈寅恪、岑仲勉等文史大家的论文

洛亚的《雪莱生平》，马乔里·A. 博尔德（Marjory A. Bald）的《雪莱的精神状态》，亚瑟·莱斯利·莫顿（A. L. Morton，1903—1987）的《人民英国史》，纽曼·艾维·怀特（Newman Ivey White，1892—1948）的《雪莱》和《论雪莱的〈解放了的普罗米修斯〉》，罗杰·英潘（Roger Ingpen，1936 年生）的《雪莱的信件》，阿瑟克·拉顿－布罗克（A. Clutton-Brock）的《雪莱：其人与其诗》，肯尼斯·N. 卡梅伦（Kenneth N. Cameron，1931 年生）的《〈解放了的普罗米修斯〉的政治象征意义》，欧文·W. 坎贝尔（Olwen W. Campbell）的《雪莱非浪漫的一面》，以及

卡尔·格拉博（Carl Grabo）的《〈解放了的普罗米修斯〉解读》，等等。其中，亚瑟·奎勒-库奇是《牛津英诗选》的编者，我们在前面提到过，周先生在孤岛时期的上海光华大学和复旦大学时都用这本诗集作教材，并影响了中国著名诗人和翻译家屠岸的一生。T. S. 艾略特是1948年诺贝尔文学奖得主，他的长诗《荒原》（*The Wasteland*）有赵萝蕤教授的译本。

除了英美法等国的文学批评家、诗人、史家和传记作家的作品，周先生还参考了俄国和苏联一系列思想家和批评家的著作，如19世纪俄国思想家别林斯基（1811—1848）、苏联作家高尔基（1868—1936）以及（来华的）苏联专家伊瓦雪娃和库米斯甘等。尤为重要的是，周先生在论文中还引用了马克思、恩格斯、毛泽东和捷克革命家尤利乌斯·伏契克（1903—1943）的理论和观点，这说明周先生在努力学习马克思主义，这篇论文，也是他学习马克思主义卓有成效的结果。

《英国文学研究在中国》一书指出，经过20世纪70年代末和整个80年代的全面恢复，雪莱研究在20世纪90年代及新世纪前10年进入一个繁荣期。“雪莱研究突飞猛进，论文数量急剧增加”。我偶尔也阅读一些这个时期的佳作。这些佳作不乏开阔视野和独特视角，但相比起周先生的，谈理论的多，而周先生的论文特点是引译大量的原作诗句作为论据，这就说明周先生对雪莱诗的理解透彻，英文造诣精深。我特地比较了周先生论文中一些引译的诗句与1985年版的邵洵美译本，发现两者异曲同工，只是周先生的引译较多保留原有的风貌，而邵译则较多注意中国读者的阅读习惯。邵洵美（1906—1968）是新月派诗人、散文家、出版家、翻译家。在20世纪30年代的南京，周其勋和邵洵美同为《中国电影年鉴目录》编纂委员会成员。

现在，我们来看第一幕452～458行，周先生引译复仇神的话是：

我们是苦痛和恐惧，也是失望，

疑惑，仇恨，罪恶的施行者，
而且我们像饥饿的猎犬，
穿过树林和小湖追赶被打中而呜咽的小鹿，
追踪一切会哭的，会流血的和活着的东西，
当伟大的君主投我们所好，出卖了他们。

在邵洵美先生的译本里，这几句诗变成：

我们掌管着痛楚、恐惧和失望、
猜忌和怨恨，还有洗不净的罪恶孽障；
正像瘦瘠的猎狗，走遍树林和湖沼，
搜寻着那受了创伤在呻吟的麋鹿，
我们追踪一切啼哭、流血、生存的东西，
只等天帝出卖了它们，尽我们来收拾。

翻译家屠岸在《“信达雅”与“真善美”》一文中说：有的翻译理论家把译者比作“一仆二主”，是说他既要忠于原作者，又要忠于读者，这道理是对的。我觉得还是换个说法为好，不如说译者“一身而二任”，既是作者的朋友，又是读者的朋友。对读者朋友来说，“归化”过度，是对他们的蒙蔽；“洋化”过度，是对他们的放弃。以作者朋友来说，“归化”过度是对他们的唐突，“洋化”过度是对他们的谄媚。我们也可以通过下面几行（第二幕第五场 40 ～ 45 行）来比较这“归化”和“洋化”的异同。在这一幕中，压迫者的末日快到，普罗米修斯即可获得解放，同时人类也快得到解放。阿西亚忽然身上放射异彩，潘堤亚见了，大声惊呼，阿西亚的回答是：

爱和光原是一样地普遍，
它的惯常的声音永不会疲劳。
像苍穹，像无所不包的空气，
它把爬虫和上帝等量齐观；
呼吸着爱的人们是最幸福的。

上面是周其勋先生的引译，他比较忠实于原诗句；下面是邵洵美先生的翻译，还是像我上面所说，他比较迁就普通读者。不过，我只是“率陈臆说，以资商榷”，最后还应由方家判断。他译的是：

一切的爱都是甜蜜的，不管是人爱你
或是你爱人。它像光明一般地普遍，
它那亲切的声音从不叫人厌倦。
如同漠漠的穹苍，扶持万物的空气，
它使爬虫和上帝变得一律平等；
那些能感动人家去爱的都有幸福。

这部诗剧的第三幕第四场，普罗米修斯宣布他将与阿西亚回到一个森林的岩穴里去同度幸福的岁月的计划后，他派“时刻”的精灵去向人类宣布解放。其 193 ～ 197 行是雪莱对人类的愿景。这几行脍炙人口的诗句的翻译也同样显示出两位翻译家不同的风格。周先生的引译为：

丑恶的假面具已经除下，人依旧没有了
君主，自由自在，不受束缚，但还是人；
平等，没有阶级，没有部落，没有国家，
摆脱了恐惧，崇拜，差别，自己当家做主，

他是公正的，温和的，智慧的，但还是人。

这几行诗，邵洵美先生则译为：

那个可恶的假面具终于完全撕毁，
人类从此不再有皇权统治，无拘无束，
自由自在；人类从此一律平等，
没有阶级、氏族和国家的区别，
也不再需要畏怕、崇拜、分别高低；
每个人就是管理他自己的皇帝；
每个人都是公平、温柔和聪明。

《试论雪莱的〈解放了的普罗米修斯〉》写完以后，周先生接下来要做的，当然是它的姊妹篇《拜伦的〈唐·琼〉的现实性和人民性》。我在他的档案中看到了这个篇名，热心的出版社编辑小陆帮我在《1956年全国高等学校科学研究题目汇编》中也找到了这篇文章的标题，那上面列有"988 拜伦的《唐·琼》的现实性和人民性周其勋教授 56.3—57.3 中山大学"等字样，显示已经发表，他将其列为自己的主要著作之一。遗憾的是，我寻遍国内所有的主要出版物都没有发现全文。合理的推断是，周先生是按照科研规划展开了对拜伦的《唐·琼》的研究，并已着手写，做了相应的文稿，但是尚未杀青定稿，1957 年"反右"运动骤起，这篇文章最终还是束之高阁了。

与雪莱齐名的 19 世纪浪漫主义诗人拜伦，一向是中国文人学者和译家喜欢的诗人，也是周先生的至爱。大概从清末苏曼殊起，便有人陆陆续续地译介到中国来。继苏曼殊之后，马君武、胡适、鲁迅等都有关于拜伦的论文或译作。1949 年以后的 10 年内，不仅评论拜伦及其作品的文章大量出现，而且他的诗作开始被大量翻译成中文，其中就包括周教授的这篇论文。1985年11月上海译文出版社还出版了苏联叶利斯特拉托娃著，周其勋译的《拜伦》，这是一部被“文革”延误出版的作品。

从中大奔赴西大

广西，以桂林山水闻名全国，而周其勋教授与广西大学有缘，也始于这风光秀丽的桂林山水。

广西大学始建于1927年。当年冬天，新桂系军阀三巨头（李宗仁、白崇禧、黄绍竑）之一的省长（当时叫民政长）黄绍竑在省府会议上提议创办广西大学。他力排众议，径行决定，成立广西大学筹备委员会，自兼委员长，聘马君武等11人为筹备委员，由省府即拨100万元为建设费，50万元为设备费。校址勘定为梧州三角嘴的蝴蝶山，因这里交通方便，本省学生皆可顺流而下，外省籍的教授也可溯西江而直达。据当时的广西大学秘书长兼文法学院（校本部）院长朱佛定的《国立广西大学》一文记载：蝴蝶山上，依着山的自然形胜，分区建筑，各抱地势，高低矗立，错落有致，琉璃碧瓦，广厦高楼，既庄严，亦雄伟，入夜望之，灯火点点，尤为美观。校址与梧州市区相隔一河，环境清幽，有城市山林之胜，实为潜修学业的理想地区。

一切就绪之后，1928年3月，黄绍竑亲自到梧州举行奠基典礼，聘马君武博士为校长，盘珠祁为副校长。是年9月开学。抗战后，校舍一部分被敌机炸毁，乃分迁桂林、柳州，并由省立改为国立。朱佛定的《国立广西大学》中说：“后广西省会迁桂林，除医学院仍设南宁外，校本部及文法学院随省会迁设于桂林良丰公园（西林公园）。是园为桂林名胜之一，湖光山色，画舫板桥，楼阁亭台，果木花草，无一不备，有人拟之为扬州瘦西湖的缩影，无锡惠山公园的画图，诚非过誉也。”

1936年7月至1938年2月，广西省主席黄旭初兼省立广西大学校长，废副校长制，改设秘书长，省府任命朱佛定为广西大学秘书长兼文法学院（校本部）院长，统辖各学院，朱佛定成为实际上的广西大学校长。从1936至1938年，在朱氏的实际主持下，广西大学达到鼎盛时期。武汉会战还未开始；武汉、长沙、桂林一带熙熙攘攘，人流涌动，从北方沦陷区南下的学人都集中在这几个城市，尤其是桂林。广西大学自然也吸纳了不少。

这期间，最为人称道的是1937年10月9日成立的广西建设研究会。研究会由李宗仁创立并亲任会长，白崇禧、黄旭初任副会长，李任仁、陈劭先、朱佛定等为常务委员，下设政治、经济和文化三部，皆聘有研究员。研究会初成立时有研究员约50人，一年后，随着大量从沦陷区内迁的知识分子到达桂林，研究员增加到300多人，可谓群贤毕至，少长咸集。这些人物可分为两类：一类是广西的官员学者，如民政厅厅长邱昌渭（美国哥伦比亚大学博士，“九一八”事变前东北大学政治系主任），文教厅厅长雷殷（辛亥革命元老，“九一八”事变前哈尔滨法政大学校长），财政厅厅长兼政府秘书长黄蓟（辛亥革命元老，曾创办桂林同盟会机关报《南风报》），广西银行行长黄钟岳，教育厅厅长苏希洵（法学家，法国巴黎大学法学博士），任南京国民政府委员的桂林人邓家彦（早年留日的中国同盟会志士，后于美国哥伦比亚大学毕业）；前后各任广西大学校长马君武、白鹏飞、雷沛鸿、李运华，广西大学总务长张先辰、法律系主任张映南、文学系主任陈望道；广西大学教授兼桂林《广西日报》总编辑莫乃群；广西教育界名流刘介、任中敏、唐现之、黄现璠、苏国夫、谭辅之等。另一类人物是从沦陷区内迁的名流学者，其中很多人还在广西大学任教，如宪法学家张君劢，民法学家黄景柏，社会学家邓初民、陶孟和，马克思主义经济学家陈豹隐，出版家胡愈之，经济学家千家驹，马克思主义理论家李达、杨东莼，地质学家李四光，法学家张铁生、张志让，语言学家盛成，音乐家吴伯超，戏剧家欧阳予倩，电影家夏衍，新闻家范长江，教育家林砺儒，文艺理论家邵荃麟和杂文家宋云彬等。需要指出的是，在这一大批的社会贤达当中，左翼人士居多，如《共产党宣言》中文全译本首译者陈望道，马克思主义理论家杨东莼等。就这样，广西建设研究会为桂林文化域吸纳了一大批中国的文化精英。在此期间，这些才学兼具的客居或世居广西的官员学者风云际会，聚首于八桂厅上，和衷共济，共赴国难，也为繁荣桂林的文化和广西大学的学术做出了巨大的贡献。

关于朱佛定实际主持下这段鼎盛时期的广西大学，著名历史学家、民族学家黄现璠先生（1899—1982）回忆道：

当时的西大校舍地处桂林市郊雁山良丰西林公园内，风光迷人，景色秀丽。

抗战爆发后，西大打破以往单招两广学生的局面，开始面向全国招生，加上各战区源源不断转来的借读生、转学生以及随之而来的全国学术界、教育界名士的不断加入，使得西大名高一时。无论在师资力量、教学设备、图书收藏方面，还是在学校管理、教学质量、科研成果等方面，集文法院、理工院、农学院三个学院和一个经济植物研究所的综合性广西大学，实可与当时的国内名牌大学并肩。（摘自蒋钦挥著《广西大学史话（1928—1949）》，广西师范大学出版社 2015 年版）

关于西林公园，《广西大学史话（1928—1949）》一书也有详细的描述：

这公园外有围墙环绕，里有两座小山，一泓清流，池塘田洼，楼台亭榭，遍地花木，自然景色很美，是大观园式的园林。园内山色奇秀，湖光绮丽，加之人工点缀，风景优美。

西大老前辈陈智仁先生曾这样描写此处美景：

当时园内有水田，一条小溪一年四季有水，有石桥和梅厅，厅前有两株大琼花树，每年农历四月开花，花朵大而香，还有梅花树、丹桂、银桂、相思树、水榭、涵通楼、桂厅、鸟鱼亭、棋亭。鸟鱼亭有一副对联“好鸟皆朋友，游鱼若比邻”。园门在北面，门前有一深潭，潭水四季不干，可以游泳。水中有不少鱼，我和同事在星期天或业余时间常在溪潭边钓鱼……

景色如此秀丽迷人，难怪1946年3月担任复员回到桂林的广西大学校长陈剑修，在1949年4月卸任时，还恋恋不舍地说：“西大有优良学风之传统，环境亦清幽秀丽，正为读书养性之地。”而1958年周其勋在中山大学第一个报名支边到广西，或许也与他曾为这里的湖光山色所吸引有关。优美的环境，再加上良好的学风，都曾给周其勋教授留下深刻的印象，正如朱佛定所说的，西大学生“养成自律自强的精神，尊重师长，爱敬同学，学风极佳；加以学校环境优美，远离城市，学生求知欲极强，图书馆常人满之患，读书风气，弥漫全校”。

陈剑修就任广西大学校长时，正值复员伊始，百废待兴。他勉力从公，宵旰勤劳，延聘名教授，修建新校舍，增设文学院，在1946至1949年间，已将学校发展成一所由文学院、法商学院、理工学院、农学院四个学院17个系组成的，在国内知名的，在国际上有一定影响的高等学府。周其勋就是陈剑修在这时期延聘来的名教授之一，同来的还有时任武汉大学法学院院长的燕树棠博士。我看到当时广西大学发行的《西大周报》1948年第59期的《校闻摘要》栏中就载有“武汉大学法律系主任燕树棠博士，中山大学外文系主任周其勋先生，均于本月中来校做短期讲演”的报道。从时间上看，周先生是在中山大学文学院发生驱周事件后应邀到桂林的广西大学来讲学的，这对他的心情更是一种很大的慰藉，从此埋下了对西大的思念和感情。

1952—1953 年，全国院系调整期间，广西大学奉命撤销，除农学院外，其余所有的师资、设备和图书资料，分别并入东北、中南和华南的 19 所院校，另在桂林设广西师范学院（现改为广西师范大学）。1958 年前后，重建广西大学的呼声甚高，借广西壮族自治区成立之机，中央同意在南宁重建该校，以南宁西郊“广西南宁育才学校”（原为越南培训干部的学校）为校址，以自治区主席为（名义）校长，原监察厅副厅长黄传林为党委书记。黄传林是广西贺州人，1928 年担任西大附中地下党支部书记，后到延安，任延安自然科学院院长徐特立的秘书。

历史常常是在曲折迂回中前进。中国当代历史学家沈志华在《处在十字路口的选择：1956—1957 年的中国》（广东人民出版社 2013 年版）中说：1956—1957 年在共和国历史上是不寻常的年度，其最引人注意的特点是这两年的反差极大。或许可以这样说，在中国，1956 年春光洒满大地，1957 年阴霾笼罩天空。他指的是 1957 年夏季一场遍及全国的“反右”运动。

但是，我们的周先生与运动似乎全然无涉。用陆键东先生的话来说，周其勋极富名士气，遇到于理不合的事情也如骨鲠在喉不吐不快，也讲过“令人侧目”的闲话。但闲话归闲话，他并没有卷入实际政治。他性格单纯，不管这种主义还是那种主义，他只是当一种学问来学习、来研究，所以他的论文里也引用马克思、恩格斯、毛泽东、别林斯基、日丹诺夫、高尔基的论述，但实行哪一种主义则是政治家的事。他的个人生活，平静而惬意，夫人和儿女，工作的工作，读书的读书。比起动荡的三四十年代，现在他总算有了一张平静的书桌，他要珍惜这个时代，继续努力

1956 年，周其勋先生在北京与内弟倪家玺夫妇和女婿曾彦修（左二）合影留念（左）
1957 年，周其勋与倪翰芳二位先生迁入中大康乐园西南区新建的教授楼（右）

做学问，争取创造更多更新的成果。他已经在《中山大学学报》上连续发表了论文，现在又接到人民文学出版社的稿约，要他翻译苏联学者叶利斯特拉托娃的《拜伦》。

《拜伦》是一本关于拜伦这位英国浪漫主义诗人的生活与创作的评传。作者评介了他的政治观点，展示了他在意大利和希腊参加民族解放斗争的活动。同时，作者对拜伦的讽刺诗、诗剧，以及他的鸿篇巨制《恰尔德·哈洛尔德游记》和《唐璜》进行了详尽的评论。在这过程中，作者所用的材料十分丰富复杂，涉及各种文字，各国、各时代的经济、政治、哲学、宗教、文化、思想。有论者认为，“叶利斯特拉托娃的《拜伦》最大长处就是掌握了丰富扎实的材料”。周先生接到的这份稿约，可以说是一件艰难的任务，或者说“一块难啃的骨头”。所以，他马不停蹄地赶稿，希望不负出版社的期望。

1958 年，“大跃进”开始了。一方面，“大跃进”的锣鼓震天价响，战天斗地的豪言壮语直上云霄。而此时，中山大学的校园现状令周其勋非常失望。从 1957 年起，全校就停课搞“反右”了。到了 1958 年，中大校园又掀起一阵“拔白旗”的歪风。历史系的陈寅恪，中文系的容庚和刘节，外文系的周其勋、周光耀、钟日新、梁宗岱等人，无端成为众矢之的，成为“整改”的对象，要拔之而后快的“白旗”。周先生黯然神伤。他要找一个清幽静谧之所、读书写作之地，继续做他想做的事。

恰好这时，他在系办公室里看到号召到重建的广西大学支边支教的表格，一时性起便在表格的第一行填上了自己的名字。后来，我们常听到倪先生似嗔似怪地抱怨：“他什么人都不商量就报名到了广西支边，我们都拿他没办法！”

毫无疑问，周先生是主动请缨到广西支边支教的。他可能是想到了自己曾经到过位于桂林的广西大学，那里环境清幽，风景优美，远离都市喧嚣，是读书写作的圣地，而且学风淳朴，学生求知欲强，孺子可教，但缺乏良师督导，诚为遗憾；他立志要去这边陲重镇做一头开荒牛，以填补空白。所以，周先生的毅然决定并非心血来潮。纵观其治学生涯我们就知道，他是一位开拓型的教师和学者。他的足迹，纵横全国，北起沈阳的东北大学，南至南宁的广西大学，东起江浙间的上海南京杭州，西至西南的成都重庆，都曾留下他辛苦耕耘的汗水，每次都是决然起行，从不留恋旧地。1930 年他学成回国时，他老家本是江南鱼米乡的杭州，倪教授的娘家则是十里洋场的上海，但他不留恋温柔乡，而是应张学良将军之邀远赴东北，在白山黑水之间开创东北地区第一个英文学系。1946 年他随在福建建阳的上海暨南大学复员回上海时，上海《申报》已发表他为复员后的暨南大学教授，浙江省立英士大学也任命他为外文系主任兼文学院院长，竺可桢的浙江大学也有传说要他任本校的师范学院院长，如果要图安逸，他完全可以随随便便拣其中一个位置，但他却被原母校（武昌高师，后改武汉大学）校长后调任中山大学校长的王星拱的精神感召，乘海轮千里迢迢南下广州任中山大学外文系主任，以襄助王星拱重建中山大学的辉煌。在广州遭遇学潮乱局、王星拱愤而离职时，他也毫不犹豫地脱离中山大学，应王力先生之约，到王力任文学院院长

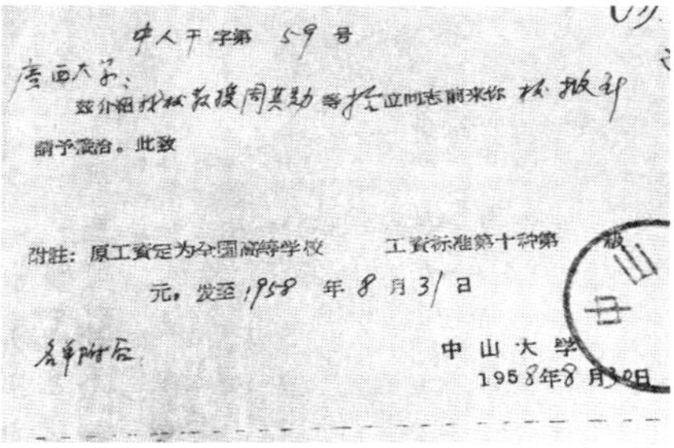

中人干字第 59 号

广西大学：

兹介绍[illegible]教授周其勋等[illegible]位同志前来你[illegible]

请予接洽。此致

附注：原工资定为全国高等学校 工资标准第十[illegible]

元，发至1958年8月31日

中山大学

1958年8月30日

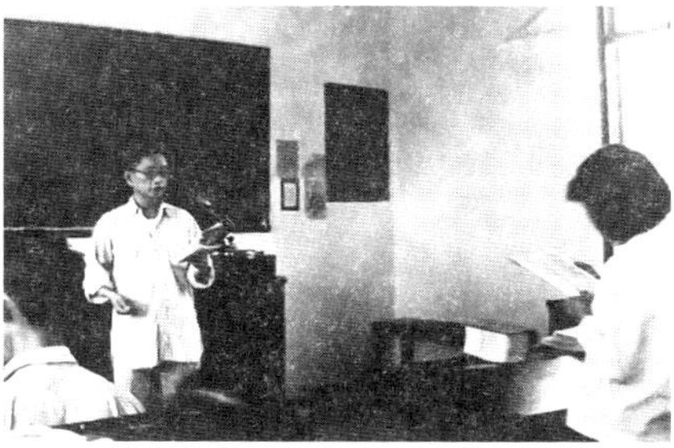

1958 年，周其勋先生主动请缨，与倪翰芳先生一起来到复建的广西大学（上左）
1959 年，周其勋先生（左二）倪翰芳先生（右二）与西大外语系英语专业初创时期的骨干教师陈永桢（左一）、黄耀平（右三）、周弦波（右一）、韦德三（左三）合影（上右）
中山大学为周其勋等教师开具的赴广西大学任教的介绍信（下左）
初来西大的周其勋教授在课堂上（下右）

的岭南大学做外文系主任。这次也不例外，他要远飏广西，另辟新径。

年逾六十的老教授主动请缨支边，无疑是带了一个好头。中山大学很快就组成了一支由八位教师支援广西大学的队伍，由周其勋带队前来南宁广西大学报到，正赶上了重建的广西大学开学。他们中还有张仲新（俄语教授）、甘世直（俄语副教授）、倪翰芳副教授、陈永桢副教授和他的夫人谭讲师、韦德三助教、刘启邠教授（化学）。这支队伍的前七人，构成了新建的西大外文系英语和俄语两个专业师资的基础班底，所以甫一下车便立即投入教学。当时还闹了个颇为尴尬的趣事：当时中苏分歧尚未公开，所以在西大招生工作人员心目中外语就是俄语，因此只招了俄语专业的新生，待到知晓中大派来支援的教师中居然是英语师资的力量最强最齐全的，只好从俄语专业的学生中抽出 10 位临时改为学英语。这些学生早已在教室静候多日。

1961年，周其勋与倪翰芳入住西大新建的教授楼新居（左）
1962年，周其勋与倪翰芳二位先生在西大的新居客厅（右）

当时，草创的广西大学地处南宁西郊，除了几栋像样的大楼如大礼堂和图书馆外，周围一片荒芜，杂草丛生，污渠纵横，蚊虫纷扰，又加上远离街市（从南宁市区到西大附近的五里亭是一条沙石路，路面凹凸不平，公交车每45分钟一趟），买菜购物十分不便，从素有“食在广州”美誉的广州来的周其勋倪翰芳两位先生，虽然深感生活的艰难，但与西大师生相处融洽，精神上是愉快的。

他们来后不久的20世纪60年代初期，国内进入调整期，政治形势曾一度出现“小阳春”，周恩来总理和陈毅副总理在广州先后发表讲话，宣布给知识分子“脱帽加冕”。一向以爱才闻名的原岭南大学校长陈序经，如今为中山大学副校长，便毅然担责，远赴广西慰问中大的支边人员。如果周其勋倪翰芳夫妇俩支教支边的决心有所动摇，他们完全可以以生活不便为由要求调回广州。爱才若渴的陈序经，当然也希望自己在落魄时一起饮饮吃吃、同捞同煲（广东话）的老友回到旧日的光景。但是，周其勋与陈副校长促膝长谈时，不但不强调困难，反而说西大待他不薄。只有陈永桢提出了要求，所以陈老师及夫人不久后便调回了中大。陈序经也特地拜访了黄传林，并向书记提了两点改善教授生活状况的建议：

1. 教授住的筒子楼，厨房就在走廊上，烟熏火燎，长此以往健康堪虞；2. 公交车 45 分钟一趟，等车时间太久，教授时间宝贵，耽误不得。黄书记从善如流，马上做出两项决定：1. 兴建两家一栋（semi-detached）的教授楼；2. 学校的小车，可以供教授们使用。

在广西大学充满诚意的厚待下，他们夫妇不但没走，还积极投入了外文系乃至全广西的各项教学活动。1960 年夏，周先生倪先生带领外文系第一届（58 级）10 位同学到梧州地区的几个县，协助当地的中等师范学校办英语教师培训班。从南宁到梧州地区的岑溪，舟车劳顿，风尘“噗噗”。我说“风尘噗噗”并非滥用形容词。那时没有空调车，没有柏油路，汽车在沙石路上疾驰，扬起的漫天灰尘使整车的乘客都成了泥人。来自大城市的两位先生恐怕从来没有见过这样的阵仗，但是他们也没有喊苦喊累。我们至今在那所“岑溪师范”的校史里还可以看到感念周先生倪先生的记录：（1960 年）暑假，开办中学教师培训班，聘请广西大学教授周其勋夫妇主讲。

回想那几年，真个是披荆斩棘、筚路蓝缕、孤军奋战（连个助教也没有）。但是，他们终于把这个系办了下来，而且办得风生水起。

从草创的 1958 年到风云突变“文革”停课的 1966 年，以周其勋为主任的西大外文系在各系中贡献最大，不单为广西，而且为中央的外交部、外贸部、外经委、新华社，解放军的总参、总政、空军和外语院校，以及北方省份输送了数量可观、素质一流的外语人才。外文 59 级也成为西大历届的翘楚，在辈出的人才中就包括曾任全国人大常委会委员、驻朝鲜大使、香港基本法起草委员会副主任委员的郑义同志。他的事迹常常成为同学间励志的榜样和师生间教学相长的佳话。郑义是壮族，新中国成立前十三四岁就参加革命，没有读过中学，英语基础为零，但周先生倪先生对他爱护备至，费尽心力，数年如一日地耳提面授，并指定专人每天给他辅导一小时。经过勤学苦练，郑义以优异的成绩（科科满分）

毕业。之后，他一直活跃在我国的外交战线上。

古人云“国家不幸诗人幸”，对我们这些学生而言，也可以称为“老师不幸学生幸”。如果没有上述种种，我们这所地处边陲的学府，如何能得到这位蜚声海内的良师到来，再续弦歌于南疆一隅？

披荆斩棘在南疆

周其勋倪翰芳到广西大学不久，就遭遇到1959—1961年的全国范围内的国民经济困难时期。关于这段“困难时期”，香港作家、华东师范大学78级毕业生、“长江船王”卢作孚先生的长孙女卢晓蓉有一段个人经历的回忆：

> 将原本就吃不饱的每月定量……降到男女平等的21斤。经过中间层层克扣盘剥，到口的粮食就更少了，饿得我们常常以盐巴、酱油汤充饥。……由于定量低，缺油少菜见不到肉，还要参加重体力劳动，我们常常饿得前胸贴后背。有的同学到集市上加点餐，支部书记传达指示，进餐馆说明我们还有资产阶级思想，改造不彻底。

卢晓蓉女士说的是四川，但广西的情况比四川还糟。他们可以进餐馆，我们南宁的餐馆要凭当天的汽车票或者火车票才能进去吃一顿。我们大学离市区又很远，不可能跑到市区吃什么东西再回来，而且，市区也没有什么可吃的。学生食堂里，就一钵定量的饭再加一小瓢盐水。学生们个个脸带菜色，很多人患“浮肿”。我们班最初25个同学，因各种严重疾病休学的就有一半以上，最后坚持到毕业的只有十一二个。广西大学杰出校友，著名出版家，中国出版界最高奖“韬奋奖”得主，曾任接力出版社、漓江出版社社长和广西出版总社副社长的李元君女士，在

《骊歌未阑——广西大学校友回忆录》（广西人民出版社2018年版）一书中对周先生倪先生这两位“学识渊博、著述颇丰，而且秉性善良，热爱学生”的师长在严重天灾面前的大爱精神有细致的描绘：

20世纪50年代末60年代初的三年，国家经济处在极度困难之中，大学生们也总是吃不饱，营养不良，致使不少学生罹患“浮肿病”，学校每天特配四个糠饼以维持生命。学生严重减员。看到这样的情况，两位教授心急如焚，他们省下自己的食物，拿给吃不饱的学生。三年困难时期都是如此。

远在纽约的邝启漳（59级学生）在微信中回忆道：

周教授一连几个月，隔三岔五就叫系秘书到六栋男生宿舍来找我，叫我到他家里，让保姆拿出猪肉、猪脚、卤蛋之类富含蛋白质的食物，让我带回去慢慢吃。他们义薄云天的恩情让我一辈子铭记于心。

59级系友、广西大学外国语学院首届院长周仪教授也在回忆录中深情回顾了与两位师长的情谊：

1960年困难时期，我们在校内开荒种南瓜，收获的时候送一只大南瓜给她（指倪先生）。她把南瓜做成南瓜饼，叫我们去取。我们以为可以饱餐一顿了。班长梁自卫、生活委员于军用洗衣粉把一只铁桶洗了三遍。到她家的时候，她用小夹子“one、two、three...”地数着夹了20块南瓜饼放进铁桶，连桶底也没盖过。出了她家的门，梁、于两位同学一分钟不到就把他们的那份吃完了。拿回宿舍，我们都“finish it in a wink”（眨眼工夫就吃完了）。

在古代，当老师"厄于陈、蔡"，是学生去给老师找吃的；今天刚好倒了过来，在面对匮乏饥馑的时候，是老师匀出自己口中的食物去哺喂自己的学生。老师对当年我们这些学生的大恩大德，真的是没齿不忘。不，两位师长的大恩大德，又岂止于解衣推食？！周先生和倪先生对努力勤奋而又家境贫寒的学生总是关爱有加，倾情以待。

英专62级学友、桂林理工大学英语教授陈松发回忆起在学习上周先生为他"开小灶"的情景。周先生每周要格外给他专门辅导两三次，要求他把课堂上学到的知识用自己的话和例句复述出来。周先生要求陈松发大量阅读英文原版书籍，以迅速增加词汇量，熟悉英语语境，并把自己收藏的英文版原著《汤姆·索亚历险记》（*The Adventures of Tom Sawyer*）借给他，限时要他读完，阅读后要用英语复述他指定的内容。原著读完一本，接着再读一本。（当年，校图书馆几乎没有什么英语或英国文学的书，原版书更是稀缺，我的一本郑易里的《英华大辞典》还是陈永桢教授帮我到南宁新华街水塔脚的内部书店买的，所以素来为我珍视，至今仍放在我纽约家里的案头上。）

上述的周仪院长当年也是位专注学业的好学生，不料在学校的最后一个学期家中发生了变故，父亲因病去世，母亲是家庭妇女，经济上没有收入，家中有六个兄弟姐妹读书。在这样困难的日子，周仪能不能坚持完成学业，就成了周教授和倪教授最担心的事。他们提出要资助周仪，一定要他修完学业，这样亲人般的关怀让周仪感动得热泪盈眶。诸如此类的事例表明，周先生倪先生到了我们这所地处边陲的学校以后，淡泊名利，甘做春泥，对学生亲如己出，呵护备至，百般扶植，为的是作育英才，以改变这贫困落后的边远省份的面貌。

先师的大恩大德，我也和许多学友一样感同身受。除了上面李元君社长披露的，周先生在我们饥肠辘辘面带菜色的时候给我们送来美食，还在我们无书可读的时候不辞劳苦地亲自送来大沓大沓他的藏书供我们

1962 年，周其勋与倪翰芳二位先生在家接待来访的西大外文系学生

汲取知识营养，1962 年 6 月，北京传来有考研究生的消息，虽然只有寥寥几名，但周先生鼓励我们应考。可是我们呢？有关英国文学的知识一片空白。我们连课本也没有，全年读的是英文版《北京周报》上刘少奇的著作《马列主义在中国的胜利》。这一切，周先生都看在眼里，并急我们之所急。六月的南宁，骄阳似火，汗流浃背。周先生每隔几天便夹着一沓书，噔噔噔跑上我们学生六栋四楼宿舍，气还未喘匀就教我怎么读他带来的书。他告诉我，文学名著要一本本看过，但时间不容许，你只要记住开篇第一句，主要角色姓名及结局即可；诗歌，看他圈定的名篇；文学史或文艺批评，看他为我画线的部分。就这样，在那短短的几个月里，我过屠门而大嚼，总共看了他带来的三四百本原版书，从 11 世纪的《贝奥武夫》（*Beowulf*）到 20 世纪的萧伯纳和约翰·高尔斯华绥（John Galsworthy），虽看得头晕眼花，但觉得眼界大开，收获无数，如果说今生还不至于像墙上芦苇山间竹笋的话，那真是多亏了周先生恩赐的知识底蕴。饮水思源，我们面对这样一位学识渊博而又亲切无私的伯乐教授，又岂能只用一句传道授业解惑来形容？

周教授那时常说一句话："西大待我不薄。"这话的弦外之意是，以黄传林为首的西大党政干部对他非常尊重，遇事都能平等相商，毫无隔阂。黄书记的住所与周教授的并排，中间只隔一条小路，所以晚饭以后，黄昏时分，两位老人会并肩散步，畅叙世情。我记得20世纪60年代曾有“忆苦思甜”活动，邀请一些老贫农来校做报告，以提高学生的“阶级觉悟”，黄传林却邀我们周教授到大礼堂，向全校学生讲述他在哥伦比亚大学半工半读的经历。

由于当时系里有极左人物作祟，周教授的处境艰难，教学活动常常受到干扰。他的一些改进教学的措施和办法常被毫无道理地说成是对贫下中农子弟的迫害。但作为教育家，周先生坚持己见，毫不畏惧，一遇干扰他就去找黄书记。所以校内各系都知道，常有一位满面怒容的老先生，“笃笃笃”地拄着拐杖向党委办公室走去。

在外文系，除了少数几个极左人士，所有的师生员工无不景仰周先生的学问人品。他爱才若渴，就像一棵大树护英华，多少学生和同事都受惠于他。他知道谁有才华，就千方百计地拉来。比如彭世祯（1912—1972），他1936年毕业于国立中山大学外文系，1943年在桂林“美国新闻处”当翻译，后陪同该处处长兰德到福建永安筹建分处并任该分处中文部主任，1950年自新加坡回国任世界知识出版社副总编辑兼《世界知识》杂志执行编辑，朝鲜停战谈判时作为《世界知识》特派员到板门店采访，1958年被划右派劳改，后回广西柳州地区食品公司任“工作员”。后来我和他去柳州招生时曾问他：“工作员是干什么的？”他答：“走街串巷，收购鸡毛鸭毛，还有破铜烂铁。”黄传林向周其勋谈及彭的情况，两人一起到当时的南宁远郊西乡塘请彭吃了一顿饭，遂聘彭来外文系工作。周其勋和彭世祯一见如故。彭老师来后，周其勋将高年级作文课全交给他上。英专62级校友陈松发说彭老师“知识渊博，为人随和，学生们对他是既崇拜又同情”。我到过彭老师在西大的家，9平方米，中间一张单人床，三面是书架，书籍一直摞到天花板。他坐拥书城，生

1973 年，周宁霞从上海来西大探望父母时的家庭留影

活极其简约，却著述甚丰。我看过一本有关抗战时期桂林出版情况的书，那上面就有彭老师的很多政论和杂文。

除了彭世祯，水天同（1909—1988）也是周教授竭力要拉来的学人之一。周其勋很可能是从老友吴宓给他的信函中知道水天同有意离开北京来广西工作。水教授在昆明时与吴宓过从甚密，1949 年后任北京外国语学院教授、图书馆馆长，1957 年被错划右派。周教授与水教授不熟，只是闻名而没有见过面，所以就向黄耀平打听。（黄耀平讲师 20 世纪 50 年代曾在北外即现在的北京外国语大学的"副博士研究生班"就读，毕业后留在北外任教，水教授也在该校。）周教授与黄讲师谈论水教授时，我恰好就在旁边，所以也略知一二。水天同 1923 年入清华大学，1929 年赴美，先插入美国俄亥俄州欧柏林大学（Oberlin College）三年级学习，后于 1930 年在康奈尔大学选修"中世纪拉丁"。1931—1933 年在哈佛大学研究院，专攻英国中世纪文学，获哈佛大学硕士学位。周教授听说水天同愿来西大非常兴奋，全力推进，但事与愿违，水教授最终没能来广西而是去了兰州大学。

"文革"的狂飙卷过任何一个角落，广西自然也没有幸免，而且到了 1968 年还演变成全国的重灾区。1968 年 8 月，我立在南宁市中心的一处高地，鸟瞰全城。目光所及，30 多个街区一片狼藉，全是断墙残壁，惨不忍睹。我在落日斜晖中回到了广西大学。校内也是一片肃杀的景象。正对着校门的两栋大楼（图书馆和外文书库），楼顶上架着两挺轻机枪。

教职员工的自行车全部被“征用”，供专案人员“内查外调”所需，这有点像湖南农村的“杀猪出谷”，用“牛鬼”们的自行车去搜罗“牛鬼”们的罪行。校内的“牛鬼蛇神”队伍也很壮观，有些还戴着手铐脚镣。但是，我还没有回到宿舍便被“隔离审查”了。此后，黑牢之外的一切我就不知道了。

过不了几天，我被拎到了自己熟悉的11教室，与周其勋、黄耀平两位人人景仰的恩师同台亮相，接受全系师生的批判斗争。主持批斗会的竟是两位师长的学生，也是我同窗共学了四年的同班同学！批斗的原因也不是政治罪行。我和两位恩师被说成是老中青三代资产阶级反动学术权威！反动与否，看法可以不一；而权威一说，对两位恩师来说是实至名归。但人家说我这才疏学浅的小子也在“权威”之列，那就是恭维和抬举了，我不胜感激，兴奋莫名！这次批斗还算文明，没有逼我们下跪。听说有些系竟要被批斗者跪煤渣甚至玻璃渣。据说，周先生已为这种磨难做了充分的准备，他还让倪先生在裤子近膝盖处缝上棉垫以减轻痛苦。

1973年，“文革”已近强弩之末，即将偃旗息鼓。校园里一片懒散之风，打家具的打家具，养鸡的养鸡，由于住得逼仄，两三家分住一个套间，又由于心情郁闷无处发泄，所以教职员之间，吵架斗殴层出不穷。1974年春的一天，礼堂上空的高音喇叭突然传来命令，全校讲师以上带纸笔到礼堂门口集合！怎么回事？原来，“四人帮”为配合对“白卷英雄”的宣传，策划了一场“考教授”的闹剧，这股风波也刮到了广西。

“考教授”在农学院阶梯教室举行。周教授坐下，拿出眼镜一看，第一题竟是：“批林批孔”的八个方面是什么？他慌了，脸色发白，身体微微颤抖，手心不住地出汗。黄传林见状马上跑过来说：“周先生，不考了，我扶您回去休息。”说完就架起老先生往外走。坐在前排的也是我们基础部的范达老师（那时外文系和数学系合并为基础部），而且也是从广州中山大学与周教授差不多同时调来的。出版社编辑小陆帮我

1975 年，周其勋倪翰芳与老友地理学家沈厥成夫妇合影（上左）
1974 年，语言学家北大王力教授（后排左四）夫妇与长子秦似教授（左二）夫妇及其女王缉惠全家来访，老友重逢，分外高兴（上右）
1979 年，倪翰芳先生被授予全国三八红旗手称号，图为广西电视台采访时拍摄（下）

找到的七期《中山大学学报》中就有这位范讲师的数学论文。他连试卷都不看一眼，点起一根烟吸了几口，然后把烟一摁便抬脚离开。政工组长一步上前把他拦住，说：“怎么不考？！考得好不好是水平问题，但是考不考是对毛主席的态度问题！”范讲师年轻气盛，根本不理这一套，一手把他推开便扬长而去。这场可笑的闹剧在校园中不胫而走，当然也

1977年，好友钢琴家邬静怡（后左一）从美国回来相聚留影

传到我的耳朵里。

猖獗十年的“文革”终于寿终正寝，“四人帮”也覆亡了。我有幸看到一份1978年11月23日的《关于周其勋教授问题的复查结论》，上面说：“经复查，周其勋的历史问题解放后已做了交代，按照统战政策精神，不再做历史结论。原审查时强加给周其勋同志的‘以因材施教为名，肆意打击迫害工农子弟’等一切不实之词，予以推倒。”周其勋从此不用去扫地了，但他对劳动惩罚并无怨尤。一次他笑着对我说：“劳动也有好处，原先我的小腿长满密密麻麻像蚯蚓似的肿胀的血管（下肢静脉曲张），医生说幸好是往下长，如果是往上走，那就有生命危险，扫了一段时期的地以后，一天我坐在（系办公楼）台阶上休息，撩开裤腿一看，蚯蚓似的东西全消失了。”我不知道这是苦恼人的笑呢，还是苦中作乐。

1978年的全国科学大会召开前后，自治区党委发了一个“纠偏”的文件，戒饬下属各级干部正确对待知识分子，推动落实政策，其中所举“粗暴对待知识分子”的例子多出自外文系，看到文件的人都不禁欢欣鼓舞。

免于劳役的惩罚之后，周先生感到了轻松，但站在明窗净几跟前，他又感到技痒。向来勤奋译述、工作不辍的他是个闲不住的人，无论顺境逆境都不会气馁。所以，劳动惩罚一结束，他就满腔热情地投入他钟爱的英国文学作品研究和译介中去了。此外，他觉得自己还欠着出版社的一笔文债，要趁着这狂风暴雨平静后的美好时光，也趁着自己头脑清醒之时了却这番心愿。

最后的心愿

那是一笔什么样的文债呢？

早在1958年，由人民文学出版社出版的《英国文学史纲》还未付梓，出版社的任务又来了，这次是要他独力翻译苏联学者叶利斯特拉托娃的《拜伦》。

拜伦是周教授钟爱的英国19世纪浪漫派诗人，拜伦的《哀希腊》是他在教我们《英美文学选讲》时在课堂上眉飞色舞朗诵过的名篇。（当然，热爱拜伦及其《哀希腊》的又何止周教授一人？清末民初以来，中国的文人雅士如苏曼殊、梁启超、马君武、胡适、闻一多、卞之琳和穆旦都发表过拜伦这首长诗的译文。）除了《哀希腊》，这位英国诗人在他37年的短暂生命中写下的大量优秀作品，如《恰尔德·哈洛尔德游记》《该隐》等都有中文翻译面世。

拜伦传记创作是拜伦研究的重要内容，对此中国学人给予了相当的重视。民国时期，各国作家有关拜伦的评传被译介到我国。1936年2月，法国安德烈·莫洛亚著、唐锡如译的《拜伦的童年》由上海良友图书印刷公司出版。1943年5月，日本鹤见祐辅著、陈秋子（陈秋帆）译的《拜伦传》由桂林远方书店出版；1946年5月，上海新知书店再版。1946年7月，英国约翰·尼科尔（John Nichol）著、高殿森译的《拜伦传》由南京独立出版社出版。1948年10月，丹麦乔治·勃兰兑斯（George Brandes）著、侍桁译的《拜伦评传》由上海国际文化服务社出版。但是，1949年以后的10年内，此类拜伦传记就没有再出现，出版社急需这部由苏联文学批评家撰写的长篇拜伦传记以填补空白。《拜伦与中国》一书就这段时期的译界状况总结道：

总之，一时间（指整个50年代），拜伦作品及有关论著的译作纷至沓来，颇为可观。特别值得注意的是我们可以看到，这个阶段的翻译不再像过去那样仅仅是出于某种特殊的社会原因而选择特定的作品展开，而是带有学术目的性和系统性，因而呈现在读者面前的便是一部部拜伦的代表性作品。短短几年间，《恰尔德·哈洛尔德游记》、《唐璜》，“东方故事诗”中的《海盗》和《科林斯的围攻》，还有拜伦戏剧代表作《曼弗雷德》和《该隐》，便都已译成中文。叶利斯特拉托娃的《拜伦》至今仍是中译外国拜伦评传中的重要作品。这不仅是新中国成立前近半个世纪的拜伦译介所没有做到的，如果就选题范围和译介规模而言，就是时至今日的拜伦作品翻译，也没有超过当时所达到的高度。

书中还说，鹤见的著作“风趣横溢，文词也生动流利”，但“对于拜伦个人生活同时代的关系没有更深刻地注意到”；“莫洛亚的传记作品显示出小说家的匠心，引人入胜，而且背景知识丰富，有助于加深读者对传记人物的了解，但它的让人非议之处是过于渲染拜伦的风流韵事及其对诗歌创作的影响，缺乏对其思想和创作的社会背景的深度发掘；而叶利斯特拉托娃的《拜伦》最大长处就是掌握了丰富扎实的材料”。

由于“外国拜伦研究的成果能使我们获得更多的借鉴，介绍引进这些成果对中国的拜伦研究起到了更大更直接的启发和帮助作用”，而叶利斯特拉托娃的长篇传记作品又如此受到时代的青睐，所以翻译她的《拜伦》就成了当务之急。

叶利斯特拉托娃的《拜伦》，1956年莫斯科初版，传入中国恐怕已是“反右”前夕的1957年初。出版社选择译者的时候，周其勋教授当然是最佳人选。他是国内公认的一流翻译家、英美文学尤其是19世纪浪漫主义诗歌运动的重要研究家，而且通过《英国文学史纲》的翻译，也说明他精通英、俄语，熟谙英国乃至世界（包括俄国）文学。而周教授呢，一接到任务就全心全意地投入，虽不至于废寝忘食，但也是夜以继日地苦干，既精雕细刻，精益求精，又快马扬鞭，进展神速，很快就将任务完成。出版社随之付梓，周教授也收到了稿酬，但不知何种原因译作并没有面世。现在，"四害"已除，春回大地，周教授要了却这番心愿。

老骥伏枥，志在千里。他不做则已，一做起来就夙兴夜寐不可遏止。1979年8月我陪他去桂林参加广西外国文学学会召开的成立大会暨学术研讨会。北京大学、中国人民大学、南开大学、上海师范大学、广西师范学院（今广西师范大学）、广西大学、广西民族学院等24所院校及会员代表80人出席了会议，会议就《外国文学简编》欧美部分及亚洲部分书稿进行研究讨论。会议期间，他每天凌晨五点天不亮就起床，在灯下奋笔疾书，为的就是修改这部书稿。

但是，一向态度严谨、一丝不苟的他，在重整旧稿的时候遇到了一道难题：经历20多年的风风雨雨以后，他的俄语生疏了！他认定，在重新交付出版之前必须请专攻俄文者再一次校正、润色。恰好这时外文系的一批俄语老师要改学英语，他们每周都要聚集在周其勋倪翰芳二位先生的家里，由倪先生教各种英语知识，周先生就利用这个机会向他们一一讨教。外文系的俄语专业此时也是人才济济。由于中苏矛盾、苏联专家撤退，俄语人才过剩，许多俄语精英流入外文系，包括担任《拜伦》一书校对的张仲新教授，多年来一直担任中山大学俄文专修科主任，民国时期是国民政府驻（苏联）海参崴总领事；傅希炎讲师，曾因为俄语口语流利被任命为抗战胜利后中共东北局建立的哈尔滨"东北民主政府"的第一任外侨科科长；此外，中青年教师中也不乏具有留苏背景的人，这就为从俄文翻译的这部专著提供了质量的保证。

乘着改革开放的东风，拜伦研究繁荣起来了。但是，在鱼龙混杂、泥沙俱下、水平参差不齐的情况下，一股乱译、硬译之风也随之而来。《拜伦与中国》一书严斥此种不正之风道：

值得一提的是，翻译上的粗制滥造等不正之风也波及拜伦研究领域，如上面提及的拜伦书信选译本之一、三联书店上海分店版的一本小册子《地狱的布道者——拜伦书信选》中的拜伦年谱居然不加说明一字不易地照搬了杨德豫《拜伦抒情诗七十首》中的内容，且该书正文中的地名、人名前后不一致，很容易造成混乱，如拜伦在意大利的一位女友 Countess Teresa Guiccioli 就有盖斯奥里（伯爵）夫人、归齐奥利夫人、圭乔利夫人等多种译法。有学者还对拜伦作品翻译中出现的拼凑剪贴现象提出了批评。

与这股粗制滥造的译风成鲜明对照的，是周其勋译著的严谨执着、一丝不苟。他这种严谨的译风从 20 世纪 30 年代他担任国立编译馆人文组主任时就开始形成。他和别人合译的《英国小说发展史》《我之奋斗》《英国文学史纲》，他负责校阅的《英国当代四小说家》等历年来都被公认为译界的上乘精品。所以说，他的这种认真负责的精神是一贯的，正如他的夫人倪翰芳教授为《拜伦》一书所写的《后记》中记述的那样：

《拜伦》是其勋五十年代中期的译品，今天终于付梓；但其勋谢世已三个年头了，他见不到本书的出版，是十分遗憾的事。这部译稿从开译到成书，前后稽延竟达二十余载。其间经历了十年动乱，译稿得以保存实属万幸。至于主观方面的原因，就涉及译者治学处事较为严谨的品格了。

其勋早年偕我一同留美。他十分喜爱英国文学，回国后数十年间的教学和译著主要也在这方面，尤其专注于拜伦、雪莱等浪漫主义诗歌的涉猎研究。五十年代，他初习俄语，在中山大学任教时与同人合作从俄文迻译阿尼克斯特的《英国文学史纲》；之后，授课之余，他开始翻译叶利斯特拉托娃的这本关于拜伦的专著。译文脱稿，他却对自己的俄文语熟程度大不放心；在中大，和其后奉调至广西大学执教，他都曾请俄语教研组的同志代将译稿细加校订。六十年代初，出版社已将这本书审校完毕，可是由于“文革”而尘封。

“四害”覆灭，大地回春，使这部译稿的出版成为可能，他自己却又对译文多方挑剔起来。他认定，在重新交付出版之前必须请专攻俄文者再一次校正、润饰，这一点，他是固执的，也认真地这样做了。

如此“十年磨一剑”的精雕细刻受到了翻译界的一致好评与推崇。《翻译与批评》一书赞道：

老一辈学者治学严谨的态度永为我们的楷模。广西大学外文系的创建者周其勋教授，在 50 年代已经与同事一道把阿尼克斯特《英国文学史纲》从俄文译成汉语。而他翻译俄文版《拜伦》时，除找英文版对照外，又请俄语教研组的同事代为译稿校对。“文革”尘封，粉碎“四人帮”后，重新交出版社前又校正和润色一遍。这部译稿，从开译到成书，前后竟达二十余载。1985 年出书时，他谢世已三个年头了。

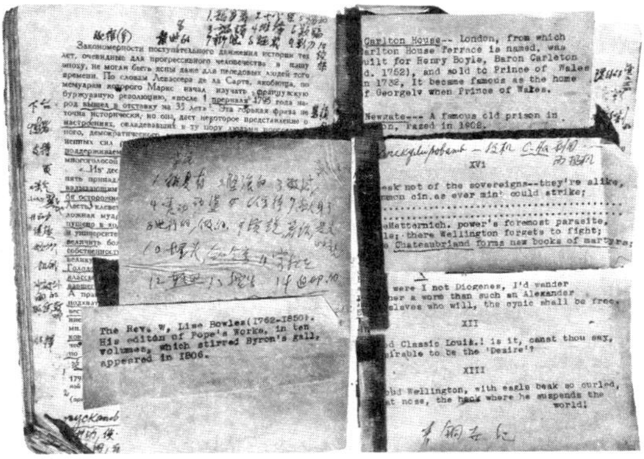

周其勋先生收藏的《拜伦》原著内页批注手迹

《翻译与批评》一书还引述了朱雯先生在1956年《文汇报·笔会》上的话说："在一部作品的翻译上，译者往往要付出极大的劳动，反复钻研，一再查考；有时仅仅为了一词一句，也得再三斟酌，煞费推敲。有些篇幅较大的原著，译者会花上十年五年的工夫，经过三番五次的修改和重译，为的是对原作者负责，对读者负责。"这正是对周其勋这份辛劳的写照，因为翻译这本书不仅需要掌握英、法、德、俄几种语言，而且还需要有关于英国文学和欧洲文学、历史的广博知识。不过，我在阅读本书的时候，对注释的关注甚于对译文的关注，因为译笔固然流畅，详尽的论析更能彰显译者深厚的研究功力。

叶利斯特拉托娃虽然"掌握了丰富扎实的材料"，但她对这些材料很少作注，而周其勋教授为方便读者也为了弥补原作者的不足，在原注的基础上大力增订至近700条之多，令人目不暇接也令人兴趣盎然。功力之深、积累之厚，令我们这些晚辈深感汗颜。除了原注有的，或者中国读者熟知的人物如俄国的别林斯基、高尔基、普希金，德国的歌德和海涅，法国的伏尔泰等以外，周先生的旁征博引几乎涵盖了上下几千年的欧亚大陆文明，囊括古希腊神话、圣经故事、古希腊罗马的圣哲、重大历史事件、各国各时期的诗人学者政要、各种文学艺术派别潮流和体裁，以及山川要塞和风土人情。分门别类，这些增订列举如下：

1. 希腊神话中的卢息佛（魔鬼撒旦在被逐出天堂之前的名字）、安泰（巨人，地神的儿子）、缪斯（九位文艺和科学女神的总称）、密涅瓦（罗马神话中的智慧女神，即希腊神话中的雅典娜）、墨杜莎（蛇发女怪，传说谁看她一眼就会变成石头）、涅墨西斯（报应女神）、尼俄柏（底比斯王的妻子，夸耀自己有十四个子女，嘲笑阿波罗的母亲勒托只生子女二人，勒托大怒，命其子女复仇，于是阿波罗把她的子女全部射死，她因此整天哭泣，后来变成石头）、俄瑞斯忒斯（阿伽门农之子；

阿伽门农被妻子克吕泰墨斯特拉谋杀后，他为父报仇，杀死亲母，因此受复仇女神惩罚，变成疯子，后为女神雅典娜所赦免，归国继承王位）、朱庇特（罗马神话中最高的神，即希腊神话中的宙斯，其威力无边，能随意降祸赐福，并掌管雷电云雨，是诸神和人类的主宰）、宴木蒿根（公元4世纪的神）、喀尔刻（女怪）。

2. 圣经故事中的该隐（人类始祖亚当的儿子）、以诺（亚当的孙子、该隐的儿子）、耶佛地（古代以色列的士师，据《旧约全书·士师记》第十一章，他曾应基列的长老之请，率众抵抗亚扪人的入侵，终于获胜，但在胜利前他向耶和华宣誓，将以回国时遇到的第一个从家门出来的人献上为燔祭；胜利归来时，不料他唯一的女儿拿着跳舞鼓出来迎接他；他撕裂自己的衣裳，大叫哀哉，但又不能违背誓言；他的女儿请求和女伴在家乡的山中哀悼自己的命运两个月，然后慷慨牺牲了自己）、西拿基立（亚述国王，前701—前681，他的覆亡故事在《旧约全书·列王纪下》第十九章有记载）、撒旦那帕拉（即亚述国王亚述巴尼拔，？—前631，在位期间在首都尼尼微大兴土木，建造豪华的宫殿，生活极其奢侈）、伯沙撒（巴比伦的迦勒底人最末一朝国王，约前555—前538，波斯人及玛代人破城时被虏杀；《旧约全书·但以理书》记载他在灭亡之前看见神异的幻象）、亚伯（亚当和夏娃的次子）以及诺亚和茵陈；诺亚，洪水后人类的始祖，据《圣经》传说，耶和华创造亚当和夏娃后，人类生儿育女，行恶于世，于是上帝决定降洪水消灭人类，命令诺亚造一个方舟，洪水降临时全家以及各类品种的活物可以进入方舟躲避，洪水退落后，诺亚放出一只鸽子，鸽子嘴里叼着一片新拧下来的橄榄树叶飞回来，这样诺亚知道地上的水干了，诺亚全家和各类动物出方舟，重新繁殖；茵陈亦名艾草，是一种苦味的草，据《新约全书·启示录》第八章记载："第一位天使吹号，就有雹子与火掺着血丢在地上，地的三分之一和树的三分之一被烧了……第二位天使吹号，就有仿佛火烧着的大山扔在海里，海的三分之一变成血……第三位天使吹号，就有烧着的大星，好像火把一样，从天上落下来，落在江河的三分之一和众水的泉源上，这星名叫茵陈，众水的三分之一变为茵陈，因水变苦，就死了许多人。”

3. 古希腊罗马哲人、思想家、政治家和诗人中的伊壁鸠鲁（古希腊唯物主义哲学家，前341—前270）、贺拉斯（古罗马诗人，前65—前8）、西塞罗（古罗马政治家和散文作家，擅长雄辩术，前106—前43）、苏拉（罗马帝国的统帅和政治家，前138—前78）、狄摩西尼（雅典著名演说家和政治家，前384—前332）、奥古斯都（前27—前14在位的罗马皇帝，前63—前14）、柏拉图（古希腊客观唯心主义哲学家，前427—前347）、奥维德（古罗马诗人，前43—前18）、阿里斯梯德（古希腊雅典政治家和统帅，温和民主派的领袖，约前540—前467）；《伊尼特》，古罗马诗人维吉尔的代表作；代俄哲尼斯（公元前5世纪古希腊著名犬儒学派哲学家）；《伊索寓言》中的青蛙（许多青蛙向天帝要一位统治者，天帝扔给它们一根木头当它们的皇帝，它们起先很怕它，后来看见它一动也不会动，便渐渐蔑视它了，于是又向天帝要求重派皇帝，天帝被它们麻烦得发火了，于是派去了一只白鹤，白鹤每天要吃掉一两只青蛙，结果吃得一只不剩，不满的咕哝声从此停息）。

4. 俄罗斯文明中的雷列耶夫（俄国诗人，1795—1826）、茹科夫斯基（俄国诗人，1783—1852）、维亚泽姆斯基（俄国诗人和批评家，杂志编辑，1792—1878）、莱蒙托夫（俄国诗人，1814—1841）、彼得拉谢夫斯基（19世纪中叶著名的俄国解放运动活动家，彼得拉谢夫斯基派政治集团的领导者，1821—1866）、普列谢耶夫（俄国诗人，儿童诗作家，西欧进步诗人作品的翻译家，1825—1893）、赫尔岑（俄国革命民主主义者，唯物主义哲学家，作家，1812—1870）、布尔加林（俄国反动作家，1789—1859）、亚历山大一世（1801—1825年在位的俄国皇帝，1777—1825）、季米利雅捷夫（俄国自然科学家，达尔文主义者，植物生理学中俄罗斯学派的奠基人，在生命的最后10年中还从事文学和政论活动，1843—1920）、苏沃洛夫（俄国统帅，1730—1800）、亚力山大·勃洛克（俄罗斯诗人，1880—1921）、丘赫尔柏凯（俄国诗人，十二月党人，普希金的朋友，1797—1846）。

5. 环绕拜伦生平的英国历史和文化，增注的有：麦考莱（1800—1859），英国历史学家，散文家，诗人；托马斯·穆尔（1779—1852），爱尔兰卓越的爱国诗人，拜伦的好友；利·亨特（1784—1859），英国评论家，诗人；伯德特（1770—1844），英国政治改革家；卡特赖特（1740—1824），英国政论家和社会政治活动家，资产阶级激进派；科贝特（1762—1835），英国政治活动家，政论家，小资产阶级激进派的卓越代表人物；骆维特（1800—1877），英国手工业者，小资产阶级民主主义者，30年代宪章运动领袖之一；柯勒律治（1772—1834），英国消极浪漫主义诗人，文艺批评家；德·昆西（1785—1859），英国散文家，文艺批评家；彭斯（1759—1796），苏格兰诗人；罗宾汉，英国民间传说中的人物，武艺出众，机智勇敢，体现了中世纪英国人民反抗封建压迫的精神；洛克（1632—1704），英国唯物主义哲学家；吉本（1737—1794），英国历史学家；托利党，英国政党，英语 tory 的音译，辉格党对反对党的贬称，17世纪70年代末形成，代表土地贵族和高级教士的利益；辉格党，英国政党，英语 whig 的音译，托利党对反对党的贬称，1679至1682年间在国会中形成，代表大资产阶级和新贵族的利益；湖畔派，18世纪末19世纪初英国消极浪漫主义诗歌流派，指住在英格兰北部湖区的诗人华兹华斯、柯勒律治和骚塞；葛德文（1756—1836），英国作家，社会思想家；谢立丹（1751—1816），英国戏剧家，政治活动家；罗杰斯（1763—1855），英国诗人；康贝尔（1777—1844），苏格兰诗人；克拉布（1754—1832），英国诗人；蒙高梅里（1771—1854），苏格兰诗人；威廉·庇特（1759—1706），亦称小庇特，英国1788—1801和1804—1806两届首相，托利党首领；刘易斯（1775—1818），英国小说家；《戏剧检查法令》，在罗伯特·瓦尔波尔首相任内，国会于1737年通过，把政治讽刺剧逐出了英国舞台；《撒旦那帕拉》，拜伦1821年写的历史悲剧；《抒情诗集》指华兹华斯与柯勒律治合著的诗集；蒲柏（1688—1744），英国启蒙主义时期古典主义诗人；菲尔丁（1707—1754），英国小说家；艾迪生（1672—1729），英国散文作家；斯威夫特（1667—1745），英国讽刺作家；卡斯特雷（1769—1822），1805—1806年和1807—1809年两任英国陆军大臣，1812—1822年的外交大臣，托利党人，是当时英国以及欧洲大陆自由运动的凶恶敌人，后自杀；威灵顿（1769—1852），英国统帅，第一任威灵顿公爵，在反对拿破仑战争中，为反法联盟军队的统帅之一，以指挥滑铁卢战役闻名；墨雷（1778—1843），与拜伦友好的出版商，拜伦的许多著作是由他出版的；伯克（1729—1797），英国政治家和散文家；斯摩莱特（1721—1771），英国小说家；路德工人运动（英国19世纪初叶的工人运动），工人由于愤恨资本家的剥削，便起而破坏机器，由纺织工人肇其端；罗伯特·欧文（1771—1858），英国空想社会主义者；柯勒律治（1846—1920），英国传记作家；普洛塞罗（1848—1922），英国历史学家，传记作家；威尔克斯（1727—1797），进步刊物《不列颠北部》的创办人；勃鲁特斯，莎士比亚《裘力斯·恺撒》一剧中的角色；约翰·高尔特（1779—1839），苏格兰小说家；哥尔德斯密斯（1730—1774），英国诗人、剧作家、小说家，他的《世界公民》假托一个旅居英国的中国人的通信，讽刺英国社会的虚伪和矫揉造作，它是英国散文的杰作之一；约翰逊（1709—1784），英国文学评论家和诗人，英国18世纪中叶以后的文坛领袖；贝克弗尔德（1760—1844），英国作家；萨克雷（1811—1863），英国作家；清教主义，产生于16至17世纪的英国，为了资产阶级和新贵族的利益而反对专制制度和英格兰圣公会；克伦威尔（1599—1658），英国17世纪资产阶级革命中资产阶级——新贵族集团的代表人物，独立派的首领；弥尔顿（1607—1674），英国诗人，政论家；奥古斯达·李，拜伦的异母姐姐，诗人和她感情最笃，她在他最痛苦的日子里，给他以同情和安慰；舍夫茨别利（1671—1713），英国哲学家，自然神论者；马洛（1564—1593），英国文艺复兴时期剧作家，诗人；吉弗德（1765—1826），英国《每季评论》主编；沃伦·黑斯廷斯（1732—1818），英国殖民主义者，曾任印度总督；约翰·霍布豪斯（1786—1869），即布劳顿男爵，英国政治家，拜伦同学，密友，曾一起游西班牙、意大利、葡萄牙、瑞士等地；约瑟夫·普里斯特利（1733—1804），卓越的英国自然科学家和唯物主义哲学家；休谟（1711—1776），英国资产阶级哲学家、经济学家和历史学家；德莱顿（1631—1700），英国诗人，剧作家，文学批评家；威廉·赫士列特（1778—1830），英国 19 世纪初的重要批评家之一；迪斯累里（1766—1848），英国作家；马尔萨斯（1766—1834），英国牧师，庸俗经济学家；贝克莱（1684—1753），英国唯心主义哲学家；盖依（1685—1732），英国剧作家，诗人；品达（1738—1819），英国诗人约翰·沃尔科特的笔名，以写讽刺诗著名；芬格尔，爱尔兰天主教贵族的主要人物；鄂康奈尔（1775—1847），爱尔兰政治活动家；洛希尔（1777—1836），英国金融巨头，曾被英廷封为男爵；夏洛克，莎士比亚喜剧《威尼斯商人》中的一个人物（商人安东尼奥为了帮助友人巴萨尼奥成婚，向犹太高利贷者夏洛克转借现金，夏洛克出于妒恨，假意不收利息，戏约到期不还，可以割安东尼奥身上一磅肉）；考拜特（1762—1835），英国 19 世纪初有名的激进派农民政论家；阿尔比安，英格兰或大不列颠的古称；亚历山大·贝林（1774—1848），英国著名银行家，掌有政治和经济势力；索菲亚·李（1750—1824），英国小说家；尼科尔森（1886—？）英国评论家，传记作家；亨森（1863—1947），英国神父，当过主教；奈特（1897—？），英国学者，利兹大学教授；萧伯纳（1856—1950），英国戏剧家；福克斯（1900—1937），英国作家，历史学家，理论家，曾参加西班牙内战，阵亡于西班牙前线；加尔顿大厦，从18世纪起，加尔顿大厦是英王太子住的地方；新门监狱，伦敦一监狱名。

6. 法兰西文明中的玛丽亚·安东涅特（路易十六之妻，法国大革命时死在断头台上）；米波拉（18世纪末法国资产阶级革命的卓越活动家，大资产阶级和资产阶级化贵族利益的代表者，1749—1791）；圣裘斯特（法国雅各宾党党员，1764—1794）；史达尔夫人（法国女作家，积极浪漫主义的前驱，1766—1817）；拉辛（法国诗人，1639—1699）；卡倍（雨果·卡倍在公元987年建立了法兰克王朝，法国封建王朝的历史自此开始）；玛尔宗（法国资产阶级革命时期的将军，1769—1796）；欧什（法国资产阶级革命时期的将军，1768—1797）；克雷比荣（法国戏剧家，1674—1762）；马蒙泰尔（法国作家，1723—1799）；狄德罗（杰出的法国唯物主义哲学家，作家，18世纪法国资产阶级革命的思想家，百科全书的创办者和编辑，1713—1784）；百科全书派（18世纪法国团结在百科全书出版部的进步思想家）；路易十八（法国国王，于拿破仑一世垮台后登上王位，从他即位起，开始了波旁王朝的复辟，1814—1824）；夏多勃里昂（法国作家，消极浪漫主义的代表，1768—1848）；杰克·拉菲特（法国银行行长，1767—1844）；罗兰（法国中世纪的英雄，查理曼大帝的武士，史诗《罗兰之歌》的主人公，他在隆塞瓦遭到萨克森人的大军围攻，英勇奋战，临死前才吹起号角，查理曼闻声来援，但已经迟了）；伏尔泰保护卡拉家庭（1762年，法国土鲁斯地方司法界发生了一宗惨无人道的宗教迫害案，被害者是新教徒商人让·卡拉及其家庭。伏尔泰对此事做了详细调查后，满怀义愤地向欧洲各国控诉土鲁斯法院的罪行，为卡拉鸣冤，法国政府被迫于1766年为这件案子平反）。

7. 欧亚大陆各国历史和文化，例如，神圣同盟（奥地利、普鲁士和俄国于1815年9月26日在巴黎签订的反动同盟，一直存在到1833年。以后，欧洲的许多国家也加入了这个同盟，该同盟的目的是维持1814至1815年维也纳会议所规定的国界的不可侵犯性，并镇压革命运动和民族解放运动）；梅特涅（奥地利大臣和首相，“神圣同盟”的组织者之一，1773—1859）；意大利烧炭党（意大利资产阶级的秘密革命组织，1808年至1851年间在法国统治下的那不勒斯王国成立，因最初成员逃避在烧炭山区而得名）；威廉·退尔（14世纪传说中的瑞士爱国者）；博尼瓦尔（瑞士爱国志士，1493—1570）；查理十二世（1682—1718，瑞典国王，1697—1718年在位，曾对俄国、波兰及丹麦进行北方战争，1709年在波尔塔瓦战役中为彼得一世击败，从战场逃往土耳其，1718年进攻挪威时死于战场）；莫拉战役（1476年6月瑞士人在此打败了布尔根第公爵的军队）；艾尔多西（波斯诗人，941—1020）；萨迪（波斯诗人，约1203—1292）；比利牛斯半岛（指西班牙，因西班牙位于欧洲西南部伊比利亚半岛，即比利牛斯半岛上）；士麦那（土耳其西部的城市和港口，在爱琴海的伊斯密尔湾）；西班牙问题［1808年拿破仑一世进军西班牙，囚禁国王斐迪南七世（1783—1833），另立拿破仑之兄约瑟夫（1768—1844）为西王，西班牙人民群起反对。在人民运动的推动下，资产阶级和自由贵族组成了以弗劳里达布朗加伯爵（1728—1808）为首的军政府，并与英国结成同盟］；辛特拉条约（1808年英军在葡萄牙战败法军，英国将军达尔林普尔与法方签订此条约，根据这个条约，濒于全军覆没的法军可以安然撤离葡萄牙，撤离时用的还是英国的船只）；西洛可风（南欧及北非的燥热风）；战争之犬（战神）；萨拉戈萨（西班牙东北部的城市，1808至1809年，法军两度围攻此城）；新月十字（11世纪末至13世纪末伊斯兰教徒与基督教徒的战斗，因“新月”是伊斯兰教的象征，十字架代表基督教，故名）；阿里曼（古代波斯宗教中的罪恶之神）；勃留赫尔（普鲁士元帅，1742—1819）；坎内（意大利东南部的村名，公元前216年，迦太基人汉尼拔曾在此地附近运用两翼夹攻和最后大包围的战术，击溃在数量上占优势的罗马军队）；马拉松（古战场，离雅典不远，公元前490年希腊人在该处大败入侵的波斯军）；维也纳会议（1814年9月—1815年6月，欧洲各强国联盟结束对拿破仑一世的战争后所召开的会议，在这次会议上，各战胜国之间订立了条约，这些是由它们在恢复与加强各旧王朝封建反动势力和所谓"合法"政权的基础上来划定各国疆界的野心决定的）；阿尔菲耶里（意大利剧作家，诗人，1749—1803）；阿里奥斯托（意大利诗人，1474—1533）；浦尔契（意大利诗人，1432—1484）；波雅特（意大利诗人，1434—1494）；佩利科（意大利作家，1789—1854）；哥尔多尼（意大利启蒙时期喜剧作家，1707—1793）；阿马达（西班牙无敌舰队，1588年出征英国，和英军在特拉法加一役中俘获的舰船的一大部分都被海上的风暴所覆没）；奥古斯特·希勒格尔（德国文艺理论家，翻译家，1767—1845）；靡菲斯特斐勒司（歌德的悲剧《浮士德》中主要人物之一）；马夫洛考尔达多（希腊资产阶级政治家，1791—1865）；魁维多（西班牙著名学者，诗人，1580—1645）；卢比孔河（古时作为南阿尔卑斯高卢与意大利之间国境线的河流，公元前49年，朱里·恺撒不顾元老院反对，军队越过卢比孔河，首先在意大利发动内战，从那时起，"横渡卢比孔河"这句话的意思就成为：做出坚定不移的决定，采取毅然决然的措施）；科斯丘斯科（1794年波兰在第二次被瓜分后爆发的解放起义的领导人，1746—1817）；阿拉岗、托利多、卡斯提尔、安达卢契亚（西班牙地名或古国名）；伊兹梅尔（旧日为土耳其要塞，在1789至1791的俄土战争中，于1790年12月11日被苏沃洛夫指挥的俄军攻占）；君士坦丁堡（伊斯坦布尔的旧称）；弗洛伊德（奥地利心理学家和精神病医师，精神分析学派创始人，1856—1939）；伏契克（捷克文艺评论家，作家，1903—1943）；弗列泰克斯（希腊诗人，1911—），贝劳扬尼斯（希腊共产党中委，1951年被捕并判处死刑，

1916—1952）。

8. 南北美洲的政治领袖，例如，1789—1797 担任美国第一任总统的华盛顿（1732—1799）；美国资产阶级民主主义者、科学家富兰克林（1706—1790）；南美西班牙殖民地的革命领袖玻利瓦尔（1783—1830，生于委内瑞拉，1825 年，上秘鲁宣告独立，易名为玻利维亚，以纪念解放者玻利瓦尔）。

9. 各种文学体裁，例如，“哥特式”文体（18 世纪末 19 世纪初英国流行的文学体裁之一，多以中古的城堡为背景，描写因争夺财产或满足个人情欲而引起的谋杀、迫害等，情节紧张恐怖，充满神秘气息，有些作品反映正在形成的资本主义社会关系）；巴拉达诗（叙事诗的一种，常用来表达历史上传说故事方面的题材）；英雄对句（英雄对句在英国诗歌里是五音步抑扬格对句，18 世纪英国古典主义诗人蒲柏、约翰逊等人常用这种格律诗体，拜伦的《英国诗人与苏格兰评论家》和其他一些诗篇也是用这种诗体写成的）。

我在这里不厌其烦地罗列了一大堆涵盖上下数千年，纵横辽阔不知几万里的历史文化人物事件的新增注释，只是想说明，周其勋教授为翻译本书也为了拜伦研究花费了多少时间、精力和心血。同时也说明，他的这种做学问的态度，博览群书、积厚薄发，对我们这些学生晚辈有些什么样的启示，难怪《翻译与批评》一书盛赞他“治学严谨的态度永为我们的楷模”。

毋庸置疑，周教授所做的新注的确为读者阅读理解叶利斯特拉托娃的原著提供了很大的便利。例如，书中有一条相当长的原注：在 1831 年刊登在《爱丁堡评论》上的一篇评论拜伦的文章里，麦考莱以替诗人辩护为借口，竭力暗示当时的读者，诗人与英国资产阶级贵族之间并无严重的冲突。他提出拜伦传记中的极端个人主义的因素，并以此作为决定

1979 年，周其勋先生与来自北大、南开、吉大、武大和兰州大学的年轻教师们合影（左）
1980 年国庆节，周其勋先生与学生李慧珊、王琦留影（右）

拜伦的世界观和创作的根本原因。他还说："这个令人不耐烦的、反常的、拮据的勋爵，是个畸形的美男子。' 麦考莱似乎想用这种庸俗之谈来说明拜伦的生活道路是"性情反常"的结果。直到今天，资产阶级的所谓"拜伦研究家"，还怀着这种目的利用这一庸俗之谈。

如此说来，这位麦考莱是拜伦研究中的一位重磅评论家，但是，何许人也？著者并不说明，周先生注上："麦考莱（1800—1859），英国历史学家，散文家，诗人。"这才弥补了著者的不足。又如，正文第 49 页中有一句："而且有些路德分子对罗伯特·欧文在新拉纳克创办的社会实验有相当的认识。"欧文是谁？他做了什么社会实验？如果没有注释，我读到这里就很困惑，幸好周先生加上了两个注："罗伯特·欧文（1771—1858），英国空想社会主义者。"'欧文最初的改革试验是在他管理的苏格兰新拉纳克的一家纱厂。他缩短工人劳动时间，提高工资，改善福利待遇，以说服教育代替对有过失的工人的惩罚。新拉纳克被改造为模范的移民区。"诸如此类的例子多不胜数，以至于我最初浏览这部书时，水过鸭背，没有细看注释，误把“茵陈”当成一味中药，并不知其背后的圣经故事。

壮心不已

时光荏苒，白驹过隙，这时的周先生已届暮年，为何还如此生气勃勃，精力充沛？我想，这完全是时代的赐予。“四害”既除，阳光普照。他的“问题”，诸如“迫害贫下中农子弟”之类诬陷不实之词早已被否定。他在北京航空学院任教的大儿子被选为“文革”后第一批赴美进修的访问学者。他那品学兼优、在16岁就考入北京大学化学系却在1957年被错划为“右派”的二儿子，此刻也恢复了党籍，正活跃在各种全国性的学术活动上。另外，他的前女婿，那位当过（北京）人民出版社副社长兼副总编辑，一生波澜起伏的著名杂文家曾彦修也平反了；曾彦修在黑

周其勋先生（右二）生前参加的最后一次外事活动，居中者为自治区人大常委会副主任兼广西大学副校长石兆棠

龙江北大荒插队的女儿，周先生倪先生十分钟爱的大外孙女也返城有了工作。如今的他，可谓一身轻松。

春风轻拂，原先冬眠蜷伏、生怕动辄得咎的学人们现在也开始了苏醒而自由往来。语言学家王力趁着来西大看望儿子（他儿子秦似当时任西大中文系主任）的机会会晤了周先生倪先生；科普作家高士其也趁着公干的空隙看望了他们。不过，与此同时，一则令人啼笑皆非的闲话在系里流传：周先生倪先生的大儿子访美时买了个小冰箱回来孝敬父母，心有余悸的倪先生跑去问系书记这东西该不该要，系书记觉得事关重大又跑去请示校书记，没想到黄传林听了哈哈大笑说："这东西拿去用就是，还请什么示！"

人逢喜事精神爽！暮年的周先生一时变得非常忙碌，成了各路人马的座上宾。他要参加的活动很多，但无论做什么，他都欣然接受。

在桂林召开的广西外国文学学会他要去出席，还提交了学术论文。我现在才想起，就是那篇他早已束之高阁的《拜伦的〈唐·琼〉的现实性和人民性》，也是在这次会上他被选为该会的副会长（会长为贺祥麟教授）。高校职称评定，他作为广西头号外语权威当然要置身其中，但是在这次评职称中，他提拔了许多学生后进，却显然是举贤避亲，故意压下自己的夫人。他还担任自治区政协委员。出版社的稿约也纷至沓来，除了广西人民出版社要他校订我和周弦波教授的《英语语法实例词典》以及上文提到过的上海译文出版社要他翻译的苏联叶利斯特拉托娃的《拜伦》，还有商务印书馆要他与别人合译的《戴高乐传》。

据说，《戴高乐传》的翻译是紧急的政治任务。美国总统尼克松访华以后，国门渐开，中央领导急需一些外部资料以作参考，便指示出版部门组织几所乃至十几所高等院校从速译出，所以才有周先生领衔的译事。这本由（法国）布赖恩·克罗泽所著的大部头，上下两册，878 页，1978 年 11 月由商务印书馆出版，译者来自当时的西安外语学院英语系、四川师范学院（今四川师范大学）外语系、广西大学外语系、南开大学外语系。那个年代，署名都是集体。

到了这个时候，只有他的亲人如倪翰芳教授才知道，这很可能是他翻译生涯中的绝响了，因为她发现，周先生要有很高瓦数的灯泡才能看清书上的字；为了不让倒睫毛刺激眼球，影响工作，周先生的下眼睑贴着胶布，而且有便血的现象。作为学生晚辈的我们都没有察觉周先生的健康已经亮起了红灯，只是通过这次《戴高乐传》的翻译领教了他在治学过程中同时熟练运用几门外语的超常能力：《英国小说发展史》译自英语，《我之奋斗》译自德语，《英国文学史纲》译自俄语，而《戴高乐传》则译自法语。

除了承接接踵而来的鸿篇巨制，周先生还要辅导川流不息、上门求教的中青年晚辈。十年的反智宣传，反而激起人们对知识的渴求，“文革”后到周先生家里求知求教的人络绎不绝，占用了周先生大量的时间，而周先生对他们总是不厌其烦地谆谆教导。在这些热烈的求知者中，有两位后来很有建树，值得大书一笔。

一位是李向平先生。按周宁怀先生的说法：

这位是家父“文革”前去南宁外文书店购书过程中认识的一位懂点英语的店员，1957 年划“右派”后发配到书店，但坚持英语学习，遇到家父后，除了介绍新书，还常请教英语上的问题；“文革”后落实政策，李从此经常到我家问安请教，每月至少来一次。那时，广西民院（后改民族大学）需才孔亟。民院领导请家父对李面试，最后在家父推荐下调入民院。他视家父为恩师，而家父也曾将家里最大（一尺多厚）的一本英语辞典（很可能是梁实秋主编的《远东英语大辞典》）赠送给他。

李向平后升为副教授，主讲并出版了英文版的《壮族简史》。

1984 年，本书作者邝其漳回国时与倪翰芳老师合影

另一位热烈的求知者是外文系俄语 623 班的苏卓兴。与李向平不同，苏卓兴和周教授相识于“文革”中校园中心十字路口的大字报棚。苏同学，不，苏博士曾深情地回忆道：

在大字报棚第一次打招呼时，我说：“Good morning！Professor Zhou！”他看起来很惊讶的样子，大概是很久没听到有人用英语打招呼问好了。其实大家虽同在校园，自从停课闹革命，师生很少有机会见面，关系已经相当淡漠了。这个时候，老教授被抓出来戴高帽子游街示众的日子早已过去，但大家对这些“反动学术权威”和“牛鬼蛇神”还是很少搭理。我自报了姓名，说我是俄语专业的，周教授很快就认出了我。……我们的话题，很快就转到了英诗上。我读过也收藏一些英美诗作如拜伦和雪莱，莎士比亚十四行诗和惠特曼，但没怎么读过华兹华斯的作品，国内也很少见到他的诗歌译本。

周教授见我是要了解文学的问题，是在寻求一种答案和方向，是学生向老师请教，对谈话就没有什么戒备了……大字报旁的谈话，使我能以一对一的近距离聆听了资深专家的口授，从老教授口中领教了很多英美文学的知识，感觉向英美文学的宝库走近了好几步。

以这次大字报棚论学的小声谈话为契机，师生间开始了数年间密切的交往。由于不在南宁工作，苏卓兴除了借出差的机会登门求教，还不断以书信向周教授问学。“文革”结束后，苏卓兴回到南宁广西民族学院（今广西民族大学）外语系工作，决心进一步研究华兹华斯，在征求周教授意见时，得到了他的鼓励和支持。周教授还以自己“文革”间研究华兹华斯，而被错误地批判为美化消极浪漫主义诗人的遭遇为例，提醒他研究华兹华斯是有风险的。面对恩师的关心爱护，苏卓兴坚定地表达了自己学术研究的决心和勇气。于是，在周教授的指导和帮助下，苏卓兴顺利完成了有关英国19世纪浪漫派诗人华兹华斯的学术论文，后来又成了文学博士，深圳大学教授。据广西大学外语学院2018年编纂的《外院情》一书，苏卓兴2014年参加莫斯科的一次国际学术会议。“他的论文用英文撰写。答辩时，对方讲英语他也用英语回答；俄罗斯学者讲俄语，他便用流利的俄语作答，兵来将挡水来土掩。语罢回座，再一次让中国广西大学的名字响彻国际场合。”苏卓兴具备的这种学术素养，实在是受益于周其勋先生的言传身教。他至今仍对周先生作为学者和教育家的高风亮节感佩不已，在一篇回忆文章中，他感慨道：后来自己有机会读研究生，接触了更多的老教授，他们各有各的特长和强项。但是比较之下，最令我尊敬和怀念的还是周教授。除了他的学识广博，气度儒雅，更有平易近人中透露出来的坚忍顽强，语重心长的谈话蕴含的宽阔视野和鼓舞力量。

周其勋先生虚怀若谷、谦虚好学的精神，也令苏卓兴感怀不已：好几次见面都见他拿出一本俄语书，书页上做了记号，还问我一些语法结构的问题，语义或翻译的问题。我说，教授，您还在花时间和精力钻研俄语？他说，俄语很重要，很优美，也很难学，我喜欢。还说，俄语你不能丢，要继续提高。英语要学，俄语也要学。

哲人其萎

生命不息，奋斗不止，周教授又何曾不是这样？我们系是1972年开始重新招生的。那时“四人帮”仍未退出历史舞台。当时全国各地都招工农兵学员，只有广西招的是邕梧桂柳（南宁、梧州、桂林、柳州）四市的高中应届毕业生。依照当年广西领导的说法，“学外语一定要选年轻的”！

这些年轻的高中毕业生一入学就别开生面。与年龄较大的同学相比，他们毫不拘谨，显得格外活跃，运动场上多是他们的身影。在专业学习上，由于他们年纪轻，素质好，口齿伶俐，所以英语的听说能力也都超越历届。但是，高年级和研究生阶段所需的语言和文学知识，例如英美文学经典的选读、评论和文学史，英语的语法概论、词汇学和词源学，以及英语史等课程都付之阙如，一片空白。谁来教他们呢？

周教授德高望重，但已处于退休状态。在改革春风微微吹起的中国大地，见微知著的各大高校都在“抢人”。前面提到南京大学的匡亚明从武汉的劳改农场抢到程千帆、张月超两位前“右派”的故事，一时成为招揽贤才的佳话。眼看系里为难，伏枥的老骥周教授一跃而起，主动请缨担任英语高年级和青年教师培训班的教学。

这时他已年逾八十，精神虽仍矍铄，两目却已昏花，行动也是颤颤巍巍的。培训班成员、后来担任广西大学外语学院院长的宋亚菲教授深情回忆起当年的情形：“那个年代里没有常用的交通工具，教学楼离周教授家需要步行半个多小时。周教授每次上课都拄着拐杖，坚持步行到教室，风雨无阻。”1979 年入学、后来事业有成的陈春能先生也曾目睹过这一幕。他在微信里说：“我进校的时候周教授是系主任。我还在红楼一楼教室旁听过周教授给青年教师及高年级学生的讲座。当时是冬天，上课时周教授时有咳嗽，偶尔还掏出手帕咳痰。”很显然，为了这批学生，晚年的周教授正以生命的最后之力，迸发出耀眼的火花。

在回忆里，宋院长还说：“每次青年教师轮流接送周教授上课的途中都能得到一对一的指导。周教授一路上会与青年教师交谈，了解他们的学习需求，并主动为他们提供自己珍藏的英语专业书籍，在当时英语图书资料匮乏的年代，这可是大师赐予关爱的特殊礼物。他每次借出的书籍都会清楚记得归还的时间并毫不客气地催还。”宋院长一语使我想起了从前。20 世纪 60 年代，无论精神和物质上都饥肠辘辘的我们也曾得到过这份关爱的特殊礼物。不错，周先生对他的所有藏书都记得一清二楚，如数家珍。归还“文革”抄家物资时，我记得周先生望着地上那堆归还的书籍一声不吭，脸上却流露出不豫之色。“完璧归赵不是很好么？”“不，不好，少了一整套 12 本朱生豪译的《莎士比亚戏剧集》，偷书的是个内行。”

他之所以将他的藏书视若至宝，是因为那是他的心血，他动荡生活的一部分，伴随着他经历了“九一八”的烽烟，亡命海上的骇浪，以及数十年来的颠沛流离。这批书，据宋院长说，“后来全部捐赠给了广西大学图书馆和外语系资料室”，继续泽被着后人。

时光只解催人老，到了 1979 年 8 月，我陪他去桂林参加广西外国文学学会年会时，他已经显得衰弱疲惫。不过，精神还是愉快的。他在漓江边设宴招待桂林的几位学友，席间他点了鱼。“有点西湖糖醋鱼的味道。”他说。“梦到楼外楼了？”我开着玩笑。“那倒没有，只梦到湖上的云。”我一直不解他何以梦到杭州西湖上的云，直到多年后读到台湾作家蒋勋先生的书，才明白杭州西湖上的云雾的确是美，是幻，是奇，而且，就像苏东坡说的，淡妆浓抹总相宜。“远远一痕起伏蜿蜒的山峰，”蒋先生写道，“若有若无，错错落落，随云岚流转变灭。视觉一片空白，重重叠叠的白，像宋瓷釉料开片的冰裂。不同层次的白，可以如此丰富。”我们的周教授又何尝不像那西湖上的一片云？这朵云，随着时代风雷的激荡，自北向南地飘移，飘移，最终在这南国的边陲，春风化雨，滋润着广大的学子。

80年代一开始，以毕生的精力贡献给国家外语人才培养的周其勋教授病倒了。培训班的青年教师们，也就是他最后的期望，纷纷前去探视。“在周其勋教授晚年住院期间我们都去探望，”宋院长谈道，“得知他身患癌症，大家都非常难过。探望中我们发现，他的枕头旁放着一本法语书和一个放大镜。”

培训班的这几届同学，也就是周教授拼尽最后的力气培育出来的外语翘楚毕业时恰逢其时。改革开放，东风浩荡，需材孔亟。他们一出校门便挑起了大梁，占据了广西几乎所有外事、外贸、旅游以及其他涉外部门的重要领导岗位。我80年代在八桂大地上旅行，无论是桂林的涉外饭店榕湖、漓江，还是各口岸的保税区外轮代理，处处碰到他们。后来就更无远弗届了。广西驻香港的各贸易公司，乃至美国驻广州的总领事馆，都有这批同学的身影。

周其勋教授是1982年2月10日在上海瑞金医院逝世的。参加吊唁的旅美学人，我系英语62级学友余建新追忆道：“1982年春节后我到上海第一医学院进修，报到时一位年长老师听说我来自广西便问，你认识周其勋老先生吗？我说周教授教过我的课，是我们的系主任。他听了沉重地告诉我，周教授前几天因肠癌逝世了。顿时，我心中十分难过，执意请他带我去吊唁周教授，探望倪教授，原来他也是周先生早年的学生。”

噩耗传到纽约，旅美画家、周先生的同事和挚友朱晨光，以及一大群留美的周先生的学生顿感悲伤。他们举行了追思仪式，感念周先生的高谊隆情，师恩教泽。饮水思源，学生们对这位人品学问超群却又淡泊名利，甘为春泥，为作育英才，春风化雨，一直奋斗在祖国南疆的良师都深怀感恩和思念。《美洲华侨日报》刊发了悼文并配发了苏卓兴博士的一首悼诗，以颂扬他崇高的品格和师德，这诗也差不多同时刊载在国内的《广西日报》上。

雪花

——给周其勋教授

经过几番盛夏的雷雨，
体验过几度秋风的肃杀，
我又回到你的眼前，
眼前正飘着雪花——
教授啊！我说的是你满头的白发。

你是——
台风中幸存的一棵树，
地震后完整的一片瓦，
海难里浮起的一艘船，
赛场上不计胜负的老马。

银色的发丝串起记忆的图画：
一大堆高帽的重压，
一连串粗暴的辱骂，
还有人们悲愤的泪花。

你说——

不要嗟叹失去的年华，

不必抚慰愈后的伤疤，

让我们讨论这份提纲，

商谈下一步的研究计划。

教授啊，你这头银发，

是床外冷内热的雪被，

智慧的土壤永远不会冻结。

是虫豸终究经不得瑞雪，

是种子总要入地发芽。

编 后 记

当我初读这部书的原稿时，眼前展开的是一段段历史的画卷。虽然在时间的长河中，它只有数十年，但是那鲜活的人物、跳动的史事让我阅读之后感慨而又惭愧不已。因为在这个历史大背景之下叙述的主角曾经离我们那么近，而彼时我们却那么不了解他曾经为了祖国的教育事业而付出的努力与得到的辉煌。大学期间是一个学子人生最重要的阶段，能与一位名师相遇，跟随他在学问的海洋中遨游，接受他的教诲，这是何等之幸运！再回首，他已经远去了。

如今，他大爱的身影还闪现在几届老学子的微信群中，大家对他以及他的夫人倪翰芳教授念念不忘，于是就有了出版这部书的思考与行动。完成这部书稿实际上是周先生所教授的广西大学外文系七届老学子（广西大学 1958 年重建后至“文革”前共有七届学生），以及“文革”之后广西大学外语学院熟悉他的学生，和他在耄耋之年教授过的青年教师之共同意愿。文稿的执笔者邝启漳博士是周其勋教授最器重的弟子之一，尽管年岁已届古稀，撰写这部传记还需要投入大量的时间和精力，邝学长仍然毫不迟疑地接受了撰写工作。他想的是，即使写的这部书成功出版，也不能报答师恩的万分之一。邝启漳博士由于得到恩师亲自传授的学问之道，长期在先生身旁所受之耳濡目染，在广西大学四年的本科学习时间和留校任教的教师生涯，使他无论在英美文学或是汉语言文学方面都达到了相当高的造诣。

这部传记在我们的面前打开了一幅幅感人的画面：20 世纪三四十年

代周其勋教授那一代爱国的知识分子，为了推动中国教育事业的进步，在艰难的社会环境下如何上下求索，也让我们更为了解周其勋教授的师德、人品、才情和他深厚的学识。

这是一部汇聚了众多力量来完成的传记。

这部书在撰写及出版的过程中，首先是得到广西大学外语学院的全力支持。学院肖克宁副书记委派了两名研究生为作者寻找所需要的大量文史资料，其间还得到了学校图书馆黄牡丽书记对资料收集路径给予的指点。编辑陆璎亦帮助在网上查阅了大量作者需要的资料。此外，众多资料的提供还有周先生的二公子周宁怀老师的功劳，宁怀老师继承了父母为之奋斗一生的教育事业，曾经在广西大学化学系供职20余年，后调往杭州师范大学，亦是颇有成就的化学教授。他对于父母亲生活中细致入微的回忆，以及提供了许多珍贵的老照片，为本书增加了许多生动的细节，也使读者能够领略欣赏周其勋与倪翰芳二位先生昔日的风采。原广西大学外语学院院长周仪，也不厌其烦地在学校各处查找周先生在广西大学留下的史迹。广西大学外文系七届许多老学子竭尽全力回忆和寻找在求学期间接受周教授夫妇教导的点点滴滴，通过微信群发表出来。生活在纽约的邝启漳博士更是一次次地去往先生曾经求学的哥伦比亚大学，查找恩师在那里留下的史料。由于收集到了许多相关的图文资料，使得这部传记内容丰富、史料翔实、视野开阔、场面壮观，周先生在学界的身影跃然纸上。

周先生在学界上下数十年，其丰富的经历涉及广泛。为了史料的准确无误，编辑团队对文中周先生数十年的任职从教经历、相关的人事交往、著述和编译成果，以及一系列人生选择涉及的历史背景等诸多细节，都做了尽量细致的查考和订正，并适当删繁就简，突出主线，以求能准确真实地还原当时的历史情境，希望读者在阅读时，能着眼于20世纪历史的大背景下去看周其勋先生是如何在人生的重大决定面前，做出自己的选择，并克服困难，砥砺前行，为教育事业奉献终生的。我们编辑这本书的过程，也犹如一次回溯历史的旅程，给了我们许多深刻的感动和意外的惊喜。这不仅仅是由于周其勋先生的经历涉及许多我们耳熟能详甚至如雷贯耳的名流先贤，并且与身后跌宕起伏的大时代进程如此紧密关联，更是因为周先生在历史不同的关节点上所做出的决定和担当，漫长岁月中的坚守和奉献。许多不为人知的故事，字里行间足以反映出先生的人格、品质和情怀，令我们这些领受了先生泽被的后来者不禁为之赞叹，为之感奋，并从中无声地汲取前行的力量，在各自不同的领域里，接续和传承周其勋先生用一生为我们诠释的这种传统。这，大概就是这部传记带给我们的穿越历史时空的永恒价值。

这部传记在短期内就得到了众多学子发自内心的支持与帮助，足以让我们这些编辑与出版者感动。陈春能学友不能忘记1979年入校时，他目睹仍然担任外语系主任的周先生，抱病坚持为高年级学生和青年教师授课的情景。陈春能非常钦佩老教授的才识和高贵的人品，出于对周先生的敬仰，他慨然出资帮助，使本书的出版得以顺利完成。

我们特别希望今天的年轻学子、广大的读者，能从这位西大前辈的人生故事中，感受到不竭的希望和力量，获得人生的教益和启迪。

李元君